中国知识产权
保险理论与实务研究

Research on the Theory and Practice of
Intellectual Property Insurance in China

董慧娟 著

中国社会科学出版社

图书在版编目（CIP）数据

中国知识产权保险理论与实务研究 / 董慧娟著.
北京：中国社会科学出版社，2024.7. -- ISBN 978-7
-5227-3874-1

Ⅰ. D923.404

中国国家版本馆 CIP 数据核字第 2024VK6081 号

出 版 人	赵剑英
责任编辑	宫京蕾
责任校对	秦 婵
责任印制	李寡寡
出　　版	中国社会科学出版社
社　　址	北京鼓楼西大街甲 158 号
邮　　编	100720
网　　址	http：//www.csspw.cn
发 行 部	010-84083685
门 市 部	010-84029450
经　　销	新华书店及其他书店
印　　刷	北京君升印刷有限公司
装　　订	廊坊市广阳区广增装订厂
版　　次	2024 年 7 月第 1 版
印　　次	2024 年 7 月第 1 次印刷
开　　本	710×1000　1/16
印　　张	18
插　　页	2
字　　数	322 千字
定　　价	108.00 元

凡购买中国社会科学出版社图书，如有质量问题请与本社营销中心联系调换
电话：010-84083683
版权所有　侵权必究

国家社科基金后期资助项目
出 版 说 明

　　后期资助项目是国家社科基金设立的一类重要项目，旨在鼓励广大社科研究者潜心治学，支持基础研究多出优秀成果。它是经过严格评审，从接近完成的科研成果中遴选立项的。为扩大后期资助项目的影响，更好地推动学术发展，促进成果转化，全国哲学社会科学工作办公室按照"统一设计、统一标识、统一版式、形成系列"的总体要求，组织出版国家社科基金后期资助项目成果。

全国哲学社会科学工作办公室

前　言

　　知识产权领域内的风险较大且难以预防或避免，该领域内的高风险令不少企业尤其是中小企业难以承受，相伴而生的法律责任更是一项不容小觑的经济负担，使得企业纷纷寻求合适的知识产权风险管理或分摊机制。在此背景下，知识产权保险进入了人们的视野。

　　在知识产权领域的诸多风险中，最显著、最突出的当数侵权风险以及随之而来的可能被卷入诉讼程序而必须支出的费用或成本，因此，美国、欧盟、日本等国家或地区纷纷意识到了知识产权诉讼费用保险在应对和化解知识产权风险方面的独特的经济补偿功能，从而发展出包括专利执行保险和专利侵权责任保险等主要险种的知识产权保险产品体系。

　　在中国，知识产权风险的影响力同样不容忽视：微观上看，知识产权领域的侵权风险有可能成为制约公司创新投入和创新能力的威胁和障碍；宏观上看，知识产权侵权风险的经济补偿的欠缺和不完善可能成为中国自主创新的一大瓶颈，并直接阻碍着我国完整、完善的知识产权综合保护体系的形成。因此，无论是为了进一步有效实施国家知识产权战略，还是为了更好地帮助企业实施自主知识产权或者应对来自外部的涉嫌侵犯他人知识产权的巨大风险（如美国的"337调查"等），中国对知识产权保险产品的需求都是不言而喻的。中国同样需要培育和发展知识产权保险市场，推出适合我国市场需要和国情的知识产权保险产品。

　　为此，深入研究知识产权领域的风险的特殊性，借鉴域外代表性国家或地区的保险业实践经验，在认真学习和研究国外市场关于知识产权保险产品的开发、营销、经营状况等经验和产品设计方案的基础上，结合中国国情，探索出符合中国企业需求、具有可行性的知识产权保险解决方案、相关保险产品和配套机制，寻求符合中国实际情况的具体运作模式，完善经济补偿的相关制度体系，于中国而言已是至关重要且刻不容缓。

　　作为比较成熟的保险市场，美国的产品设计和自由市场运作经验丰富，日本的知识产权许可保险独具特色，欧盟的专利诉讼保险计划的若干思路和政府主导的强制性模式似乎更适合我国处于发展初期阶段的知识产权保险市场和新推出的保险产品。

他山之石，可以攻玉。借鉴他国经验是必要的，但另一方面，保险产品的设计同样需要植根于中国实际情况，进行各种数据资料的调研、统计和分析，从中筛选出中国保险产品在设计时所需要的重要因素和指标，如知识产权侵权案件的数量、频率、法院判定的赔偿额度等，类似的研究工作都是必不可少的。在中国，发展知识产权保险市场不仅是必要的，而且也具备现实的可行性和既有基础。然而，不容忽视的是，中国知识产权保险市场的发展目前看来尚存在不少困难甚至障碍，这就需要我们充分认识到这些困难，并在开发和设计相关的知识产权保险产品时力争克服这些困难，并有计划、有步骤地推进相关配套机制、中介服务平台以及数据库等基础性条件，为今后中国知识产权保险市场的发展逐步奠定良好基础。

鉴于目前国内与知识产权保险直接相关的公开出版的学术专著寥寥无几，研究明显不足，部分既有研究成果要么内容更新不足，缺乏持续性跟踪研究，要么浅尝辄止，鲜少有对域外实践及近年来发展状况与最新动态的研究，而且，对知识产权领域风险评估与测算，我国推行知识产权保险的困难、障碍与相关配套机制等问题，均缺乏深入研究，本书力争在中国知识产权保险领域的理论研究与实践探索方面作出一定的贡献。本书的主要创新点或贡献主要体现在以下几方面：

1. 研究范围与视野

本书不仅对世界上主要国家或地区的知识产权保险产品作了较全面的介绍，还对近五年内日本、韩国、新加坡等国知识产权保险领域的最新发展动态作了系统性、跟踪性研究，尤其是日、韩在建设知识产权涉外风险防控体系方面的举措与经验。此外，本书还对中国知识产权保险市场的发展阶段与现状进行了系统梳理、分析与反思，剖析目前中国知识产权保险发展中的若干障碍、问题，并提出了相应对策。可以说，本书兼顾了中国视野与域外经验两个方面。

2. 研究内容与深度

本书除了对中国市场上的主流知识产权保险产品——专利保险产品展开研究外，还对著作权保险产品、商标保险产品、地理标志保险产品、大知识产权综合保险产品等若干重要的知识产权保险产品均进行了研究与探索，包括不少新类型知识产权保险产品，在此基础上，对开发这些保险产品的必要性、可行性及具体方案均进行了分析，提出了笔者自己的观点。

3. 前瞻性的中国方案

（1）除传统知识产权保险产品外，本书还深入研究了我国保险业在著作权、商标、地理标志等新兴领域的应用前景，为防范知识产权相关风险而开发新保险产品的必要性、可行性甚至设计开发时可参考的具体方案；

（2）本书对在中国设计开发大知识产权综合保险产品的必要性与可行性等重要问题予以分析论证，尤其是针对 AI、5G、抖音等新技术背景、新平台、新商业模式等，挖掘新背景下投保人对新的知识产权保险产品的需求，包括知识产权综合保险产品。

总的来说，本书具有以下两个特点。

首先，本书具有较为鲜明的实践性，实践与理论相结合。例如，紧扣实践，以时间为脉络、分阶段介绍，对中国知识产权保险市场的发展历史、保险产品的发展现状及实践经验等作了细致梳理与分析。笔者在调研过程中掌握了较多的，来自人保公司、平安保险公司等多家保险公司关于专利执行保险、专利侵权责任保险、国外展会专利侵权保险等保险产品的保单（具体条款）等一手资料。在紧密结合中国专利保险事业推动的最新进展与掌握国内外相关重要资料的基础上，笔者对中国推行专利保险的主要障碍等问题作了针对性研究，分析存在的主要问题，并提出了中国方案，作为可资参考的应对之策。

其次，本书一定程度上体现了批判式创新精神。例如，本书对中国已有实践探索的经验与教训进行了反思与检讨，结合我国已经推行的专利保险险种及具体运作模式，以人保财险公司的 2 个险种及其保单为实例，揭示存在的主要问题或不足，研究更可行、更有效的模式与实现路径，提出有针对性的、符合中国国情的建议。

尤其需要强调指出的是，在本书撰写过程中，笔者参考或借鉴了国内外许多学者的研究成果，获益匪浅，在此表示衷心感谢！囿于篇幅限制，书中已将主要参考文献予以标注或列出，恕不能穷尽列举，还望谅解。

最后，希望本书的出版，能唤起社会各界对知识产权风险及其预防的认知与重视，对中国知识产权保险市场的发展有所裨益！

目 录

第一章 绪论 (1)
 一 研究背景 (1)
 二 研究意义 (2)
 三 研究目的 (2)

第二章 知识产权保险的基础理论 (4)
 第一节 知识产权领域的"风险" (4)
  一 知识产权风险的定义与产生原因 (4)
  二 知识产权风险的范围 (5)
  三 知识产权风险的分类 (6)
 第二节 知识产权侵权风险 (8)
  一 知识产权侵权风险的主要体现 (9)
  二 知识产权侵权风险的主要特征 (10)
  三 知识产权侵权风险的关联主体 (11)
 第三节 知识产权侵权行为样态及法律责任 (14)
  一 侵权行为的主要类型 (14)
  二 侵权行为的法律责任 (16)
 第四节 知识产权保险：传统知识产权风险防范机制之跨越 (17)
  一 传统的知识产权侵权风险防范机制 (17)
  二 不同民事主体的知识产权风险防范 (18)
  三 知识产权保险：经济补偿机制缺位的适时填补 (19)
 第五节 知识产权保险的一般原理及其特殊性 (20)
  一 保险法中的保险利益原则及其功能 (21)
  二 知识产权保险中的保险利益 (21)
  三 知识产权保险中保险责任的除外条款 (22)
 第六节 知识产权保险的重要意义 (23)

一　总体国家安全观视角下知识产权保险的重要意义 ……………（23）
　　二　知识产权保险对权利人的重要意义 ………………………（24）
　　三　知识产权保险对国家经济发展、技术创新、技术应用和
　　　　促进产业化等方面的意义 ……………………………………（24）
　　四　知识产权保险对提高我国企业应对美国"337 调查"等
　　　　海外风险的抗风险能力的重要意义 …………………………（25）

第三章　中国知识产权侵权风险之实证分析 ………………………（29）
　第一节　中国知识产权案件中的赔偿标准和主要依据 ……………（29）
　　一　中国相关法律规定的赔偿标准和依据 ……………………（29）
　　二　中国司法实务中赔偿金额的认定与计算依据 ……………（31）
　第二节　中国知识产权侵权案件中赔偿金额的计算与认定 ………（32）
　　一　2009—2013 年中国知识产权司法保护与侵权赔偿金额的
　　　　总体情况 ………………………………………………………（32）
　　二　2014—2020 年中国知识产权司法保护状况 ………………（35）
　第三节　中国知识产权案件中赔偿金额的大致规律 ………………（37）
　　一　关于知识产权侵权案件判赔金额的部分结论 ……………（37）
　　二　2019 年以来中国知识产权侵权案件判赔金额的总体
　　　　状况与特点 ……………………………………………………（38）
　　三　关于知识产权侵权案件判赔金额的部分研究成果 ………（40）
　　四　小结 …………………………………………………………（43）
　第四节　中国部分专利侵权案的赔偿金额分析 ……………………（43）
　　一　2013 年前中国部分专利侵权案赔偿金额的总体
　　　　状况（以 276 个案例为样本）………………………………（43）
　　二　2019—2021 年中国知识产权侵权案件判赔金额的
　　　　总体状况（以 500 个案例为样本）…………………………（45）

第四章　域外知识产权保险发展状况及特点 ………………………（48）
　第一节　知识产权保险的类型和主要险种 …………………………（48）
　　一　保险业界对知识产权保险的主要分类 ……………………（49）
　　二　根据被保险人的身份所作的分类 …………………………（50）
　　三　根据保险运作的强制性和任意性所作的分类 ……………（51）
　　四　根据流程所作的分类 ………………………………………（51）
　　五　根据保障范围所作的分类 …………………………………（51）

第二节　欧美地区知识产权保险的发展状况 …………………… （52）
　　　　一　美国知识产权保险的发展状况 …………………………… （52）
　　　　二　欧盟知识产权保险的发展状况 …………………………… （58）
　　　　三　欧洲部分典型国家知识产权保险发展状况 ……………… （65）
　　第三节　日、韩等亚洲国家知识产权保险的发展状况 …………… （70）
　　　　一　日本知识产权保险的发展现状 …………………………… （70）
　　　　二　韩国知识产权保险的发展现状 …………………………… （75）
　　　　三　新加坡知识产权保险发展的最新进展 …………………… （80）
　　第四节　澳大利亚的知识产权保险发展状况 ……………………… （81）
　　第五节　域外经验可资借鉴之处 …………………………………… （82）
　　　　一　各主要国家或地区知识产权保险产品之比较 …………… （82）
　　　　二　域外经验之总结 …………………………………………… （84）

第五章　中国知识产权保险的实践、现状总览与评析 ………………… （87）
　　第一节　中国知识产权保险的产生与发展 ………………………… （87）
　　　　一　中国企业对知识产权保险产品的客观需求 ……………… （87）
　　　　二　知识产权保险产品的产生与发展 ………………………… （88）
　　第二节　中国知识产权保险的总体发展状况 ……………………… （90）
　　第三节　中国知识产权保险市场发展的隐忧与机遇 ……………… （93）
　　　　一　中国知识产权保险市场发展的隐忧 ……………………… （93）
　　　　二　中国知识产权保险市场发展的新机遇 …………………… （94）

第六章　中国专利保险产品的实践探索与建议 ………………………… （96）
　　第一节　中国专利执行保险的实践探索 …………………………… （96）
　　第二节　中国专利执行保险的特点——以人保财险的
　　　　　　产品为例 …………………………………………………… （98）
　　　　一　专利执行保险之界定 ……………………………………… （98）
　　　　二　专利执行保险的投保主体 ………………………………… （98）
　　　　三　专利执行保险的保险范围 ………………………………… （98）
　　　　四　专利执行保险的理赔条件 ………………………………… （99）
　　第三节　中国专利执行保险的特色经营模式与理赔实践 ……… （100）
　　　　一　中国专利执行保险的特色经营模式 …………………… （100）
　　　　二　中国专利执行保险的理赔实践 ………………………… （100）
　　第四节　中国专利保险产品设计与推行建议 …………………… （102）

一　有代表性的知识产权综合保险产品 …………………………（190）
　　二　知识产权综合保险业务的主要承保人 ……………………（197）
第三节　知识产权综合保险产品设计与推行中的困难 ……………（199）
　　一　知识产权本身的价值难以确定 ……………………………（199）
　　二　"带病投保"等风险不易掌控 ……………………………（200）
　　三　投保需求挖掘与投保意愿提升等 …………………………（200）
　　四　易被利用或滥用风险之防范较为困难 ……………………（201）
第四节　中国知识产权综合保险产品的发展前景 …………………（201）
　　一　中国知识产权综合保险应涵盖的知识产权类型 …………（201）
　　二　中国知识产权综合保险产品的保障对象——投保主体 …（205）
　　三　中国知识产权综合保险产品设计时的关注重点 …………（206）
第五节　中国知识产权综合保险产品的框架设计 …………………（207）
　　一　知识产权执行保险 …………………………………………（207）
　　二　知识产权侵权责任保险 ……………………………………（209）
　　三　知识产权申请保险 …………………………………………（211）
　　四　知识产权许可保险 …………………………………………（212）
　　五　知识产权法律费用保险（或诉讼费用保险） ……………（213）
　　六　特殊产品：涵盖商标侵权的商业责任综合险 ……………（213）
第六节　中国知识产权综合保险产品的设计与推广建议 …………（214）

第十一章　中国推行知识产权保险的障碍及建议 ………………（217）
第一节　中国推行知识产权保险的主要障碍和困难 ………………（218）
　　一　知识产权保险产品的设计困难 ……………………………（219）
　　二　知识产权保险产品推行中的主要障碍 ……………………（220）
第二节　中国推行知识产权保险的若干建议 ………………………（221）
　　一　确保尽量多的参保主体 ……………………………………（223）
　　二　采取有效措施防范逆向选择 ………………………………（223）
　　三　加强相关数据收集和建设工作 ……………………………（224）
　　四　保险人的风险分散机制的建立与健全 ……………………（224）
　　五　专利诉讼费用保险应以中小企业为主体 …………………（225）
　　六　在产品营销推广中增强专利代理人的参与度 ……………（225）
　　七　切实加强专利配套服务机制和机构的建设 ………………（226）
　　八　避免因大企业拖延诉讼出现保险失效问题 ………………（227）
　　九　实行适当的保费补贴等优惠政策 …………………………（227）

十 部分保险产品设计中可突显保险保障与增值服务并重的
　　特色或优势以增强吸引力 ……………………………（228）

参考文献 ……………………………………………………（229）

附　件 ………………………………………………………（235）
　附件一　外国 SRI 公司专利侵权赔偿保险产品标准
　　　　　合同（中文版）……………………………………（235）
　附件二　外国 SRI 公司专利侵权赔偿保险产品标准
　　　　　合同（英文版）……………………………………（246）
　附件三　案例统计表格（地理标志类）…………………（264）

第一章 绪论

一 研究背景

保险历来被视为众人分担风险之利器。在知识产权领域广泛存在的风险，使得不少企业对知识产权保险产生了强烈需求。在此背景下，知识产权保险应运而生。专利保险则是首先出现于美、英等发达国家。目前，发达国家或地区的知识产权保险主要包括专利、商标和版权三种，但以专利保险为主，相关实践也更为成熟。值得注意的是，除美国、英国外，欧盟和日本也于21世纪初开始特别重视知识产权保险的发展，并将其列入本国的知识产权战略和计划。2003年，欧盟专利保险计划提出了若干个专利保险方案，对该计划的实施进行了深入和专门性的可行性分析和论证。日本也大力推动知识产权许可保险的发展。在理论研究方面，国外早在若干年前就开始了对知识产权保险，包括专利保险、商标保险、版权保险、商业秘密侵权保险等的研究。

与上述情况形成鲜明对比的是，中国在知识产权保险方面的实践起步晚、经验不足。据报道，2010年12月，信达财产保险公司推出了中国的第一款专门的专利保险产品——专利侵权调查费用保险。这一保险产品的推出，标志着我国专门的专利保险产品的诞生。据介绍，这一保险产品的基准保费是2000元，企业每增加1件专利投保需加费200元，每张保单承保专利不超过50件，保险期限原则上为1年。当投保人被侵犯专利权并且立案后，保险人将依合同予以相应赔偿，理赔范围根据标准保单的规定，应当包括公证费、差旅费、律师代理费等，即服务于专利维权前期准备工作而支出的必要"调查费用"等。可见，其理赔范围与该保险产品的名称是完全对应的，这些费用被视为专利维权的"调查费用"。

2011年12月，受国家知识产权局委托，中国人民财产保险股份有限公司[1]率

---

[1] 为表述简洁与方便，本书下文将该公司简称为"人保财险"。

先开发了知识产权保险产品，并制定知识产权保险工作方案。2012年，该公司采取"政府主导、商业对接、专业运作"模式，推出了第一批知识产权保险产品"专利执行保险"，在北京中关村等地区启动第一批试点，承保首批专利，并于2012年第四季度启动了第二批试点工作，同时向市场推出了第二批"专利侵权责任保险"以及"海外展会专利侵权责任保险"等新产品。人保财险自2011年、2012年起在保险产品领域的创新方面成为保险业界的引领者，其主推产品在保险市场上产生了一定的、较好的市场反响。

二　研究意义

本书的研究意义主要体现在以下三个方面：

其一，加强对中国知识产权保险市场和保险产品设计的理论研究，为中国知识产权保险制度的完善以及知识产权保险业务的实际操作提供一定的理论支持。目前我国对知识产权保险的研究成果总体上仍是比较有限的。从时间上看，对该问题的学术研究主要集中于近几年，而且既有成果的数量不多；从内容上看，既有成果主要集中于对域外知识产权保险市场状况的总体介绍，或者我国相关实践的初步探讨。然而，对知识产权领域风险的评估与测算、我国知识产权保险产品的具体运作模式、我国推行相关险种的主要困难与障碍、相关配套机制等问题，尚缺乏深入研究。

其二，本书将对中国知识产权侵权案件，尤其是专利侵权纠纷案件中的风险、诉讼费用、具体赔偿额度等信息和资料在我国部分地区进行实际调研和数据统计，这必将为我国专利侵权责任保险等险种的开发、设计提供一定的数据参考。

其三，本书将揭示知识产权保险机制在预防和分担风险方面独特的经济补偿功能以及其对司法、对知识产权实施、对国家知识产权战略实施的重要影响和作用，进一步扩大"知识产权保险"概念和含义的普及性，突出知识产权保险的功能和特点，为广大企业尤其是中小企业的知识产权风险管理提供新的、理想化路径。

三　研究目的

本书在结构上共分为十一章。

本书旨在以全球视野，将对世界上主要国家或地区的知识产权保险市场以及保险产品的实践运作经验进行系统性的深入分析研究，尤其是对美国、欧盟、日本、韩国、新加坡等代表性国家在知识产权保险制度发展方面的历史及最新动态进行介绍，为我国知识产权保险市场的开发、知识产权保险产品的研发和设计、具体运作模式等方面提供总体原则与思路、具体对策和可行性方案，为我国知识产权保险制度的建设、市场开发与完善，提供一定的理论支持和实际调研资料，提出若干有针对性、具有实际可操作性的建议，并对我国的知识产权单一险、知识产权综合险等险种的开发设计、运营等方面展开初步探索性研究，具有特殊意义和可行性。

需要特别说明的是，囿于笔者所掌握资料的有限性和局限性，既有研究成果也较少，加上开展知识产权保险业务的实践探索也存在一定难度，本书在相关理论体系和保险产品开发设计（尤其是精算、定价等）方面的研究尚不够深入、不太成熟，尚存在若干有待进一步研究或商榷的空间。

第二章　知识产权保险的基础理论

众所周知，风险是保险机制的原点，保险是风险预防与化解的重要手段之一。对知识产权保险的研究，应当从对知识产权领域"风险"的研究开始，需要从总体上把握若干重要问题，包括何为知识产权领域的风险、此种风险的产生原因、知识产权风险的范围与分类、风险防范的传统机制与新机制。因此，本章将从知识产权领域的风险谈起，以知识产权侵权风险为重点和中心，介绍知识产权侵权行为的主要样态及相应的法律责任，其后探讨在跨越传统的知识产权风险防范机制后、作为新路径出现的知识产权保险的重要意义与作用，并对知识产权保险的基本理论前提展开研究。

第一节　知识产权领域的"风险"

一　知识产权风险的定义与产生原因

从一般意义上看，知识产权风险的范围是十分广泛的，它包含了知识产权法律关系的主体在各个阶段可能遇到的不利或者损失，包括权利申请、授权与取得阶段的风险（版权为例外）、权利行使与维持阶段的风险、权利被侵害后寻求救济及法律执行的风险、权利转让过程中的风险、被诉侵犯他人专利权的风险等。以专利为例，从最广泛的范围来说，除了专利在申请与审查过程中能否获得授权的不确定性、专利权取得后其有效性能否得以维持的不确定性以及专利权保护范围大小的不确定性以外，在涉及专利侵权纠纷时，权利人能否获得救济、赔偿金额的大小、所作判决能否得以执行等，都可以说是知识产权风险。

因此，在论述知识产权风险的相关问题时，学者们论述时所涵盖的范围是不尽相同的。学术界目前尚未达成十分一致的结论，而且大部分学者仅对实践层面的探讨有所涉及，鲜少对相关基础理论问题作深入探究，且较多涉及的是与专利相关的风险问题。例如，有部分学者在定义专利的风险时，认为"来源是专利制度内部诸因素的复杂性所导致的专利权利的变动性与不确定性，主要体现为专利权获得的不确定性和专利权有效性的不确定性和专利权保护范围的不确定性"[1]。笔者认为，该观点显然未能涵盖全面的知识产权风险，没有考虑到专利制度以外的风险，而仅阐述了源自专利制度自身的风险。

本书所探讨的知识产权保险问题，其出发点主要是来自实务中的需求，而不仅仅是理论上的自圆其说。应当承认，知识产权领域风险本身是多种多样的，呈现出各种不同类型与样态。知识产权本身的不稳定性、不确定性以及由其导致的潜在损失、成本、支出或者不利益，均可被归入知识产权领域风险或"知识产权风险"的研究范围内。知识产权风险产生的原因也是多种多样的，既有可能由知识产权相关法律制度本身（包括权利本身）的复杂性所导致，也可能是因相关市场主体的某种商业行为所导致。

二　知识产权风险的范围

知识产权风险的范围十分广泛。从实务角度而言，以企业这一典型的市场主体为例，知识产权风险的具体体现会因知识产权权利种类的不同而有所不同，而且，也会受到具体市场主体具体行为的影响而有所不同。

首先，知识产权侵权风险可能是企业最担心的主要风险；也是知识产权保险机制要防范的最主要风险，侵权风险又可分为侵犯他人知识产权（侵权）和被他人侵犯知识产权（被侵权）两种情况。前一种情况有可能使某公司因侵权嫌疑招致产品被迫停止销售及相应的经营损失等风险；而在后一种情况中，某公司的知识产权被他人非法使用，产品的独占性和专有性受到侵犯。为应对这两种风险，在与相对人进行交涉或提起诉讼的过程中必然会发生相关费用，当被迫支出上述费用时，也就产生了知识产权风险的问题。

其次，除知识产权侵权风险外，也存在着其他知识产权风险，比如职务发明中的补偿金请求权、专利许可合同、商标许可合同中产生的相关纠纷、商业秘密相关权益的归属权纠纷可能导致的损失、成本、支出或不利益等风险。

---

[1] 金泳锋、余翔：《专利风险的特征及其影响研究》，《知识产权》2008年第6期。

三 知识产权风险的分类

不同种类的知识产权之间，由于权利本身存在的巨大差异，所面临的风险也是不同的。这就要求我们对于知识产权风险的研究不能一概而论，而应当是有区别、有针对性地进行分析。按照不同标准，我们可将知识产权分为不同类型。

（一）内部风险与外部风险

这是按照风险来源进行的一种划分。知识产权的内部风险，指的是来自企业内部的知识产权风险，包括无法通过法定程序获得知识产权的风险、未能有效开发和实施知识产权的风险以及雇员的不当行为带来丧失知识产权的风险等。知识产权的外部风险，则指的是来自企业外部的知识产权风险，这些风险包括被竞争对手提起知识产权侵权诉讼、被他人抢占知识产权，以及不同司法体制下知识产权制度之差异等方面。

（二）版权风险、商标权风险、专利权风险与商业秘密风险

按照知识产权具体客体或权利类型的不同，我们可以将知识产权风险具体分为版权风险、商标权风险以及专利权风险，如前所述，各种权利之间其差异是巨大的，这种区分实际上对于清楚论述知识产权风险问题是很有必要的。

（三）侵权风险与其他风险

在实务中，有一种分类是以与知识产权侵权行为的关联性为标准，分为侵权风险和其他风险。如上所述，在知识产权领域的诸多风险中，最突出、最典型的当数侵权风险，但除此之外，还有知识产权许可合同、职务发明等其他与合同相关的风险等，比如围绕职务发明中的补偿金请求权和专利许可合同所产生的有关纠纷。以日本为例，涉及职务发明的补偿金请求权，曾有法院认可职务发明人数百万的补偿请求的案例和情形，而涉及专利许可合同的有关纠纷，在市场和企业规模较大或牵涉专利池的情况时，也会产生高额的赔偿费用。

（四）知识产权侵权防御风险与侵权追击风险

在知识产权侵权诉讼中，根据知识产权侵权行为中原被告主体各自地位和角色的不同，我们还可再将知识产权侵权风险细分为侵权防御风险和侵权追击风险。这两者发生于同一个法律关系之中，但主体不同，分别属于同一法律关系中的对立双方。前者是指不享有知识产权但实施了知识产权的主体所面临并须防御的、被权利人起诉并追究侵权责任的风险；后者是指知识产权权利人对知识产权侵权行为的主动出击和维权行为，即在追

究相关侵权人法律责任时所面临的风险。

（五）知识产权申请过程中的风险、实施中的风险、许可使用中的风险与转让中的风险

结合知识产权的生命周期与全链条保护思维，我们也可以根据知识产权风险发生的具体阶段或环节，将知识产权风险划分为知识产权申请过程中的风险、使用或实施过程中的风险、许可使用过程中的风险与转让过程中的风险等，如图 2-1 所示。

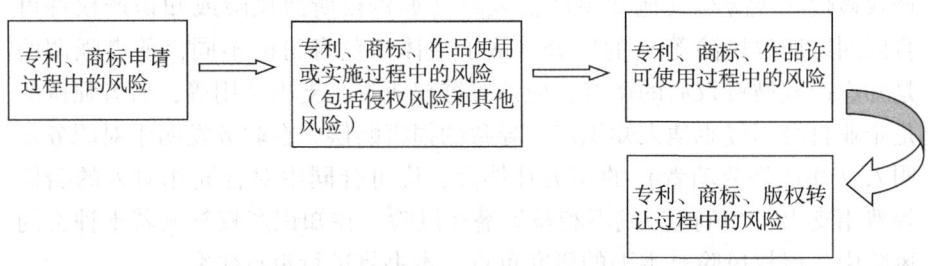

图 2-1　知识产权风险

（六）知识产权诉讼风险与非诉讼风险

根据知识产权风险与诉讼行为或诉讼程序的关联性，我们还可将知识产权风险分为知识产权诉讼风险与非诉讼风险，显然，部分风险的发生与诉讼行为密切相关，也有基于非诉讼行为，如知识产权许可合同等纠纷、行政裁决行为等导致的风险，如图 2-2 所示。

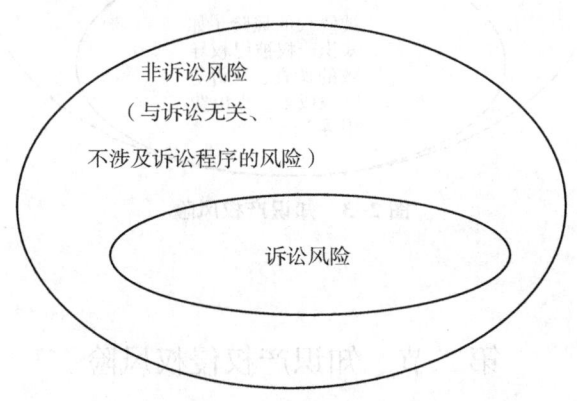

图 2-2　知识产权风险

（七）国内风险与域外风险

如果从风险发生的地域范围来看，也可将知识产权领域的风险区分为

中国国内的风险与在域外发生的风险。此种区分的重要意义，其中有一点是相关知识产权保险产品的风险保障范围，既可能是涵盖国内与国外，也可能仅保障国内风险，或者仅保障域外风险。以韩国为例，韩国近几年已开发出并在本国市场上推出了专门以中国范围内为保障范围的知识产权保险，也出现了以中国以外的其他海外区域为保障范围的知识产权保险产品。

为进一步清晰地阐释知识产权领域的相关风险，图2-3显示了知识产权被侵权风险与其他知识产权风险（如侵权所致风险或知识产权许可合同纠纷所致风险等）的区分：基于主体角色身份的不同，前者强调的是知识产权被侵权后的调查、应诉等维权成本、支出费用等，后者强调的是企业自身因侵犯他人知识产权导致的损害赔偿、在职务发明中对职务发明人（往往是劳动者）的相关补偿金、许可合同中对合同相对人的赔偿等费用支出、"负担"或不利益等潜在风险。在知识产权领域若干种类的风险中，侵权风险是本书的研究重点，本书将进行重点研究。

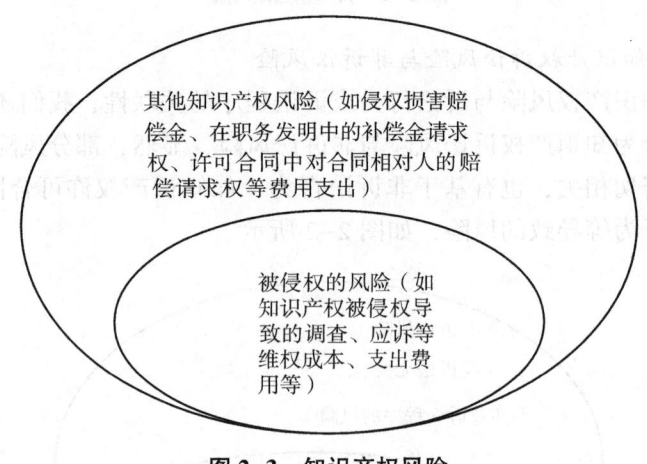

图2-3 知识产权风险

第二节 知识产权侵权风险

围绕知识产权所产生的风险不仅类型多样，风险程度也相对较高。相对于一般的财产权风险而言，知识产权领域的风险是非常高的，造成风险的原因也比较多样。知识产权与传统的财产权利之间具有显著的差异，其中的专利权、商标权、版权等权利具有"无形""专有""地域限制""法定时间限制"其受保护客体"可复制"[①] 等特点，知识产权的这些特点决定了其"维护成本较高，在日常经营管理活动过程中，其隐藏的风险往往比有形财产更加显著"[②]。

一　知识产权侵权风险的主要体现

　　进入 21 世纪以来，在原有的知识产权体制下，一些新问题和新现象的出现导致了知识产权风险的进一步增加。

　　近年来，在专利领域出现了一些以专利诉讼为业的主体，常被称为"专利蟑螂"或"专利流氓"，他们自身并不实施其专利权等知识产权，而是通过授权许可他人实施或者对他人提起诉讼的方式来获利。这就使真正实施特定技术方案、满足消费者需求并创造市场价值的企业面临着严重威胁，他们可能动辄为一个专利案件损失上千万元，对大企业而言是严重损失，对小微企业更是致命打击。

　　以版权[③]领域为例，随着网络与信息技术应用的普及，使得作品的使用方式产生了巨大变化：在印刷技术时代，我们复制的成本与门槛是比较高的，因而侵权行为的发生相对较少，且容易被控制；现如今复制的过程只需轻点几下鼠标即可完成，这使得侵权发生的频率大幅提升，且难以控制，版权领域的权利风险的增加十分显著。再看商标领域，侵权行为也呈现出多样化的趋势，如域名侵权、商业外观侵权、商标反向侵权等新情况的不断出现，同样给商标权增加了风险。

　　全球化背景下的知识产权领域尤其是专利市场的激烈竞争是加剧知识产权风险的又一重要原因。在当前，知识产权被世界大部分国家和地区视为一项重要指标，与经济贸易、科技竞争、综合国力等直接挂钩，各地的知识产权申请量和授权量大幅日益上升，这也使得知识产权专有权利领域的范围不断扩张，而公共领域的范围则相对缩小。易言之，人们所使用的作品、商标、技术方案等将越来越容易陷入他人的专有领域范畴，进而构成侵权，这也是知识产权风险增加的一种表现。

[①]　郑成思：《知识产权论》（第 3 版），法律出版社 2003 年版，第 76 页。
[②]　林小爱：《知识产权保险研究》，博士学位论文，华中科技大学，2009 年，第 58 页。
[③]　在本书中，"版权"与"著作权"是同义词，可替换使用。之所以会出现交替使用的情形，主要是因为各国家或地区的使用习惯、所属的法系等不同。如在我国，法律上使用"著作权"一词，但却同时使用"版权登记"的表述。

实务中，从微观的个案看，正如部分学者指出的那样，知识产权领域的案件具有十分鲜明的特点，"知识产权法综合性、国际性较强，知识产权诉讼主体广泛、法律关系复杂、诉讼争议的焦点分散、专业技术性强、证据繁杂、举证困难、侵权案件种类与形式多样、赔偿数额难以计算等特征，导致疑难案件比例较大，而案件的处理结果在社会生活中的影响度也大。因此，知识产权诉讼案件的诉讼周期长、费用支出大，从而造成知识产权权利人的诉讼成本高，难以及时、充分、有效地保护知识产权权利人的权利"[①]。

再看宏观数据。近年来，侵权诉讼的案件数量总体呈现上升趋势。据美国官方统计，1990—2010年，美国的专利诉讼案件的总数量增加了280%。知识产权诉讼案件数量的增加，反映了知识产权领域风险的剧增。同时，知识产权涉及法律诉讼的概率也是比较高的。学者Lerner（1995）和Koen（1991）的研究结果表明，"针对所有类型专利，约有1%的专利将牵涉法律诉讼。在一些新技术领域，专利相关的法律诉讼案件数量明显更高。例如，生物技术领域的专利，高达6%的专利将发生法律诉讼。在新研究领域不确定性增加，因此，意味着专利诉讼的风险会显著提高。"[②]

上述宏观数据揭示了整个知识产权相关产业、市场所面临的一个现象——侵权诉讼案件数量的不断增加，这一方面反映了知识产权侵权风险的增加，另一方面也反映了市场对规避这种风险的需求也在增加。

二 知识产权侵权风险的主要特征

知识产权侵权风险具有以下几个主要特征：

1. 诉讼费用昂贵

知识产权，尤其是商标、专利、商标秘密等主要由公司、企业等主体享有的知识产权，一旦发生纠纷或涉诉，其所涉标的的金额通常较高，同时，考虑到知识产权诉讼的复杂性、对律师专业性和技术性等的更高要求等因素，加上需技术鉴定、专家证人等费用，此类诉讼的成本和费用是十分昂贵的。

在日本，根据对2010年发生的95起专利诉讼案件（包含非侵权类型的案件）所作的调查，平均诉讼费用高达6132万日元。关于每一起专利

[①] 林小爱：《知识产权保险研究》，博士学位论文，华中科技大学，2009年，第58页。
[②] 林小爱：《知识产权保险研究》，博士学位论文，华中科技大学，2009年，第59页。

诉讼案件的平均诉讼费用（成本），据统计，英国约为 70 万英镑[①]，美国则高达为 300 万美元[②]，澳大利亚约为 200 万澳元[③]。

2. 诉讼结果较大的不确定性

一般而言，知识产权纠纷比一般财产纠纷更复杂。仅以案件事实的证明为例，由于知识产权的无形性，对侵权（或未侵权）事实本身是否存在的证明都十分困难，因此，举证责任的分配对案件结果的影响甚大。此外，权利本身有效性的不确定，类似物权公示等制度保障的缺乏，均导致最终诉讼结果具有较大的不确定性。

3. 赔偿费用的计算相对困难

知识产权价值评估一直是研究的热点和难点，迄今为止尚未形成十分有效的知识产权评估方法和体系，法院在案件裁判过程中对"法定赔偿"的大量使用现象也印证了这一点。

4. 侵权行为的易发性

以一般财产权中的物权为例，其是对特定物的一种支配权，由于其往往处于权利人的实际控制之下，第三方要侵犯这种权利是相对困难的；而知识产权的对象是表达、符号[④]等不可控制的事物，侵犯这种权利是相对简单的，尤其是对著作权或商标权的侵犯。

5. 对某些新技术的打击或影响很大

致力于新技术研发的企业，在技术创新方面往往会面临来自法律上的风险，这在知识产权领域尤为明显。比如曾风靡一时的 P2P 分享技术，就遭遇到巨大的著作权侵权风险，之后逐渐萎缩，相关企业也只能被迫转向其他商业模式。

三　知识产权侵权风险的关联主体

（一）易被侵权的对象

易被侵权的对象在维权时需要支出相关费用或成本，而且维权成本较高；对于保险人而言，它们往往是潜在客户，对其进行深入分析是很有必

[①] 来源：Jackson Review of Civil Litigation Costs.
[②] 来源：American Intellectual Property Law Association.
[③] 来源：Think IP Strategy; Weatherall, Webster & Bentley.
[④] 就知识产权对象（客体）是什么的问题，学界并未达成共识，有智力成果说、信息说、符号说等不同观点，笔者在此列举知识产权对象的目的仅为说明其不能被实际控制的一个困境。

要的。

1. 与专利有关的易被侵权的对象

对专利而言，容易被侵权的对象往往包括构成标准（主要包括国家标准和行业标准）的专利技术的专利权人以及相关被许可人，当然还有一般的专利权人等。鉴于部分专利本身的特殊性质、重要性以及可能带来的潜在利益，那些构成基础专利、标准中的必要专利或者能为实施者带来巨大商业利益的专利往往容易被他人侵权性实施或使用。

当专利权人遭受被侵权风险时，一个行之有效的解决方法是利用法律武器，通过诉讼等手段以维护自身的权益。但基于诉讼结果的不确定性，专利权人有可能面临败诉或者部分败诉的风险从而须支付相应的诉讼费用等成本或支出。我们通常称之为专利执行成本或者维权成本。

2. 与商标或版权有关的易被侵权的对象

应当说，任何知识产权的权利人都存在着被侵权的风险，尤其是拥有较多或较有价值的作品或商标的公司。在商业活动中，假冒伪劣商品和搭便车行为屡禁不止。因此，在商标方面，最易被侵权的对象往往是具有较高知名度的商标，特别是驰名商标、地方性著名商标和其他广为消费者所熟知的商标。比如，拥有多品牌的大公司，如宝洁、联合利华，由于其商标权所覆盖的行业较广，并且公司旗下拥有的商标数量众多，因而所面临的知识产权侵权风险也就相对更大。

根据WIPO对版权产业的分类，在版权核心产业、版权依赖产业、部分版权产业和非专用产业这四类产业中，被侵权风险最大的首先是版权核心产业内的公司，如唱片公司、电影公司等，他们普遍面临着极大的被侵权风险；其次，是版权依赖产业，其被侵权风险也很大；此外，部分版权产业中的企业虽然其所面临的知识产权风险相对较小，但风险依然存在且是不容忽视的。在我国，目前的热门行业主要是网络游戏、软件等，很显然，那些广受使用者或消费者欢迎、点击率高的版权产品往往会成为侵权者的目标；在传统领域，针对热门小说等文字作品、音乐作品、影视作品的侵权行为也频繁发生。

（二）易遭受侵权指控的主体

1. 易遭受专利侵权指控的主体

近年来在专利领域出现的"专利蟑螂"（专利流氓）和专利标准化趋势加强等新现象、新态势，不仅对原有的专利体系造成了冲击，也给专利权人和专利实施者带来了新的风险。

对于专利实施者而言，"专利蟑螂"的出现使其在实施专利的过程中面临着类似于被敲诈勒索的威胁，"专利蟑螂"对专利实施者们虎视眈眈，一旦他们实施了自己持有的专利，就不得不在交付高昂许可费与进行高成本诉讼之间选择其一。

而"技术专利化、专利标准化、标准垄断化"[①]的趋势给专利实施者带来的影响是，在他们生产受标准约束的产品时，他们绕不过被设置为标准的专利，因而必须取得其专利实施许可。标准专利的持有者由于拥有类似支配性的垄断地位，因而可能会滥用其权利，强迫专利实施者接受一揽子的专利许可，搭售专利实施者本不需要的技术方案，使其支付更高的许可费。倘若专利实施者不接受这种安排，那他们不得不冒着侵权或违约的风险挑战标准权利的持有人，而没有选择其他替代技术方案的机会。在这些背景下，专利易侵权主体包括了几乎所有高科技领域的企业，同时"不仅包括直接使用专利技术的制造商，也包括专利产品的销售商或者进口商"[②]。

2. 易遭受版权侵权指控的主体

什么样的作品使用者容易被指控为侵犯版权甚至构成版权侵权呢？事实上，以传统方式即印刷技术为主要方式使用作品的使用者，除非出于恶意，否则是很难在善意情况下构成版权侵权的。原因在于，首部版权法诞生于印刷技术初现之时，延续到今日，相关法律规则、法律关系已经非常稳定、成熟，善意使用者对作品的使用要么经过作者、权利人的许可同意，要么处于合理使用或法定许可的范围之内，由于规则的模糊、不确定，或者使用方式的复杂性导致的侵权行是十分罕见的。

实际上，当今最容易遭受版权侵权指控的主体往往主要是以非传统方式，包括通过数字技术、网络技术等方式使用作品的使用者。数字技术和网络技术的出现，使得整个版权体系发生了根本的改变，体现在使用方式上的改变是尤为明显的。原先的复制行为成本几乎为零，向公众传播作品的方式也不再依赖于转移有形载体，原本仅有单方向的一元传播方式，现在则出现了交互式的传播，因此，以这些新的方式使用作品的使用者，尽管他们主观上可能出于善意，但是他们不得不面对法律规则、法律关系不确定、不成熟带来的风险，他们使用作品的行为可能无意中就构成了对版权的侵犯。这些版权易侵权主体包括但绝不仅仅限于以下的列举，他们包

[①] 丁丽瑛：《知识产权法专论》，科学出版社2008年版，第94页。

[②] 文家春、乔永忠、朱雪忠：《专利侵权诉讼攻防策略研究》，《科学学与科学技术管理》2008年第7期。

括数字图书馆、数据库开发者、开放源代码软件公司、广告公司、网络服务提供商等。

3. 易遭受商标侵权指控的主体

与版权侵权的相关法律关系相比，商标侵权所涉及的法律关系相对简单、明确，因为善意使用他人商标而构成侵权的情况也并不常见，主要构成侵权的行为大都是恶意的。商标的侵权风险同样受到了网络、信息技术进步的影响而有所增加，但增加不如版权那般明显。另外，经济全球化是另一个影响商标侵权风险的重要因素，它导致了产品的生产供应链被安排至全球各个用工成本较低的地区，由特定的贴牌生产商为其进行生产，但是，商标权所具有的地域性特征意味着一个 A 国的商标权人不一定在 B 国也享有相应的商标权，因此，贴牌生产商在生产或海关出口报关时可能侵犯本国企业在本国注册的与代工产品相同的商标。因此，商标易侵权主体包括但不限于广告公司、电子商务平台、涉外贴牌生产商。

第三节 知识产权侵权行为样态及法律责任

一 侵权行为的主要类型

按照不同的标准，可将知识产权侵权行为分为不同类型。学界的通常分类，有按侵权行为客体的不同，分为商标侵权行为、专利侵权行为和版权侵权行为；按侵权行为人的数量，分为单方侵权行为（单一主体）和共同侵权行为（两个以上的主体）；还有，与知识产权侵权风险联系更紧密的一种分类，是根据侵权人的行为方式以及其在侵权中发挥的作用，分为直接侵权行为和间接侵权行为[①]，在知识产权法领域，这种分类具有重要意义，在实际认定和适用中有时也会引发争议或疑虑。

直接侵权是指行为人的行为直接侵犯他人权利，而无第三方的介入，对此，权利人仅需证明自己权利合法有效、行为人未获得许可也无法定免责事由，即可证明侵权行为成立。间接侵权则是行为人的行为与侵权结果之间介入了第三方的行为。以专利为例，专利间接侵权是指行为人自己并没有实施直接侵犯专利权的行为，但却诱导、怂恿或唆使他人实施侵犯专

[①] 参见张军《知识产权侵权行为领域研究》，经济科学出版社 2005 年版，第 56 页。

利权的行为，因此对直接侵权行为的发生起到了推波助澜的作用。[①]

间接侵权行为的理论起源于美国司法实践。其产生原因主要是侵权手段和方式的日趋隐蔽，使权利人对规制这些间接侵权行为产生迫切需求。

对知识产权实施人而言，一个重要问题在于，其面临的侵权风险的防御，不仅涉及直接侵权，还可能涉及间接侵权。以版权司法领域最为经典、被普遍移植或借鉴适用的美国"避风港原则"为例，根据美国《数字千年版权法》的相关规定，网络服务提供者（ISP）在从事"使用信息定位工具，包括目录、索引、超文本链接、在线存储网站"等向网络用户所提供的服务时，面临的最大风险就是可能会间接的帮助或扩大了侵权作品的传播与直接侵权行为的实施，因而可能面临基于间接侵权的指控。尽管有"避风港"规则的存在——若因其存储或链接的相关内容涉嫌了侵权，在其能证明自身无恶意侵权意图并实施了及时删除侵权链接或内容的条件下，那么，在承担相应的侵权赔偿责任方面，网络服务提供者将能享受豁免（即进入"避风港"）——但其间接侵权风险仍然是存在的，网络服务提供者依然有多种构成间接侵权的可能性，因为适用避风港原则的前提条件是比较多的，而且有趋于严格的发展趋势。

目前大部分国家（包括我国）在司法实务中适用的"避风港"规则，乃产生于20世纪90年代，那时的互联网以BBS等形式为主要代表、被称为Web1.0时代，与现今互联网的实际情况已相去甚远，因此该规则已显现出了一定的不适应性，甚至在一定程度上成为服务于侵权者的法律工具，其在未来极有可能被修改或废止；倘若如此，网络服务提供者的风险又将进一步增加。

事实上，2019年6月7日欧盟版权法改革的主要成果——《单一数字市场版权指令》（Directive on Copyright in the Digital Single Market）生效[②]，就是新的网络时代背景下网络服务提供商被要求承担的版权侵权过滤义务或要求的更新或现代化。可以说，欧盟的版权法改革预示着新技术时代对网络服务提供商就版权侵权行为之预防履行更多义务的新要求。无独有偶，美国也正处于对版权法中避风港原则等规则进行改革的讨论过程中，于2020年发布了针对《数字千年版权法》第512条修订的研究报告，主要目标是对避风港原则等旧法进行现代化改革，提升在线版权侵权治理的实效。

[①] 参见尹新天《专利权的保护》（第2版），知识产权出版社2005年版，第509页。

[②] 以下简称为欧盟《版权指令》。

因此，从发展趋势来看，间接侵权等相关问题已经越来越受到人们的普遍关注，包括中国在内的世界各国的立法与司法实践也正在对这一问题做出更为严格和精确的规制，知识产权实施者所面临的间接侵权的风险也将日益增加。

二 侵权行为的法律责任

在符合相应构成要件的情况下，知识产权侵权行为会产生一定的法律效力，对权利人而言是一种可行使的权利，对于行为人而言则是须承担的法律责任。相关法律责任按性质的不同可分为民事责任、行政责任和刑事责任。

（一）民事责任

根据我国《民法典》（2021年1月1日起施行）第176条的规定，承担民事责任的主要方式有11种，具体如下：（1）停止侵害；（2）排除妨碍；（3）消除危险；（4）返还财产；（5）恢复原状；（6）修理、重作、更换；（7）继续履行；（8）赔偿损失；（9）支付违约金；（10）消除影响、恢复名誉；（11）赔礼道歉。这些承担民事责任的方式，可以单独适用，也可以合并适用。

有学者将民事责任区分为财产型、精神型和综合型，[①] 尽管版权含有一定的精神权利的内容，但是适用于知识产权侵权的民事责任主要还是财产型民事责任和综合型民事责任，具体而言，包括停止侵权、消除危险、排除妨害，以及损害赔偿。在上述诸多民事责任形式中，损害赔偿应是我们在设计知识产权保险产品时的关注重点。

知识产权本质上是一种私权，侵权人所承担的民事责任也是其主要责任。

（二）行政责任

尽管知识产权具有私权性质，但是部分知识产权侵权行为在侵犯私权的同时还对社会秩序造成了扰乱，使国家、公共利益受到了损害，因此行政机关依据法律规定通过使行为人承担行政责任的方式，制止侵权行为的发生和进行。正如吴汉东先生所指出的，各国一般都设有专门的行政管理机关——如版权局、专利局、商标局、工商行政管理局、海关等，或是成立统一的管理知识产权事务的行政部门，如工业产权局、知识产权局

[①] 参见王利明、杨立新、王轶、程啸《民法学》（第三版），法律出版社2011年版，第745页。

等——专门保护权利人的知识产权，并对相关侵权违法行为给予行政责任方面的处罚。①

（三）刑事责任

刑事责任是所有法律责任中最严厉的一种，主要是针对非常严重的侵犯知识产权的行为。世界上不少国家都在相关立法中针对严重的、需严加惩处的知识产权侵权行为规定了刑事诉讼程序和制裁措施，我国也不例外。我国现行刑法在"侵犯知识产权罪"和"扰乱市场秩序罪"的章节中，对严重的侵犯著作权、商标权、专利权、商业秘密权等犯罪行为进行了相关规定；学界和司法实务界也一直在对知识产权犯罪相关问题进行持续性研究。

第四节 知识产权保险：传统知识产权风险防范机制之跨越

本章前三节揭示了知识产权领域的多种风险，包括知识产权权利人十分重视的与侵权相关的风险，并对其中可能涉及的知识产权侵权行为样态及相关法律责任进行了介绍。在实践中，为了有效应对各种现实或潜在的知识产权风险，在传统的风险防范与化解机制之外，还发展出了新型的、以经济补偿机制为核心与作用手段的风险防范机制。本节将对传统的知识产权风险防范机制进行介绍，并分别从知识产权权利人和潜在侵权人等不同主体的角度介绍风险防范的必要性与特点，最后对知识产权保险作为一种新型知识产权风险防范机制的独特优势与特点进行探讨。

一 传统的知识产权侵权风险防范机制

（一）私力救济

应当承认，私力救济是实践中最为常见、最普遍使用的侵权风险防范手段。当权利人的知识产权遭遇侵权行为时，权利人与侵权人之间很可能通过私下协商、调解等方式达成一致意见，即使在启动诉讼程序之后，原被告双方当事人也有可能达成和解。在私力救济中，可以通过协商谈判来达成关于制止进一步侵权行为，或者对专利、商标、作品等的许可使用合同及相关许可使用费等条款或内容。但与公力救济相比，私力救济的效果

---

① 参见吴汉东《知识产权保护论》，《法学研究》2000年第1期。

和约束性显然较弱。

(二) 公力救济

就知识产权的相关违法行为而言,传统的知识产权保护和侵权风险防范措施主要包括寻求司法保护和行政保护(包括海关保护)。

1. 司法保护

在司法保护方面,当事人可以根据个案和需要选择提起民事诉讼或/和刑事诉讼,依法请求法院判令侵权人或/和犯罪嫌疑人承担相应的民事责任或/和刑事责任。

2. 行政保护

在行政保护方面,与大部分国家一样,我国也设有专门的知识产权行政管理机关,如著作权登记机关、专利局、商标局、工商行政管理局等。在知识产权相关违法行为发生时,权利人有权向上述部门投诉,要求相关部门依法采取相应的行政措施以保护其合法权益。比如,海关保护(边境措施)就是实践中经常采用的行政保护手段之一。在我国,知识产权行政保护(包括边境措施)的地位十分重要,行政保护与司法保护一起构成了有中国特色的"双轨制"保护机制。可见,我国在知识产权保险产品的设计方面,须注意行政保护的相关问题,这可能会对保险金额等费用、成本产生一定的影响。

二 不同民事主体[①]的知识产权风险防范

(一) 权利人的风险防范

对于知识产权的权利人而言,面对着知识产权有可能被侵权的风险,可以采取若干种措施予以防御。其中,通过诉讼或仲裁手段寻求法律救济可谓是最为周全、有效的途径之一。另外,寻求协商、和解等私力救济手段也是备选方案。无论如何,司法救济是最后的一根"救命稻草"。不过,部分救济手段需要权利人付出一定的成本或费用。因此,权利人可能会权衡、比较潜在的所得与支出成本之后再做出最佳或最优的决策。

一般情况下,除著作权以外的其他知识产权均须经国家相关部门授予,司法救济是相关争议或纠纷的最终解决程序,权利人往往会将诉讼或

---

① 此处的"民事主体"是指某种知识产权的权利人,包括所有权人和使用权人。在民法理论中,知识产权属于一种"私权",因而知识产权的权利人是民事主体,不同于国家机关等类似的公法主体。可见,此处的"民事主体"是与国家机关等公法主体相对立的。

仲裁作为优先考虑方案或者最终方案；某些情况下，权利人可能会选择国家行政主管部门的行政处理（如海关保护）以获得较直接、快速、便捷、及时的处理结果，以减少相关损失。

然而，值得关注的是，诉讼费用等成本事实上已成为权利人通过诉讼等公力救济手段的主要障碍之一，尤其是我国相关企业在面临海外维权问题时。须预先支付的各种调查费用、律师费或法律咨询费、诉讼成本等费用，在一定程度上影响了不少知识产权权利人通过诉讼进行维权的热情和步伐。

可以说，自身的知识产权被他人侵犯的潜在危险是权利人要面临的第一重风险，而权利人在维权时须支付的诉讼费用等成本则成为其面临的第二重风险。此时，若市场上有相关的保险产品（如专利执行保险）推出，为权利人提供一定的经济补偿功能，势必解除该后顾之忧、为权利人的维权行为的推动及顺利实现起到积极的促进作用，尤其是对于中小微型企业而言，在防范第二重风险时，专利执行保险无疑是雪中送炭、符合其现实需求。

（二）潜在侵权人的风险防范

对于潜在的侵权人而言，因涉嫌侵权的行为可能遭到知识产权权利人起诉而须承担损害赔偿责任也是一项不容忽视的风险。这种风险一旦通过诉讼或仲裁等程序的处理而转化为现实的法律义务，就变成了一种确实的法定债务。在面临这种风险时，基于专利等知识产权案件的技术性、专业性强、疑难、复杂性等特点，可能判定的损害赔偿额可大可小，对我国中小型企业而言是一项沉重的负担。因此，适时推出专利侵权责任保险，显然能发挥独特的经济补偿功能。

三　知识产权保险：经济补偿机制缺位的适时填补

对我国企业特别是中小型企业而言，知识产权的执行成本和侵权防御成本十分昂贵，而且它们往往也缺乏相应的风险预防和承担能力。对于成长型企业而言，还缺乏必要的资金融通渠道和途径，因而特别需要特殊的经济补偿制度。此时，保险制度适时地出现既成为一种偶然，也成为一种必然。

美国、欧盟等国家和地区的知识产权保险业务实践与研究表明，知识产权保险对企业，尤其是中小微型企业具有重要价值和意义。毕竟，由多数人分摊风险是古今中外面对不可预知的风险最有效率和最节省成本的解决方式。我国也不例外，在面对知识产权风险时，与大企业相比，由于中小企业的技术调查能力较低，风险管控体制不甚健全，知识产权侵权风险更容易遭到忽视，有时甚至攸关企业的生死存亡。作为知识产权相关风险的防范措施之一，知识产权保险有其存在的必要性和价值。当然，不同规模和行业性质的企业对知识产权保险的需求程度也是存在一定差异的。

正是由于知识产权保险特有的经济补偿的重要功能，使知识产权保险产品在市场上受到了广泛关注和青睐，成为金融创新的一大重要领域。以北京为例，2019年底，北京市知识产权局与北京银保监局等部门联合印发《北京市知识产权保险试点工作管理办法》，自2020年开始实施了为期3年的知识产权保险试点工作，主要通过提供保费补贴等方式为北京市单项冠军企业和重点领域中小微企业提供包括专利执行保险、专利被侵权损失保险在内的综合性知识产权风险保障。据统计，自试点实施以来，共支持北京市472家企业，为20余个重点产业的4818件专利进行了投保，具体险种包括专利执行险和被侵权损失险，保险保障金额超过53.9亿元，保费补贴5300万元；支持7家企业投保知识产权海外纠纷法律费用保险，保费补贴400万元，保险保障金额4200万元。截至2023年8月10日，试点工作已累计为5家出险企业提供7笔专利执行险理赔共计151万余元；完成首家知识产权海外纠纷法律费用保险理赔，赔付金额共计82万余元。[①]

从北京市知识产权保险试点工作的推进现状来看，推进知识产权保险事业的发展，已成为我国积极探索金融创新、化解知识产权风险的重要举措，尤其是对于中小微企业而言。另外值得注意的一点是，知识产权通常是一个企业（或其他权利主体）创新性成果的集中体现，因此，知识产权本身的稳定性与安全性的捍卫，还将在较大程度上影响该企业的创新价值得以实现。

第五节　知识产权保险的一般原理及其特殊性

作为一种特殊的保险产品，知识产权保险兼具保险产品的一般性与特殊性的特征。知识产权保险在保险标的、保险范围、除外责任等方面，均与普通的财产保险或人身保险存在明显差异，但其也须符合保险法律制度等的一般性原理与相关要求。

---

① 周立权：《知识产权金融与企业创新价值实现》，《中国金融》2023年第15期。

一 保险法中的保险利益原则及其功能

保险利益又称可保利益，根据我国现行《保险法》第12条的规定，一般是指投保人或被保险人对保险标的具有的法律上承认的利益；具体是指当保险事故发生时，投保人或被保险人可能遭受的损失或失去的利益。

学界通说认为，保险利益原则是保险法的一项基本原则。[1] 保险利益原则，是指在保险法中，保险利益被视为保险合同效力判断的前提要件；投保人或被保险人对保险标的不具有保险利益的，保险合同不具有法律效力。"财产保险的被保险人在保险事故发生时，对保险标的应当具有保险利益"。

保险利益原则的主要功能和意义在于四个方面：一是防止赌博，二是预防道德风险，三是限制赔偿范围，四是一定范围内决定保险合同的效力[2]。预防道德风险一般是指投保人、被保险人或受益人为了骗取保险赔偿金而违反法律或合同，故意造成保险事故或扩大保险事故后果的风险。限制赔偿范围，是指被保险人或受益人向保险人主张的赔偿责任，不得超过其对保险标的所享有的保险利益的金额或价值；否则，倘若允许被保险人获得与其所受损失不相称的高额赔偿，会导致保险人的利益受到侵害。

二 知识产权保险中的保险利益

一般认为，保险可分为人身保险和财产保险。人身保险是以人的寿命和身体为保险标的的保险，财产保险是以财产及其有关利益为保险标的的保险。

若以人身保险和财产保险的区分为标准，知识产权保险显然是一种财产保险，而非人身保险。

对财产保险而言，保险利益通常是指被保险人对保险标的享有的某种合法的经济利益。财产保险利益应当符合合法性、确定性和可计算性。合法性，是指法律所承认和保护的利益；以专利保险（如专利执行险）为例，通常要求投保人对所投保的专利享有专利权或者独占许可使用权，因此专利权人或独占性被许可使用人似乎都能成为适格的投保人。确定性往往是指投保人或被保险人对保险标的享有的法律上承认的利益，必须是已

---

[1] 参见温世扬主编、武亦文副主编《保险法》，法律出版社2016年8月第3版，第56—57页。

[2] 参见温世扬主编、武亦文副主编《保险法》，法律出版社2016年8月第3版，第57页。

经确定或者可以确定的，才能认定为具有保险利益。可计算性则是指投保人或被保险人对保险标的具有的利益，其价值必须是可以用金钱加以计算的。

从保险利益的角度看，知识产权保险具有自身的特殊性。众所周知，财产保险的保险利益，主要有现有利益、期待利益和责任利益这三种。现有利益指投保人或被保险人对标的享有的已确定的利益；期待利益是指在投保（即签订保险合同）时利益尚不存在，但基于其权利将来可以期待获得的利益；责任利益是指被保险人对保险标的承担的合同上的责任以及侵权损害赔偿责任，从而包括违约责任或侵权责任。

关于知识产权保险中的保险利益，有学者认为，知识产权保险中的保险利益主要是指"被保险人的诉讼权利和诉讼利益"。[①] 在笔者看来，准确说来，知识产权保险中的保险利益要依具体险种的特点来定。如在专利执行险中，保险利益是一种期待利益，因为投保时，为执行专利权支出的法律费用等必要费用尚不存在，但将来可期待获得相关利益，一旦发生以诉讼方式进行的维权，诉讼支出的必要费用等将实际构成被保险人的损失，被保险人可望获得相应保险金以填补其损害。

三　知识产权保险中保险责任的除外条款

在保险合同中，往往会专门就保险责任作出相对较为明确的规定，而且，保险人承担保险责任的除外或免责条款，也会事先约定在保险合同中，进行列举。保险人在解释合同中规定的保险责任的除外条款时，还需依法遵循特定的原则，不得违法作出不利于投保人或被保险人的解释。

一般认为，因以下几种情形导致或产生的任何损害赔偿或任何诉讼支出，均不在知识产权保险产品的保险人的赔偿责任范围之内，将导致保险人保险责任的免除。因此，在知识产权保险产品中，保险合同中通常会将这些情形明确规定为保险责任的除外条款，即保险人将不承担保险责任、不予理赔的情形。主要包括以下几项：

（1）因任何犯罪及故意欺诈行为而导致的；

（2）因故意的专利侵权而导致的；至于对"故意"侵犯专利权行为的认定与解释，以专利法等法律法规的相关规定为准；

（3）因制造、使用、进口、分销、广告、要约出售和销售制造任何

---

① 刘心雨、胡飙：《知识产权保险发展的现实障碍与路径探讨》，《上海保险》2021年第10期。

由被保险人的附属公司所制造、使用、进口、分销、广告、要约出售和销售的受保产品；

（4）任何身体伤害或病痛或疾病以及任何形式的精神伤害。

其中，对于保险人而言，第（1）种免责情形体现了"违法犯罪行为不保"的原则与精神，第（2）种情形是针对故意侵权行为而设，主要是基于保险机制不得鼓励主观意图为故意的侵权行为、考虑其潜在的不良社会效果等考量，第（3）种情形主要是因为主体不适格，不为被保险人的附属公司的相关受保产品承担保险责任，第（4）种情形则是与身体伤害或病痛、精神伤害相关的任何人身性利益，均不在保险责任范围内。可以说，第（4）种情形再次验证了——知识产权保险属于财产保险，而非人身保险，其保险利益和保险对象都是特定的。

第六节 知识产权保险的重要意义

如上所述，在有效预防和化解包括知识产权侵权风险在内的各种知识产权风险方面，知识产权保险机制是一种非常好的经济补偿机制。无论是宏观层面还是微观层面，无论是对于国家或是企业（尤其是中小微型企业）而言，知识产权保险机制都具有特殊的重要意义。

一 总体国家安全观视角下知识产权保险的重要意义

2020 年，习近平总书记提出了有中国特色的总体国家安全观，并在 2020 年 11 月 30 日中央政治局第二十五次集体学习时强调指出：要维护知识产权领域的国家安全。知识产权保护工作关系国家治理体系和治理能力现代化，关系高质量发展，关系人民生活幸福，关系国家对外开放大局，关系国家安全；必须从国家战略高度和进入新发展阶段要求出发，全面加强知识产权保护工作，激发全社会创新活力，推动构建新发展格局。由此，习总书记独具中国特色的知识产权安全观由此成型。全面加强知识产权保护，全力维护知识产权安全，已成为坚定不移走中国特色社会主义道路过程中维护国家安全的重要一环。

在世界经济全球化、全球经济一体化，尤其是在中国实施《知识产权强国建设纲要（2021—2035 年）》的大背景下，我们不仅要做好国内市场的知识产权保护工作，更要放眼全球、做好知识产权方面的海外预警机制，切实提高知识产权风险防控意识，加强知识产权全球化战略布局，为我国经济的高质量可持续发展和国家安全未雨绸缪。

二 知识产权保险对权利人的重要意义

对知识产权的权利人而言，购买保险本身即是对侵权人的潜在威慑，能在一定程度上防止或降低侵权行为发生之概率；况且，在侵权风险实际发生时，还能为其提起诉讼或者应对诉讼提供资金支持，免除经济上的捉襟见肘或后顾之忧，能更有效地保障其权益，因此是有利于知识产权的有效实施和执行的。

若该知识产权权利人是中小微企业，其在购买保险后，能更有效地预防公司正常经营过程中的意外支出，避免其在面临是否启动或参加诉讼的抉择时，出于经济压力而作出放弃的决定；而且，缓解资金压力，同时也意味着有更多的投资机会。若该知识产权权利人是实力较雄厚的企业，知识产权保险也有利于帮助其预防和预测潜在的知识产权侵权风险（侵权责任），从而在知识产权方面的成本及费用支出上更具有规划性和可预见性，提高对相关风险的可控性及应对能力。

三 知识产权保险对国家经济发展、技术创新、技术应用和促进产业化等方面的意义

从宏观上看，对国家而言，知识产权保险制度至少具有以下几方面的积极作用。

其一，促进行业出口、产品出口，有利于对外贸易的发展。在这方面，专利海外展会侵权责任保险是一个典型例子，该险种在促进我国出口和对外贸易发展方面的作用十分明显。

其二，促进技术的产业化和专利许可市场发展。以日本为例，日本专利许可保险的实践表明，专利许可保险的保险标的，主要是已实施授权许可的专利技术。为海外专利技术许可所投的专利许可保险，在一定程度上确保了许可人就授权许可使用的专利收取使用费的利益，因此这一保险产品显然能促进专利技术的产业化以及专利许可市场的发展。

其三，有利于强化专利的实施，促进专利权等知识产权的有效实施和执行。专利执行保险就是一个典型，该保险产品的推广将为企业和其他专利权人在维权诉讼中提供经济补偿等援助，显然能为权利人执行、实施专利权免除后顾之忧。在国际上，欧盟委员会2008年成立的专门研究"中小企业实施知识产权/使知识产权为中小企业所用的最佳实践"（Best Practice on Enforcement of IPR/Making IPR work for SMEs）的专家工作组曾

在 2009 年的最终报告中断言，"获得专利保险是帮助中小企业实施知识产权的重要途径之一"。①

其四，有利于促进技术创新，促进专利许可贸易的发展以及提高专利产业化程度。比如，日本的专利许可保险就在促进技术出口、专利海外许可贸易方面发挥了突出作用。我国专利的产业转化率偏低，技术出口动力不足，专利许可贸易中的风险尚欠缺相应的预防和化解机制，在此背景下，专利许可保险产品等相关保险制度不失为一个好的选择。

四 知识产权保险对提高我国企业应对美国"337 调查"等海外风险的抗风险能力的重要意义

在海外风险的预防与应对方面，知识产权保险对我国的重要意义尤为凸显。我国企业近十多年来面对来自美国"337 调查"的压力非常大，可以说，中国是遭遇美国"337 调查"案件数量最多的国家之一，多则中国媒体报道都印证了这一点。

以 2012 年为例，美国国际贸易委员会（以下简称"ITC"）共发起"337 调查"案件 40 起，我国企业遭受较多，可谓最大受害国之一。在 13 起调查案件中，有 12 起涉及专利侵权，所占比例达到 90%以上。②

又如 2018 年，中美关系巨变，贸易摩擦频频，知识产权成为两国争议的焦点。作为与贸易相关的知识产权争议解决的主要方式，与中国企业相关的美国 337 调查的特点和动向，也十分值得高度关注。据报道③，从 2000 年至 2018 年，美国 ITC 受理的"337 调查"案件数量总体呈现出波动上升的特点和势头。案件数量在 2011 年达到峰值之后略有下降，2016 年、2017 年连续两年又有回升，2018 年比 2017 年略有下降。具体地，2011 年立案 69 起，2015 年出现低谷，立案 36 起，2016 年急剧增长至 54 起，比 2015 年多 18 起；2017 年立案 59 起，为 2011 年之后的又一峰值；2018 年立案 50 起，尽管低于 2016 年和 2017 年，但仍处于历史高位。案由方面，是十分广泛的，除著作权侵权、商标侵权、专利侵权外，还有侵

---

① 刘媛：《欧洲专利保险制度：发展、困境及启示》，《科技进步与对策》2014 年第 6 期。
② 赵建国：《"337"调查倒逼中国企业提高维权能力》，《中国知识产权报》，2013 年 1 月 23 日，第 08 版。
③ 冉瑞雪、黄胜等：《2018 年度中国企业应诉美国 337 调查综述（上）》，https://www.sohu.com/a/293095058_221481，发布时间 2019-02-02，最后访问时间 2021 年 6 月 30 日。

犯商业秘密、不正当竞争等。

（一）典型案例

以下简要介绍几个典型的美国 337 调查案例。

案例 1：美国莱伏顿公司以及帕西·西姆公司向 ITC 提起对浙江通领集团的 337 调查

申请人：美国莱伏顿公司以及帕西·西姆公司

被申请人：浙江通领集团

主要案情①：

通领集团是我国漏电保护行业出口美国市场的领军企业。2004 年，通领集团产品进入美国市场受到青睐，遭到包括莱伏顿公司以及帕西·西姆公司在内的美国同行业竞争对手的强烈抵制，随即引发了一系列以知识产权侵权为由的专利官司。面对美国企业的恶意诉讼，通领集团毫不退缩，积极应诉。

2010 年 9 月 3 日，莱伏顿公司向美国 ITC 提出申诉，要求对通领集团等多家中国企业实施"337 调查"，美国 ITC 于 10 月 5 日正式立案。10 月 28 日，通领集团向美国新墨西哥州联邦地方法院起诉莱伏顿，理由是莱伏顿违反双方于 2007 年 11 月签订的和解协议，并要求赔偿损失。12 月 2 日，新墨西哥州联邦地方法院即下达判决，要求莱伏顿公司撤销对通领科技的"337"调查。

2009 年 9 月 17 日，通领集团向美国联邦巡回法院起诉 ITC，要求撤销 ITC 指控通领 GFCI 产品侵权做出的错误裁决。2010 年 8 月 27 日，美国联邦巡回法院做出判决，认定通领集团产品不侵权，撤销了 ITC 指控通领集团侵权的错误裁决，并要求 ITC 解除对通领集团产品的海关有限禁止令。

2004—2010 年，通领集团依靠自主创新，6 年中连续打赢了美国政府机构和两家美国企业的 5 起"洋官司"，虽然诉讼获胜"五连胜"来之不易，通领集团应对海外官司已经花去了 1080 万美元的诉讼费用。

案例 2：马尼托瓦克起重机公司向美国 ITC 提起对三一美国公司的 337 调查

申请人：马尼托瓦克起重机公司

被申请人：三一美国公司

---

① 案情介绍参见李立《专家解读制胜秘诀》，《法制日报》，2010 年 12 月 23 日第 06 版。

主要案情①：

2013年6月12日，美国威斯康星州的马尼托瓦克起重机公司（下称马尼托瓦克）向美国ITC提出申请，声称三一美国公司所销售的型号为SCC8500的履带式起重机侵犯了该公司"可变位置配重技术"专利权，要求启动"337调查"，并发布有限排除令和禁止进口令。除此之外，其还要求三一销毁所有使用从马尼托瓦克获得的商业机密而制造的履带起重机和相关模具、机床及其他设备，并公布其与商业机密相关的文件和物品。资料显示，"可变位置配重技术"专利主要用于马尼托瓦克生产的31000型履带式起重机。该起重机最大起重能力达2300吨，是马尼托瓦克目前最大起重量的履带式起重机。在31000型取得成功之后，马尼托瓦克又计划将该技术应用于小型起重机。7月11日，美国ITC宣布对中国三一重工和三一美国公司的履带式起重机产品启动337调查，以确定这些产品是否侵犯美国公司的专利权。

据悉，三一在研发SCC8500履带式起重机时就进行了深入的专利预警分析。作为机械工程领军企业，三一近年在知识产权保护方面下了很大功夫。据集团有关人士介绍，三一在研制针对海外市场销售的产品时，通常设计初期就会考虑到规避专利侵权的风险；为有效规避专利侵权风险，企业还建立了工程机械行业第一家知识产权信息平台——科技资讯港，该信息平台的重要作用就是为新产品研发和产品出口提供专利分析和专利预警。

案例3：美国Technology Properties Limited LLC公司等向ITC提起对中兴通讯、华为等公司的337调查

申请人：美国Technology Properties Limited LLC公司等

被申请人：中国中兴通讯、华为等公司

主要案情②：

2012年7月24日，美国Technology Properties Limited LLC公司、Phoenix Digital Solutions LLC公司以及Patriot Scientific公司向美国ITC提出申请，指控美国进口以及美国国内市场销售的部分无线消费性电子设备及其组件侵犯了其专利权，被告方包括中兴通讯、华为、三星、HTC、LG等十二家企业。

---

① 案情介绍请参见卢海君、王飞《"走出去"企业知识产权风险研究》，《南京理工大学学报》（社会科学版）2014年第2期。

② 张艳红：《华为、中兴再遇337调查》，《电子知识产权》2014年第1期。

权行为的性质和情节等因素，确定给予三万元以上五百万元以下的赔偿"；"赔偿数额还应当包括权利人为制止侵权行为所支付的合理开支"。

根据上述规定，专利侵权纠纷案中的损害赔偿金额，首先应当根据权利人的实际损失或者侵权人所获得的利益来确定；其次，上述两者均难以确定的，应参照专利许可使用费的倍数合理确定；最后，若上述三者均难以确定，法院才可以综合各种因素在3万—500万元之间自行确定具体的法定赔偿额。可见，法院在司法实践中对这几种标准的适用是有先后次序的，不能随意进行选择性适用。其中，法定赔偿方式位居最后。

若与我国原《专利法》的规定①相比，不难发现，新法在赔偿标准方面有所提高，主要体现在，在法定赔偿额的下限和上限方面，法定赔偿标准从原来的1万—100万元提高到了3万—500万元，而且，还明确规定了特定情况下可适用惩罚性赔偿。可见，随着新法的施行，我国企业等主体所面临的专利侵权风险又有所提高了。

（二）著作权侵权纠纷案

2020年11月11日，我国通过了最新修正的《著作权法》（于2021年6月1日起施行）。该法明确规定了著作权侵权损害赔偿的法定标准。

现行《著作权法》第54条规定："侵犯著作权或者与著作权有关的权利的，侵权人应当按照权利人因此受到的实际损失或者侵权人的违法所得给予赔偿；权利人的实际损失或者侵权人的违法所得难以计算的，可以参照该权利使用费给予赔偿。对故意侵犯著作权或者与著作权有关的权利，情节严重的，可以在按照上述方法确定数额的一倍以上五倍以下给予赔偿"；"权利人的实际损失、侵权人的违法所得、权利使用费难以计算的，由人民法院根据侵权行为的情节，判决给予五百元以上五百万元以下的赔偿"。

由上可见，著作权侵权损害赔偿的计算，按先后次序应分别适用以下三个标准：（1）权利人的实际损失；（2）侵权人的违法所得；（3）法院酌情确定一个500元以上、500万元以下的法定赔偿金额。此外，若构成

---

① 原《专利法》第65条第一款规定："侵犯专利权的赔偿数额按照权利人因被侵权所受到的实际损失确定；实际损失难以确定的，可以按照侵权人因侵权所获得的利益确定。权利人的损失或者侵权人获得的利益难以确定的，参照该专利许可使用费的倍数合理确定。赔偿数额还应当包括权利人为制止侵权行为所支付的合理开支。"该条第二款规定："权利人的损失、侵权人获得的利益和专利许可使用费均难以确定的，人民法院可以根据专利权的类型、侵权行为的性质和情节等因素，确定给予一万元以上一百万元以下的赔偿。"

故意侵权且情节严重的，法院还可适用惩罚性赔偿，确定一个一倍以上五倍以下的赔偿额度。

(三) 商标侵权纠纷案

我国于 2019 年 4 月 23 日通过的第四次修正后的《商标法》(2019 年 11 月 1 日起施行) 对商标侵权纠纷案件中的损害赔偿标准和计算方法也作了明确规定，而且，与旧法相比，再一次提高了部分赔偿标准。

现行《商标法》第 63 条第一款规定："侵犯商标专用权的赔偿数额，按照权利人因被侵权所受到的实际损失确定；实际损失难以确定的，可以按照侵权人因侵权所获得的利益确定；权利人的损失或者侵权人获得的利益难以确定的，参照该商标许可使用费的倍数合理确定。对恶意侵犯商标专用权，情节严重的，可以在按照上述方法确定数额的一倍以上五倍以下确定赔偿数额。赔偿数额应当包括权利人为制止侵权行为所支付的合理开支"；该条第三款还规定："权利人因被侵权所受到的实际损失、侵权人因侵权所获得的利益、注册商标许可使用费难以确定的，由人民法院根据侵权行为的情节判决给予五百万元以下的赔偿"。

由上可见，我国商标专用权侵权损害赔偿的认定标准与专利侵权纠纷案相类似，按先后次序应依次适用的标准为：(1) 按照权利人因被侵权所受到的实际损失确定；(2) 按照侵权人因侵权所获得的利益；(3) 参照该商标许可使用费的倍数合理确定；(4) 由法院根据具体情节在 500 万元以下确定一个具体的法定赔偿额。

与原《商标法》第 63 条的规定相比，新法在赔偿标准方面的变化有二：一是在恶意侵权导致的惩罚性赔偿方面，新法从原来的"一倍以上三倍以下"提高到了"一倍以上五倍以下"；二是法定赔偿标准的上限从"三百万元"提高到了"五百万元"。

二 中国司法实务中赔偿金额的认定与计算依据

我国法院在知识产权案件尤其是专利侵权、商标侵权等纠纷案中涉及损害赔偿金额的认定和计算时，原则上应严格依照上述列举的法定的方式和方法来适用，以确定赔偿金额。但在司法实践中，一个不容忽视但又不可回避的现实问题在于，在知识产权案件的审理过程中，权利人因侵权所遭受的实际损失是很难计算或举证证明的；侵权人因侵权行为所获得的利益同样难以由权利人（原告）举证证明，因为相关的主要证据绝大部分或者几乎都掌握在被告手中；所以，按照实际损失或者实际获利来确定损害赔偿额，在司法实践中存在着一定的适用困难，商标和专利案中的损害赔偿的确定只能依据下一种适用标准——使用许可费的合理倍数了，而著作权案件中则只能依靠最后一种适用标准——法定赔偿。但在不少案件中，商标和专利的许可使用费也存在许多问题：部分商标或专利并无相关的使用许可行为，使用费无从谈起；或者，双方当事人所提供的使用费标准之间存在着较大差异，缺乏公正性和可信性。适用许可使用费这种标准同样缺乏可操作性。这样一来，无论是版权、商标还是专利侵权纠纷案，法院在认定相关侵权行为成立后须判定损害赔偿金时，大部分情况下只能依靠最后一种适用标准——法定赔偿。这也是与笔者的调研情况所显示的结论相吻合的，即：大部分法院在相关案件中主要是适用法定赔偿标准来确定构成侵权时损害赔偿之具体金额。

第二节 中国知识产权侵权案件中赔偿金额的计算与认定

一 2009—2013 年中国知识产权司法保护与侵权赔偿金额的总体情况

为对我国知识产权相关案件中的损害赔偿金额的认定与确定等问题进行更深入的实证研究，笔者于 2013 年 11 月—2014 年 6 月就相关问题展开了调研工作①，此次调研的主要内容和结论如下。

（一）2013 年我国知识产权司法保护状况

根据中国知识产权保护状况白皮书（以下简称"白皮书"），2013 年全国地方人民法院共新收和审结民事一审分别为：88583 件、88286 件，对比 2012 年分别上升了 1.33% 和 5.29%。

其中，新收专利、商标、著作权、技术合同、不正当竞争案件及其他案件的数量和变化如下：

1. 专利：9195 件，下降 5.01%；
2. 商标：23272 件，上升 17.45%；
3. 著作权：51351 件，下降 4.64%；
4. 技术合同：949 件，上升 27.21%；
5. 不正当竞争：1302 件（其中垄断民事一审案件 72 件），上升 15.94%；

---

① 例如，笔者于 2013 年 12 月 9 日访问了福建省高级人民法院，并与该院民三庭的杨健民庭长、黄从珍副庭长、陈一龙法官等资深法官进行了深入交流。

6. 其他：2514 件，上升 13.91%。

此外，2013 年共审结涉外知识产权民事一审 1697 件，同比上升了 18.75%。

(二) 2012 年中国知识产权司法保护的基本情况和特点

2012 年，全国法院共受理了 8 万多件知识产权案件，案件数量增势明显。在各类知识产权案件中，有 3 万—4 万件是商标案件。2012 年全国法院受理的版权案件达到了 5 万多件，上升了 53%。同时，有不少案件与互联网有关成为一大特征。例如，在版权相关案件中，与互联网相关的案件比例高达 60%—70%。在商标相关案件中，涉及互联网的比例高达 50%—60%。

(三) 2009—2013 年我国知识产权司法保护的发展趋势和特点（见表 3-1、表 3-2）

表 3-1　　　2009—2013 年我国专利申请与授权量趋势

指标 年度	专利申请受理量	专利授权量	专利累计授权量
2009	976686	581992	3083260
2010	1222286	814825	3897359
2011	1633347	960513	4857872
2012	2050649	1255000	6113010
2013	2377000	不明	不明

表 3-2　　　2010—2013 年我国知识产权案件趋势

指标 年度	新收知识产权民事一审案	新收专利民事一审案	新收商标民事一审案	新收著作权民事一审案	知识产权民事案一审平均调解撤诉率
2010	42931（↑40.18%）	5785（↑30.82%）	8460（↑22.50%）	24719（↑61.54%）	68.21%
2011	59882（↑39.28%）	7819（↑35.16%）	12991（↑53.56%）	35185（↑42.34%）	71.32%
2012	87419（↑45.99%）	9680（↑23.80%）	19815（↑52.53%）	53848（↑53.04%）	70.26%
2013	88583（↑1.33%）	9195（↓5.01%）	23272（↑17.45%）	51351（↓4.64%）	68.45%

（注：表中箭头"↑""↓"表示"同比增长"或"同比下降"，放于百分数前表示增长或下降幅度）

（四）知识产权司法实务中普遍适用的赔偿金额的确定标准

1. 采用法定赔偿方式确定赔偿金额的案件的比例相当高

虽然如前所述，我国相关法律明确规定了3—4种可供司法机关适用的赔偿标准或计算方法：实际损失、所获利益（或违法所得）、许可使用费的合理倍数①以及最后的法定范围内的法定赔偿，并规定了适用的先后次序。但调研显示，在司法实务中，基于举证困难等种种原因，前2—3种方式都是不太好用甚至很难适用的。因此，基本上可以肯定，全国有超过90%②的案件是采用由法官综合考虑各种因素③自行酌定的法定赔偿这种方式来最终确定侵权损害赔偿的具体金额的。可以说，绝大部分案件的赔偿金额是"由法官说了算"。

2. 关于许可使用费的合理倍数

调研显示，福建省高院的法官普遍认为，在适用商标或专利使用许可费的合理倍数来确定相关损害赔偿金额时：部分案件是2倍，部分案件是3倍，根据具体情形由法官酌情确定，总体而言，采用2—3倍的案件居多。

3. 适用法定赔偿时突破上限或下限的情形

在专利侵权案中，我国现行专利法明确规定了法定赔偿的上限为500万元、下限为3万元，一般法院是不能突破此类限制的。但在实际的司法实务中，也可能存在突破上限或下限的特殊情形。突破下限的情况如：若涉嫌侵权的相关产品属于终端销售、终端产品，或者侵权主体是社区里的小超市，由于其赢利低、利润少、承担赔偿责任的能力很弱，法院在结合各种因素自行酌定一个法定赔偿金额时，当然很有可能会充分考虑侵权人的赔偿能力和承受能力，从而出现突破下限的情况，即判赔金额低于3万元。

4. 知识产权案件的赔偿金额差异性大、规律性不明显

调研显示，大部分法官认为，知识产权案件中的损害赔偿的计算和确定是很复杂的问题，比如，有的案件需要计算净利润、毛利润等经济指标，烦琐且不一定准确、公平，似乎还不如采用法定赔偿方式确定赔偿金额来得容易操作。

（五）赔偿金额认定中的个案分析

1. 专利侵权案：武汉晶源海水脱硫法专利侵权纠纷案

在本案中，法院对赔偿金额的认定和计算依据主要是两被告之间关于

---

① 我国著作权法中未规定这一项。
② 在我国部分地区，该比例甚至接近100%。
③ 这些因素包括权利人的举证、调查所得的本行业利润率、侵权人的赔偿能力等。

引进相关技术和设备的合同中规定的总金额,因为两被告就购买相关设备签订了合同,其中对购买设备的价格和引进费用进行了明确规定。在计算使用费时,经法院调查查明,2001 年被告华阳公司有 2 台侵权机组处于实际运营状态,因此,按照每台机组每个月 2 万元①的标准,按照专利的实际实施和使用年限支付专利使用费,即从 2000 年开始支付至 2015 年专利权届满为止,最终计算出被告须赔偿原告共 5061.24 万元人民币。

2. 商标侵权案:福建利莱森玛商标侵权纠纷案

在本案中,法院对赔偿金额的认定和计算依据主要包括以下两方面:其一,被告在庭审中举证了大量的自 2008 年以来的增值税发票、2010 年以来的交易合同、特别是 2010—2013 年的相关数据,成为法院在判定法定赔偿金额时的重要参考;其二,市场调研的情况和结论,法院专门进行了相关行业的市场调研,发现:机电行业的利润率不高,比较典型、上规模的公司,其利润率一般略高于 7%。由此,经过计算,法院得出 100 万元赔偿数额比较合适的结论。

二 2014—2020 年中国知识产权司法保护状况

(一)近 7 年我国知识产权司法保护水平的发展趋势

随着经济发展、技术进步,相关国际局势变化等原因,近几年我国在知识产权保护领域多次重申关于加强知识产权司法保护和严格知识产权保护的要求②,同时,2013 年和 2019 年的商标法两次修正,2020 年专利法和著作权法前后相继的新修订,均在立法层面明确提高了法定赔偿金额的上限,因此,在近几年的司法实务中,我国知识产权类侵权案件的判赔金额也是水涨船高,普遍呈现出明显提高的趋势,尽管存在着区域性差异。

2018 年,我国所有法院知识产权案件总数为 334951 件,首次超越美国,成为受理和审理知识产权案件最多的国家。判赔金额是衡量司法保护水平的一个重要指标和直观反映,通过对 2014 年以来的既判知识产权侵权案例判赔金额的统计与梳理,笔者发现,与 2013 年之前的阶段相比,

---

① 即每台机组每年 24 万元。
② 例如,2020 年李克强总理在《政府工作报告》中明确要求"加强知识产权保护",2020 年 11 月 30 日,中共中央政治局就加强我国知识产权保护工作举行第二十五次集体学习时强调:"全面建设社会主义现代化国家,必须从国家战略高度和进入新发展阶段要求出发,全面加强知识产权保护工作,促进建设现代化经济体系,激发全社会创新活力,推动构建新发展格局。"

全国各地出现了更多的判赔金额达到上千万元以上的知识产权侵权案例，这些案例中除了一部分专利案件外，若干涉及网络游戏侵权的案例也出现十分明显的判赔金额较高的特点。

(二) 2020年我国知识产权司法保护状况

根据2021年4月25日国家知识产权局公开发布的《二〇二〇年中国知识产权保护状况》（白皮书）[1]，2020年最高人民法院新收知识产权民事案件3470件，审结3260件。全国地方人民法院共新收知识产权民事一审案件443326件，审结442722件，同比分别上升11.10%和12.22%。其中，新收专利案件28528件，同比上升28.09%；商标案件78157件，同比上升19.86%；著作权案件313497件，同比上升6.97%。全国地方人民法院共新收知识产权民事二审案件42975件，审结43511件，同比分别下降13.54%和10.67%。

在司法案例所涉及的行业特点方面，2020年全国各地各级法院依法审理了一批涉及医疗、计算机、无人机、自动化、机械、建筑工程等科技领域，文化创意、数字出版、移动与多媒体、动漫游戏、软件设计、数据库等战略性新兴文化产业的案件。这是值得我国保险业界重点关注的产业领域，这表明，相关行业或领域的风险可能呈现出明显的上升势头，可供挖掘相关企业的保险需求，有针对性地研发相关领域的知识产权保险产品。

典型案例如腾讯诉《阿拉德之怒》网游侵害著作权及不正当竞争案。这是湖南省高院审理的一起侵害著作权及不正当竞争案。该案原告是腾讯公司，被告是《阿拉德之怒》游戏的四家运营商公司。《地下城与勇士》是一款深受网友喜爱的游戏。权利人腾讯公司发现，有一款名为《阿拉德之怒》的游戏，在图标、技能描述、音乐、怪物形象、NPC形象等大量游戏元素上与《地下城与勇士》游戏完全相同或高度相似，并刻意模仿《地下城与勇士》的游戏体系和游戏规则，还通过使用相似的游戏简称和虚假宣传虚构两款游戏的关联关系。于是，腾讯公司以侵害著作权及不正当竞争为由，把共同运营《阿拉德之怒》的四家公司起诉到法院。该案一审法院为长沙市中级人民法院，一审判决四被告停止侵权，赔偿原告5000万元。后湖南省高院二审将赔偿金额调整为3000万元。

---

[1] 参见《二〇二〇年中国知识产权保险状况》，http://www.gov.cn/xinwen/2021-04/25/content_5602104.htm，发布时间2021年4月25日，最后访问时间2021年6月30日。

第三节 中国知识产权案件中赔偿金额的大致规律

首先需要说明的是，我国不同地区的法院在知识产权侵权案件中赔偿金额的判定上当然会存在一定的差别，但差别比较小，可以说，赔偿标准和幅度趋于基本一致。

一 关于知识产权侵权案件判赔金额的部分结论[①]

以下结论，主要依据是笔者在 2013—2014 年所作的调研以及"中国裁判文书网"上能查询到的大部分案例[②]。

1. 专利侵权案的判赔金额

笔者发现，在专利侵权案件中，除个案可能极高或者极低以外，大部分专利侵权案件赔偿金额的幅度大致如下：典型的发明专利侵权案，为 20 万元左右；典型的实用新型专利侵权案，为 10 万元左右；典型的外观设计专利侵权案，为 2 万—3 万元左右，部分案件达到 5 万元。关于合理开支，法院一般会支持较为合理的费用。以律师费为例，律师费的实际标准不应过分偏高，这一标准可参照诉讼标的，若与立案时收取的诉讼费用差不多（不过分高于诉讼费用），则被认为是合理的；当然，若是异地诉讼，法院一般也会支持一部分差旅费用。

2. 商标侵权案的判赔金额

在笔者 2013—2014 年所作的调研中，福建省高级人民法院的部分法官认为，商标侵权案中的赔偿金额，大致可以分为 3 类：权利人及其商标知名度高而侵权人（或相关商标）知名度不高的，判赔金额相对较少，因为法院会适当考虑侵权人的赔偿能力；权利人的商标知名度不高的，判赔金额相对较少，除非侵权人的获利很多，因为法院会倾向于认为权利人的实际损失不大；权利人及其商标知名度很高的，法院的判赔金额相对较高，50 万元的有，20 万—50 万元的也有。

3. 著作权侵权案的判赔金额

著作权侵权案件中的赔偿金额，较大地受到作品种类、市场大小、销量、行业特点等原因的影响，不同案件的赔偿金额差异较大。比如，在与

[①] 以下内容和结论主要是笔者于 2013—2014 年赴福建省高级人民法院调研所得。

[②] 笔者收集的这些案例也是于 2013—2014 年作出裁判的案例。

名人郭沫若有关的"武夷山"版权纠纷一案中,最终赔偿金额为 80 多万元①。除了少数案件中赔偿金额只有数千元甚至数百元外,大部分版权侵权案件的赔偿金额介于几万至十几万元之间。

二 2019 年以来中国知识产权侵权案件判赔金额的总体状况与特点

近几年,我国法院受理的知识产权类案件数量激增。据报道,2019 年全国法院受理各类知识产权一审案件约 42.08 万件②,2020 年全国法院受理各类知识产权一审案件 46.7 万件③。

2021 年 10 月 21 日,最高人民法院周强院长在作最高人民法院关于人民法院知识产权审判工作情况的报告时指出:我国已经成为审理知识产权案件尤其是专利案件最多的国家④。近些年,我国知识产权事业发展取得显著成效,知识产权保护取得历史性成就。2019 年我国法院受理各类知识产权一审案件 42.08 万件⑤,2020 年增长至 46.7 万件⑥。然而值得注意的是,由于知识产权案件,尤其是专利侵权案件具有极强的技术性和专业性,权利人维权需要投入大量的人力、财力。另外,即便获得胜诉也会面临"执行难"的问题,这直接影响了权利人的维权积极性,并将削弱整个市场的持续创新动力。

笔者对 2019 年 1 月 1 日—2021 年 12 月 5 日威科先行数据库所收录的北京地区商标侵权和专利侵权案件进行抽样调查,剔除被法院判决驳回诉讼请求案件后,共选取 500 个案件进行分析,发现以下几个方面的新趋势。

其一,权利人维权成本总体上大幅较高了。笔者所统计的 500 个案件

---

① 即确定了 30 余万元的损害赔偿金,并设立了一个 50 万元的基金。
② 数据来源:2019 年全国法院共新收一审知识产权案件 420808 件,http://zgsc.china.com.cn/2020-02/04/content_41046457.html. 2020-02-04.
③ 数据来源:最高人民法院关于人民法院知识产权审判工作情况的报告,http://www.npc.gov.cn/npc/c30834/202110/2adb18d160c945e989bc20df3641cffc.shtml. 2021-10-21.
④ 最高人民法院关于人民法院知识产权审判工作情况的报告,http://www.npc.gov.cn/npc/c30834/202110/2adb18d160c945e989bc20df3641cffc.shtml. 2021-10-21.
⑤ 数据来源:2019 年全国法院共新收一审知识产权案件 420808 件,http://zgsc.china.com.cn/2020-02/04/content_41046457.html. 2020-02-04.
⑥ 数据来源:最高人民法院关于人民法院知识产权审判工作情况的报告,http://www.npc.gov.cn/npc/c30834/202110/2adb18d160c945e989bc20df3641cffc.shtml. 2021-10-21.

中，仅有 111 件判决（其中 2019 年 42 件、2020 年 46 件、2021 年 23 件）法院足额支持了原告所主张的合理开支。且大部分案件中，权利人所付出的维权成本不仅包括为诉讼所花费的合理开支，还包括需承担的案件受理费、公告费等。

其二，律师费成为维权中的一项重要开支。在笔者抽取的 500 个案件中，大部分原告所主张的公证费、购买侵权产品费用、打印费等合理开支，当有票据佐证且数额未显著超过合理费用时，法院往往都会判决支持。但法院判决足额支持的 111 件判决中，有 24 件未主张律师费。即便对于主张律师费的，法院往往也会选择酌情减少。其原因主要有两方面：一方面，原告未能提供完整证据。原告主张律师费，除了需提交律师费发票外，还需提交委托代理合同，证明委托代理合同与案件的关联性。大部分案件原告未能提供相应证据，法院即会根据出庭情况、案件复杂程度、诉讼标的金额等具体情况酌情支持；另一方面，律师费数额过高。原告所主张的律师费超出合理范围，法院也会酌情予以减少。如（2021）京 0108 民初 37134 号、（2021）京 0108 民初 26249 号、（2020）京 0108 民初 14282 号等案件中都指出案件属于简单的知识产权案件，根据律师所付出的工作量酌情予以减少。

第三，涉外案件合理支出极高。涉外案件的合理开支中不仅包括公证费、购买侵权产品费用等基础费用，往往还涉及翻译费、跨国诉讼的高额律师费以及货币汇率问题。这不仅是国内诉讼所面临的困境，也是我国企业海外维权的困境。2018 年中国共有 1005 家企业（其中 991 家为被告）在美涉及 292 起新立案的知识产权纠纷案件，其中包含 273 起诉讼案件、19 起"337 调查"案件；判决结案中，平均专利案件判赔额高达 967.69 万美元。[①] 2019 年，美国发起的 47 起"337 调查"案件中有 27 起案件涉及中国企业，创历史新高。[②] 尤其是涉外案件不仅要付出巨额的诉讼成本，还会因为案情复杂、审理周期长等问题付出时间成本，无论对于权利人还是败诉方来说都是一种消耗与打击。

其四，在判赔额度方面，呈现出非常明显的上升趋势。从笔者进行的抽样调查来看，从 2019—2021 年，法院判决赔偿额总体上呈现上升趋势，

---

① 刘心雨、胡飙：《知识产权保险发展的现实障碍与路径探讨》，《上海保险》2021 年第 10 期。

② 《国家海外知识产权纠纷应对指导中心组织发布 2019 年美国"337 调查"研究报告》，http：//cnips.org.cn/a10157.html.2020-8-19。

其中不乏经济发展、物价上涨因素。法院判决也呈现出"与时俱进"的特征，如 2021 年北京市海淀区法院审理（2020）京 0108 民初 47763 号、（2020）京 0108 民初 23365 号案件中，在判决赔偿额时将"疫情"列入了考虑因素。

其五，基于权利人举证困难等种种原因，法院判决以法定赔偿为主。知识产权案件"举证难"是一大问题，大部分权利人难以举证证明自己因侵权遭受的实际损失或是侵权人因侵权所获得的利益，因此大部分案件法院均适用法定赔偿标准。仅有部分案件能够证明实际损失或是侵权获得利益，因此法院突破法定赔偿额进行判决。如（2020）京 73 民初 243 号（专利侵权案，2021 年 3 月审结）判决赔偿 280 万元，（2017）京 73 民初 339 号（专利侵权案，2020 年审结）判决赔偿 280 万元、（2019）京 0102 民初 4255 号（商标侵权案，2019 年审结）判决赔偿 1200 万元。

可见，知识产权权利人需要有完善的知识产权保险加以保障，权利人通过支付保险金，将知识产权诉讼的风险转嫁给保险公司。当产生知识产权纠纷时，可以通过商业保险的风险分担机制和专业服务优势来分摊企业知识产权的维权风险。一方面，保险公司可以派以专业性人员帮助企业应诉，权利人可将其主要精力用于生产经营和管理，保障企业正常运营；另一方面，权利人可以用保险来减少自己的维权或败诉成本，降低经营风险。

三 关于知识产权侵权案件判赔金额的部分研究成果

近年来，也有部分学者对我国知识产权侵权案件的判赔金额作了若干实证研究，形成了具有代表性的研究成果。

1. 北京知识产权法院 2015 年度的判赔情况[①]

据相关部门统计，自 2015 年 1 月 1 日至 2015 年 12 月 31 日，北京知识产权法院共审理民事案件 1573 件，在 377 件一审民事案件中，判决支持或部分支持原告诉讼请求的案件 68 件，权利人请求损害赔偿的知识产权侵权案件共 54 件，仅有 10 件案件全额支持了原告的诉请数额，占全部 54 件案件的 18.52%。其中：

（1）案均诉求额 950981 元，案均判赔额 451551 元，平均诉求支持率 47.48%；

[①] 本部分的数据来源："知产宝"司法数据研究中心《北京知识产权法院 2015 年度数据分析报告》；参见宋健《知识产权损害赔偿问题探讨——以实证分析为视角》，《知识产权》2016 年第 5 期。

（2）300万元以上的案件2件，100万—300万元的6件，50万—100万元的7件，30万—50万元的9件，10万—30万元的18件，5万—10万元的7件，5万元以下的5件。其中有33.33%的案件判赔数额在10万—30万元之间，判赔金额在10万元以上的案件占77.78%，判赔金额在5万—10万元及判赔金额在50万—100万元的均为12.96%，判赔金额在5万元以下占3.70%。

研究报告显示，2015年度北京知识产权法院判决赔偿额最高的是一件涉及"美容器"外观设计专利的侵权案件，权利人诉请赔偿额为320万元，最终获得了法院的全额支持，该案判赔支持率为100%。

2. 2008—2012年我国专利侵权案法定赔偿的平均金额[①]

来自中南财经政法大学知识产权研究中心的研究表明，在我国2008—2012年这五年的专利权侵权案件中，采用"法定赔偿"的案件，平均赔偿金额为8万元，通常只占到起诉人诉求额的1/3甚至更低。

3. 南京地区法院2009—2015年主要类别知识产权侵权案的平均赔偿额[②]

据统计和研究，自2009年12月20日至2015年10月19日统计年度，南京地区法院共审结一审知识产权民事侵权案件6774件，其中判决1373件。其中：

（1）在判决著作权侵权成立的628件案件中，权利人损害赔偿诉求平均额为5.5万元，法院判赔平均额为2.2万元；

（2）在判决商标侵权成立的387件案件中，权利人诉求平均额为10.6万元，法院判赔平均额为5.3万元；

（3）在判决专利侵权成立的163件案件中，权利人诉求平均额为41.1万元，法院判赔平均额为27.8万元；同时，适用"法定赔偿"确定赔偿额的专利侵权案件占全部专利侵权案件的93.86%，平均赔偿额为20.17万元；

（4）在判定侵权成立的17件不正当竞争侵权案件中，权利人诉求平均额为42万元，法院判赔平均额为15.6万元。

[①] 张维：《97%专利侵权案判决采取法定赔偿——平均赔偿额只有8万元》，《法制日报》，2013年4月16日第06版。

[②] 数据来源：南京铁路运输法院课题组：《知识产权侵权诉讼成本与效率分析》；参见宋健《知识产权损害赔偿问题探讨——以实证分析为视角》，《知识产权》2016年第5期。

4. 上海地区 2017—2018 年著作权侵权案的判赔金额[①]

对于著作权侵权案中的判赔金额，我国有学者以上海地区 2017 年、2018 年期间的 946 份著作权侵权民事判决书作为有效样本，进行了较为细致的分析，通过对不同类型作品著作权赔偿情况、赔偿数额确定的依据、赔偿数额的认定、合理费用的认定等方面进行了分析。该研究的结论表明，上海地区法院最终支持的赔偿区间范围为：（1）10 万元的占比 88.16%；（2）超过 10 万元、30 万元以下的占比 6.13%；（3）超过 30 万元、50 万元以下的占比 1.37%；（4）超过 50 万元的占比 0.53%。在上海地区的著作权侵权案件中，法院普遍会在权利人请求的基础上相应下调侵权赔偿数额，且赔偿金额大多在 10 万元以下。

5. 2018 年全国著作权侵权案件概况

据《中国法院知识产权司法保护状况（2018 年）》统计，2018 年全国法院新收知识产权案件数量 33 万件，其中著作权案件 19 万件、比 2017 年增加了 42.36%。法院判赔金额在过去五年总体上有显著提高，判赔高额的案件较前几年有明显增长，如：花千骨游戏纠纷案一审判赔 3000 万元，网易游戏案一审判赔 2000 万元。可见，涉及网游的高赔偿额案件居多。

有研究成果表明，通过大数据分析得出，就北京地区 2018 年的著作权侵权案件而言，平均每件案件的判赔比为 10.8%，判赔金额平均为 1.9507 万元。[②]

6. 2012—2022 年发明专利判决赔偿额的中位数与平均数

有研究结论指出：通过"知产宝"数据库（含全国裁判文书库、全球专利库等数据库）相关统计分析，发现：2012—2022 年，发明专利判决赔偿额的中位数从 10 万元上升到 20 万元，而平均数则从 22 万元上升到 258 万元[③]。近几年，有不少判赔金额较大的诉讼案件，如 2020 年 2 月 18 日，汇顶科技与思立微和鼎芯科技的"基于指纹识别的终端及其待

---

① 详见张偲杰、崔静等《著作权侵权赔偿金额大数据报告》，https：//www.sohu.com/a/330336285_99928127，发布时间 2019 年 7 月 30 日，最后访问时间 2021 年 6 月 30 日。

② 参见李洪江、胡杨《著作权侵权案件特点及判赔额度大数据分析报告》，https：//www.sohu.com/a/383817012_99928127，发布时间 2020 年 3 月 28 日，最后访问时间 2021 年 6 月 30 日。

③ 革鼎：《中国专利这十年：司法判决赔偿额不再是问题，思维模式落后才是致命伤》，《知产力》 https：//mp.weixin.qq.com/s/8QGxP9HfOhmuH4w1_duJhA，发布时间 2023 年 4 月 10 日，最后访问时间 2023 年 4 月 17 日。

机状态下的登录方法、系统专利 CN201410204545.4",判赔 4007 万元。可见,司法判赔金额呈现大幅提升的趋势。其中一个原因可能是,2020年 11 月 11 日修正的《专利法》第 54 条新增设了"一倍以上五倍以下"的惩罚性赔偿制度。

四 小结①

经过对各组调研数据的分析,笔者发现,在 2013 年以前,就全国而言,大约有不少于 96% 的案件在司法判决中采用了法定赔偿方式来确定最终的赔偿金额,而平均的赔偿数额大约在 8 万—10 万元人民币之间。

特别值得注意的是,近几年来全国各地的知识产权侵权案件的法定赔偿金额,总体上呈现出较明显的上升趋势,对比 2013 年以前有显著提高,鉴于各地经济发展水平、产业发展状况、行业利润率等方面或大或小的差异,实际案例的个案特殊性等因素,要想就我国目前各类各级知识产权侵权案件的平均判赔金额研究得出具体的幅度范围,笔者认为,除非以国家层面全面的官方统计数据作为必要支撑,否则所谓的调研结果或是研究结论均难以摆脱其片面性、局限性,其科学性、权威性难免易遭质疑。

第四节 中国部分专利侵权案的赔偿金额分析

一 2013 年前中国部分专利侵权案赔偿金额的总体状况(以 276 个案例为样本)②

笔者对 2013 年左右收集的各类专利案件(共 276 个案例)作了具体分析和梳理,发现福建、广东、上海、北京等 4 个典型的代表性地区的专利案件呈现出以下规律或趋势。

---

① 鉴于笔者所收集的数据有限、展开调研的范围和地区有限、人力物力的限制等种种原因,此处得出的结论仅供参考。准确数据的得出,有赖于国家相关部门举全国之力建立、健全完善的数据库和相关数据资料后才有可能实现。

② 此部分的统计结果及相关结论以笔者收集的 276 个案例为依据,但遗憾的是,囿于篇幅和版面限制,这些案例材料未能收录于本书中,特此作出说明。

(一) 276 个专利侵权案例的总体特点

1. 案件种类和比例

经分析发现,在发明、实用新型和外观设计这三种专利中,外观设计专利是最主要的诉讼对象。在我国各个主要省份中,外观设计专利占所有专利侵权诉讼案件的比例约为 50%—60%,而实用新型专利的比例约为 30%,发明专利的比例约为 10%。

2. 被告和侵权事由

就被告而言,权利人主要针对下游低端经销商、零售商发起诉讼,作为诉讼、维权的对象。而且,专利权人一般会同时向多个经销商发动侵权之诉,以打击最末端(终端)的销售行为。在侵权事由方面,制造和实际销售是最主要的侵权行为方式,许诺销售行为较少。

3. 是否上诉

若是专利权人对个人提起的诉讼,被告一般不提起上诉;而若是专利权人对某公司或某团体提起的诉讼,被告在败诉后则一般都会选择提起上诉。

(二) 276 个专利侵权案例赔偿金额的大致规律与幅度

就赔偿数额而言,发明专利在这些主要地区的赔偿金额一般介于 10 万—30 万元之间;实用新型专利的赔偿金额则一般介于 5 万—10 万元之间;外观设计专利的赔偿金额则一般为 5 万元以下,极少数会达到 5 万元。

在赔偿方面,上述案例的判决书中一般不会详细列出赔偿的依据和项目,而是笼统地直接得出具体赔偿数额是多少的结论。总体而言,专利侵权案中的赔偿数额绝大多数集中在 1 万—10 万元,基本上较少超过 10 万元。而且,各主要地区的赔偿标准基本一致。

因此,仅就专利侵权案的赔偿数额的确定而言,目前我国的司法实务中还是能找到部分规律、特点和发展趋势的。但是,随着我国司法中相关做法的不断发展和成熟,为便于更精确地掌握相关数据资料,以为专利保险等相关创新性保险产品的设计提供更好的基础和前提条件,我国相关部门应当着手建立健全各种数据的统计工作,必须建立和健全相关的数据库。在诸多数据中,最迫切需要且必不可少的基本数据包括:各个行业的企业数、专利数[①]、诉讼数(案件数量)、案均赔偿数额,等等。

[①] 包括各个种类的专利的数量、专利申请量、专利授予量等。

二 2019—2021 年中国知识产权侵权案件判赔金额的总体状况（以 500 个案例为样本）

2021 年 10 月 21 日，最高人民法院周强院长在作最高人民法院关于人民法院知识产权审判工作情况的报告时指出："我国已经成为审理知识产权案件尤其是专利案件最多的国家"[1]。近些年，我国知识产权事业发展取得显著成效，知识产权保护取得历史性成就。2019 年我国法院受理各类知识产权一审案件 42.08 万件[2]，2020 年增长至 46.7 万件[3]。

为与 2013 年前的相关统计数据进行对比，笔者对 2019 年 1 月 1 日至 2021 年 12 月 5 日威科先行数据库所收录的北京地区商标侵权和专利侵权案件进行了抽样调查，剔除被法院判决驳回诉讼请求案件后，共遴选出 500 个案件进行分析，发现以下几个突出特点。

1. 权利人维权意识和维权能力有待提升。笔者在统计案件过程中，发现部分原告并未明确主张合理开支，或者是将其笼统地包括在经济损失之中。即便是主张合理开支后，也有部分权利人未能提交完整证据，而导致法院最终未判决足额赔偿。

2. 权利人维权成本较高。笔者所统计的 500 个案件中，仅有 111 件判决（2019 年 42 件、2020 年 46 件、2021 年 23 件）法院足额支持了原告所主张的合理开支。且大部分案件中，权利人所付出的维权成本不仅包括为诉讼所花费的合理开支，还包括需承担的案件受理费、公告费等。

3. 律师费成为维权主张赔偿额中的重要组成部分。在笔者抽取的 500 个案件中，大部分原告所主张的公证费、购买侵权产品费用、打印费等合理开支，当有票据佐证且数额未显著超过合理费用时，法院往往都会判决支持。但法院判决足额支持的 111 件判决中，有 24 件未主张律师费。即便对于主张律师费的，法院往往也会选择酌情减少。其原因主要有两方面：一方面，原告未能提供完整证据。原告主张律师费，除了需提交律师费发票外，还需提交委托代理合同，证明委托代理合同与案件的关联性。

---

[1] 参见最高人民法院关于人民法院知识产权审判工作情况的报告，http://www.npc.gov.cn/npc/c30834/202110/2adb18d160c945e989bc20df3641cffc.shtml. 2021-10-21。

[2] 数据来源：2019 年全国法院共新收一审知识产权案件 420808 件，http://zgsc.china.com.cn/2020-02/04/content_41046457.html. 2020-02-04。

[3] 数据来源：最高人民法院关于人民法院知识产权审判工作情况的报告，http://www.npc.gov.cn/npc/c30834/202110/2adb18d160c945e989bc20df3641cffc.shtml. 2021-10-21。

大部分案件原告未能提供相应证据，法院即会根据出庭情况、案件复杂程度、诉讼标的金额等具体情况酌情支持。另一方面，律师费数额过高。当原告主张的律师费超出合理范围，法院会酌情予以减少。如在（2021）京0108 民初 37134 号、（2021）京 0108 民初 26249 号、（2020）京 0108 民初 14282 号裁判文书中，都指出案件属于简单案件，根据律师付出的工作量酌情予以减少。

4. 涉外案件合理支出费用特别高。在涉外案件的合理开支中，不仅包括公证费、购买侵权产品费用等基础费用，往往还涉及翻译费、跨国诉讼的高额律师费以及货币汇率问题。这不仅是国内诉讼所面临的困境，也是我国企业海外维权的困境。2018 年中国共有 1005 家企业（其中 991 家为被告）在美涉及 292 起新立案的知识产权纠纷案件，其中包含 273 起诉讼案件、19 起"337 调查"案件；判决结案中，平均专利案件判赔额高达 967.69 万美元。① 2019 年，美国发起的 47 起"337 调查"案件中有 27 起案件涉及中国企业，创历史新高。② 尤其是涉外案件不仅要付出巨额的诉讼成本，还会因为案情复杂、审理周期长等问题付出时间成本，无论对于权利人还是败诉方来说都是一种消耗与打击。

5. 法院判决赔偿金额总体呈现上升趋势。从笔者进行的抽样调查来看，从 2019 年至 2021 年，法院判决赔偿金额整体呈现上升趋势，不乏经济发展、物价上涨等各种因素的影响。如北京市海淀区法院在 2 起案件③中，在确定具体判赔金额时将"疫情"列入了考虑范围。

6. 权利人举证相对较为困难，法院判决赔偿金额的方式以法定赔偿为主。知识产权案件"举证难"是一大问题，大部分权利人难以举证证明自己因侵权遭受的实际损失或是侵权人因侵权所获得的利益，因此大部分案件法院均适用法定赔偿标准。仅有部分案件能够证明实际损失或是侵权获得利益，因此法院突破了法律规定的赔偿额区间范围作出了裁判，如

---

① 刘心雨、胡飙：《知识产权保险发展的现实障碍与路径探讨》，《上海保险》2021 年第 10 期。

② 国家海外知识产权纠纷应对指导中心组织发布 2019 年美国"337 调查"研究报告，http://cnips.org.cn/a10157.html.2020-08-19。

③ 参见深圳广师傅文化传播有限公司与北京石雨商贸有限公司侵害商标权纠纷一审民事判决书，北京市海淀区人民法院（2020）京 0108 民初 47763 号；桔子酒店管理（中国）有限公司与北京三快科技有限公司等侵害商标权纠纷一审民事判决书，北京市海淀区人民法院（2020）京 0108 民初 23365 号。

在一起专利案件中判赔 280 万元①，在一起商标案件中判赔 1200 万元②。

7. 判赔金额的案件个体差异非常大。在这 500 个案例样本中，笔者随机抽取了 2021 年审结的 154 个案件，其中涉及实用新型或外观设计专利的侵权案件偏多，而在法院的侵权判赔金额上，以外观设计专利案为例，判赔金额低至 1000 元，高至 280 万元③，判决支持予以赔偿的合理费用金额多为 1000—5000 元，一般不超过 2 万元，也有极少数案件偏高，如 25 万余元④。尽管案件间存在较大差异，但总体而言近年来司法案件中判赔额呈现明显上升趋势。

---

① 参见浙江圣奥家具制造有限公司与北京远明国景伟业家具有限公司等侵害外观设计专利权纠纷一审民事判决书，北京知识产权法院（2020）京 73 民初 243 号。
② 参见广东志高空调有限公司与盛云洲等侵害商标权纠纷一审民事判决书，北京市西城区人民法院（2019）京 0102 民初 4255 号。
③ 参见浙江圣奥家具制造有限公司与北京远明国景伟业家具有限公司等侵害外观设计专利权纠纷一审民事判决书，北京知识产权法院（2020）京 73 民初 243 号。
④ 参见纳恩博（北京）科技有限公司、纳恩博（天津）科技有限公司与永康市爱久工贸有限公司侵害外观设计专利权纠纷一审民事判决书，北京知识产权法院（2019）京 73 民初 176 号。

第四章　域外知识产权保险发展状况及特点

　　针对知识产权领域的上述风险，国际上发展出多种知识产权保险方案与产品，险种比较多，既有专门针对某一类知识产权的保险产品，如商标保险或专利保险，也有比较综合性的保险产品，还有专门针对某个环节或某个方面风险的保险产品，如专利申请险、知识产权许可保险等。

　　从保险的发展历史来看，知识产权保险肇始于西方发达国家，专利保险发端于美国。因此，根据知识产权保险的发展历史以及时间顺序，笔者将先介绍知识产权保险的萌芽和起源，先梳理域外知识产权保险的发展状况，其后再将目光转向中国保险市场，先域外、后国内。在本章中，笔者将首先简要介绍知识产权保险产品的分类和主要险种，再对主要国家的知识产权发展现状及特点，尤其是重要知识产权保险产品予以详细阐述、分析，以便为我国知识产权保险产品设计与市场发展等提供进一步研究的基础或重要参考。

　　鉴于知识产权保险在世界各主要国家或地区的发展状况和特点，本章将重点选取美国、欧盟、部分亚洲国家等有代表性国家或地区的相关情况进行介绍。

第一节　知识产权保险的类型和主要险种

　　知识产权保险是指根据保险人和被保险人双方达成合意或约定，将知识产权作为保险的标的，由投保人支付保险费，保险人则在保险事故发生时对承保的风险依照合同约定承担相应赔偿责任的一种保险方式。知识产权保险属于商业保险的范畴。

　　按照不同的标准，可将知识产权保险分为若干不同类别。

一 保险业界对知识产权保险的主要分类

根据保险公司所开展保险业务的不同内容，知识产权保险可以分为专利保险、商标保险、版权（著作权）保险、其他知识产权保险险种等。

（一）专利保险

根据承保范围和保险事故的不同，专利保险又可以进一步细分为专利的申请保险、许可保险、诉讼费用保险、侵权责任保险和投资保险等险种。以下分述之。

专利申请保险（Patent Application Insurance），是英国的主要知识产权保险产品之一，一般是指在专利权申请过程中为申请人的申请程序与外部侵权风险所提供的双重保障[①]。具体而言，以英国为例，该险种的运作模式是，当专利申请人投保后，一方面能享受加快该专利申请审查速度的福利，另一方面还能预防或降低其在专利申请期间遭遇他人侵权行为的风险，而且保险人将承担该专利为加快申请进程而产生的任何额外成本。

至于专利许可保险，日本是主推这一保险产品的典型国家。专利许可保险是指当专利的被授权许可使用人因特定原因无法支付使用许可费时，由保险人承担由此给被保险人造成的损失，承担保险责任的保险方式。其目的主要是确保专利权人的许可使用费收入，客观上有利于促进专利权实施、许可等。专利诉讼费用保险是指对专利诉讼过程中发生的（必要）法律费用承担保险责任的保险，无论是有可能成为原告的主体，还是有可能成为被告的主体，都可以购买专利诉讼费用保险；实践中，专利权人购买专利诉讼费用保险的情形比较多。专利侵权责任保险的承保范围是被保险人因侵犯他人专利权导致的损害赔偿责任。专利投资保险是指被保险人在技术创新投资失败时，由保险人承担赔偿其投资损失，以鼓励投资主体向高新技术领域投资，以促进科技创新。

（二）商标保险

商标保险，与商标权人的各种商业活动密切相关。在保险业面向市场推出的商标保险产品中，除了较常见的商标注册保险和诉讼费用保险外，还有商标合同保险、海关检查进口假冒商品保险等险种。商标诉讼费用保险又包括两种，一种能为商标权人（或商标使用人）承保因其商标被侵权所致损失，一般包括为商标维权所支出的必要法律费用等，可称为商标执行保险，另一种是为被保险人提供的，承保范围是被保险人因侵犯他人

[①] 参见林小爱《知识产权保险研究》，博士学位论文，华中科技大学，2009年，第90页。

主体。

实践证明，与专利保险或商标保险等单项性保险产品相比，此类综合性知识产权保险险种确实在一定程度上增强了保险产品的吸引力，获得了部分投保人的高度关注，值得保险业界考虑。

第二节　欧美地区知识产权保险的发展状况

一　美国知识产权保险的发展状况

保险业界一般认为，美国是现代知识产权保险产品的发源地。从知识产权保险业务的产生与发展来看，美国的知识产权保险业务经历了一个从普通商业责任保险到专门性知识产权保险的过程。

（一）美国知识产权保险的产生

美国早期的商业综合责任保险（Commercial General Liability Insurance，下称 CGL），又被称为普通商业责任保险或一般商业责任保险。美国企业风险管理机制的发展相对比较成熟，通过保险机制来转移或缓解企业可能承担的各种风险是一种普遍做法，加上美国出于对消费者权益保护的考虑对企业投保所作的强制性要求，不少企业往往会投保一般商业责任保险。

CGL的标准保单所涵盖的保险范围较为广泛，涵盖了消费者人身损害和有形财产损害等范围。

1. CGL中"广告侵害"条款的出现：知识产权保险条款的萌芽

1973年，"广告侵害"首次被纳入CGL的保险范围，相关条款中规定，"广告侵害"是指在保险期间，被保险人因诽谤、侮辱、侵害隐私权、抄袭、不正当竞争或者其他侵害著作权、商标权或宣传标语等广告行为所导致的第三人损害。若符合保险合同所规定的条件，广告侵害行为导致的赔偿责任将由保险公司理赔。

自此，美国司法界关于"广告侵害"条款的具体含义、解释和司法适用问题，在相关的几起案件中引起了争议和广泛讨论，特别是"广告侵害"条款是否包括专利侵权所致损害这一问题。总体而言，在1993年以前，美国法院对CGL广告侵害条款的解释是否包括专利侵权基本是持肯定态度的，美国加州法院在1988—1993年期间也在相关案例中确认了专利侵权诉讼案件中对广告侵害条款的适用。其中，最具代表性的案件包括 Aetna Casualty and Surety Co., V. Watercloud Bed Co., INC. 案①, John Deere Insurance Company V. Shamrock Industries, INC. 案②。

2. 对"广告侵害"条款解释的变化和转折：催生专门性知识产权保险的契机

如上所述，在1993年以前，美国法院倾向于认为专利侵权所致损害可以援引并适用 CGL 中的广告侵害条款来请求保险公司理赔。然而，随着相关案例和广泛讨论的出现和推进，认为此种适用和解释违背了保险业者在缔结此类保险合同时的心理预期以及对保险业者有失公允的观点逐渐占据了上风。于是，1993年，在一审中败诉的 Aetna 保险公司提起了上诉，美国加州上诉法院的判决对广告侵害条款是否适用于专利侵权进行了完全不同的新解释——拒绝、否定了广告侵害条款对专利侵权的适用；由此确立了无论是何种形态的侵害，CGL 的广告侵害条款不再适用于专利侵权诉讼，CGL 的被保险人不得援引此条款要求保险公司理赔的新规则。③

1993年可谓一个转折点，而1996年则是又一个转折点。1996年美国对专利法进行了修改，将"许诺销售"纳入了专利侵权行为的形态，这一修改对于在专利侵权诉讼中 CGL 广告侵害条款的适用产生了重大影响；专利法修改后，由于许诺销售通常发生于广告行为中，两者具有异常密切的联系，此时保险公司应当理赔。

于是，在1996年美国专利法修改后，为避免专利侵害成为保险范围中的保险事项，众多保险公司纷纷对保险合同的条款进行修改，明确将"专利侵权"作为不保事项，以排除保险公司自身可能对专利侵权行为承担的给付责任。

3. 专门性知识产权保险的产生

（1）专利保险的产生

由于前述 CGL 中保险范围在解释上的争议，尤其是1996年美国专利法修改后各保险公司纷纷在 CGL 中明确排除专利侵权的适用，加之专利侵权本身的风险大、诉讼周期长、技术性强、赔偿金额计算困难等

---

① Aetna Casualty and Surety Co., V. Watercloud Bed Co., INC. (1988 WL 252578 (C. D. Cal.))

② John Deere Insurance Company V. Shamrock Industries, INC. (696 F. Supp. 434 (D. Minn., 1988.))

③ 参见林小爱《知识产权保险研究》，博士学位论文，华中科技大学，2009年。

原因，部分企业对专门化、独立性专利保险的需求有所突显。而普通商业责任保险已经无法满足被保险人在预防专利侵权风险方面的紧迫需求。

此时，美国保险市场衍生出专门针对专利保险的保险产品的时机已然成熟；专利保险——以专利执行保险和专利侵权责任保险为主的专利保险机制——在美国市场上适时推出，可以说成为一种必然。

(2) 版权保险产品的产生

a. 早期"普通商业责任保险"与"商业一般责任险"的发展

如前所述，美国版权保险的前身是普通商业责任保险，"广告侵害险"于1973年第一次被纳入普通商业责任保险的范围。一般认为，"广告侵害"是指在保险期间，被保险人若因其实施了诽谤、侮辱、侵犯隐私权、盗窃、不正当竞争或其他侵害他人版权、商标或标语等广告行为，致使第三人受到侵害。

但在当时，当被保险人依据普通商业责任保险试图为版权侵权风险请求保险人理赔时，均仅能以广告侵害为由提出请求，且被保险人需要提供两个方面的证明：其一，第三人遭受侵害的原因是被保险人的广告行为，且该行为发生于保险期间内；其二，被保险人的广告侵害行为属于保险合同约定的范围内。可见，被保险人投保广告侵害险后获赔的局限性较大。

于是在1986年，美国ISO公司推出了"商业一般责任险"险种，修改了传统的广告侵害条款的承保范围，增加了"盗用他人广告创意或方式进行商业行为"等承保范围，但有关版权部分的规定并无太大变化。

b. 被包裹于"专业责任保险"保单中的版权保险内容

美国的版权保险相关内容，原先在部分商业险中有所体现，但获得理赔的条件比较严格，限制较多，局限性十分明显。因此，基于市场的需求，同时随着美国专利保险的发展，版权保险也从最初的普通商业责任保险中的"广告侵害"条款中脱离了出来，进入了其他保险产品形态或者知识产权保险产品。

以专业责任保险为例。专业责任保险（Professional Liability Insurance），又称"错误和遗漏保险"（Errors & Omissions Insurance），是指为客户提供因专业服务或建议而受到伤害的保险，主要针对的是提供专业服务、合同服务以及定期向客户提供专业建议的企业。

专业责任保险的承保对象通常包括过失、版权侵权、人身伤害等方面，其中的版权侵权主要包括"因版权法问题或因对版权法错误的理解、疏忽或者误解而导致的侵权行为"。

专业责任保险的承保范围包括：(1) 在保险约定的时间范围内，先前执行的服务造成的侵权；(2) 无论是否是被保险人的过错引起的诉讼相关的法律辩护费用；(3) 企业的员工（包括临时工和独立承包商）造成的侵权。①

c. 专门化版权保险产品的出现

严格说来，无论是上述普通商业责任保险抑或专业责任保险，均不是专门针对版权而设计的保险产品。

在20世纪90年代末，美国知识产权保险服务公司（Intellectual Property Insurance Service，简称IPISC）为了使版权保险产品在竞争激烈的保险市场中得以生存并实现盈利，创新性地提出了将投保人与保险人进行利益捆绑，逐步推动版权保险产品独立化发展，且根据需求将该业务细分，从而相继推出了版权侵权保险、版权财产保险和版权担保保险等产品。这些创新的保险方案使得版权保险产品在实践中得到了一定的有效推广。②

(3) 商标保险的产生

在美国，与版权保险类似的是，商标保险在早期也被列明于"普通商业责任保险"的承保范围内，当然前提也是在"广告侵害"项下，因而获得理赔的前提条件也是商标侵权须与广告行为、广告侵害相关联。美国市场上并不多见专门性的商标保险产品。

(二) 美国知识产权保险市场总体情况和主要险种

总体来说，美国市场上存在着种类繁多的知识产权保险产品（险种），既有单一性的保险产品，也有知识产权综合保险产品，其中，单一性、专门性保险产品是以专利保险产品为主，包括防御性的（应诉）和主动实施、维权性的专利保险产品；因历史悠久，商业责任险也比较普遍。

美国知识产权保险市场最主要提供的三种知识产权保险产品如下。

---

① 资料来源：https://www.geico.com/professional-liability-insurance/（GEICO. 官方网站），2019-11-11，最后访问时间2019-11-17。

② 资料来源：《视觉中国启示录——保险对版权的保护作用》，互联网保险观察，雪球网站，https://xueqiu.com/4195703616/127515849，发布时间2019年11月11日，最后访问时间2019年11月17日。

1. 第一人知识产权保险（first party IP coverage）

该保险旨在保护被保险人的直接损失[①]，即当被保险人因知识产权的影响直接和间接导致收益流减少时的直接损失；类似于营业中断险。可见，该保险与知识产权侵权行为并无直接关联。

2. 专利执行保险（patent enforcement litigation insurance；first party insurance；offensive insurance；patent pursuit insurance；infringement abatement insurance）

在此保险中，被保险人为知识产权权利人，旨在保护权利人防止因第三方侵权导致损失的保险。承保范围是实施专利的诉讼费用（或其中合理的部分成本），通常包括：（1）被保险人起诉侵权人时须支出的必要诉讼费用；（2）被保险人为了抗辩侵权人的知识产权"无效"的反诉而支出的必要诉讼费用；（3）权利人为应对侵权人试图宣告其知识产权无效而加入有关部门的再次审查等程序中所支出的必要费用。

在专利执行保险中，保险合同条款通常包括共同支付条款，不包括补偿性赔偿责任或连带责任损失、罚款、惩罚性赔偿（punitive damages）、示范性赔偿（exemplary damages）和多重损失（multiple damages）。[②]

在美国，专利执行保险属于商业保险。IPISC公司的专利执行保险中有所谓的"赔偿分配条款"，即合同中明确约定：在被保险人获得胜诉的赔偿后，保险公司有权从赔偿金中抽出一定的比例（一般为赔偿金的40%左右）作为回报或报酬。IPISC标准保单还规定，保险人必须以其给付的诉讼费用额的1.25倍为上限，请求分配被保险人胜诉所获得的合理利益或者损害赔偿金。[③] 可见，赔偿分配条款往往会规定保险人的抽取比例和上限，作为一般分配标准和限制。

3. 专利侵权责任保险（patent infringement liability insurance；third party insurance；defensive insurance）

在专利侵权责任保险中，被保险人是有可能侵犯他人专利权的主体，

[①] "直接损失"是指保险财产在遭受保险责任范围内的自然灾害或意外事故造成直接损毁的经济损失属于保险责任，保险人对保险财产的直接损失负责赔偿。"间接损失"也称"从属损失"，主要是由于保险财产遭受上述保险责任范围内的自然灾害或意外事故后所产生的各种无形的经济损失。如被保险人的保险财产受损后，致使工厂停工、停产、商店停业所引起的职工工资支出、利润损失，以及对外签订合同需承担的各项经济责任的合同损失等，不属保险责任范围，保险人不负赔偿责任。因为企业财产保险是根据风险程度制定的，所收取的保险费只能负责保险财产的直接损失。

[②] 参见林小爱《知识产权保险研究》，博士学位论文，华中科技大学，2009年。

[③] 参见林小爱《知识产权保险研究》，博士学位论文，华中科技大学，2009年。

保险人将依照合同约定向被保险人给付其因涉嫌侵权行为被诉时须支出的必要诉讼费用（应诉过程中）或/和判定的侵权损害赔偿费用。专利侵权责任保险的承保范围，有的会涵盖诉讼费用或者损害赔偿费用，有的是这两种都覆盖，不同的保险人所提供的险种的保险范围存在差异。

但一般而言，专利侵权责任保险的承保范围包括以下几项：（1）被保险人在承保期间因专利侵权诉讼的应诉而产生的诉讼费用；（2）被保险人在诉讼中针对原告专利"无效"而提起反诉的诉讼费用；（3）被保险人启动或加入专利效力复审等程序所产生的支出；（4）被保险人应当向专利权人（原告）承担的侵权损害赔偿费用。美国主流的专利侵权责任保险与瑞士再保险公司的专利侵权责任保险产品是类似的。

在美国，与知识产权有关的最主要的四种保单形式如下：（1）IP Specific Insurance，即知识产权专门险（特别险），如专利执行险、专利侵权责任险等；（2）Comprehensive General Liability Insurance，即综合责任险，一般包括了与广告有关的版权侵权、商标侵权风险等；（3）Directors and Officers Insurance；（4）Error and Omission Policy（Internet Technology Policy），即"错误与遗漏保险"，承保的是因错误与遗漏导致投保人损失的情形。

在知识产权综合保险产品方面，美国市场上主要有两类——知识产权执行保险和知识产权侵权责任保险，承保范围十分全面。实践证明，与专利保险或商标保险等单一、专门性保险产品相比，涵盖了专利侵权、商标侵权和版权侵权（责任）风险等的知识产权综合保险，能吸引更多知识产权保险的需求主体，一定程度上增强了产品的吸引力，获得不少投保人的关注。

除了传统知识产权保险产品外，近年来美国市场上还出现了知识产权净损失保险、知识产权融资保险等新类型的保单。比如，拥有非专利的知识产权（如媒体、娱乐业）的公司，一般会选择购买专门用于涵盖其面临的风险类型的保险，业界所谓的媒体责任保险（media liability）。

（三）知识产权保险产品实例

美国最具代表性的知识产权保险产品是专利保险。以美国 IPISC 公司为例，其主推的 First-Party Coverage 是 Multi-Peril IP（MPIP）Insurance（综合险），范围覆盖到已投保专利执行险和专利侵权责任险的企业，其赔偿范围包括：商业机会或商业优势的损失、营业中断险、再设计、补救与修复等方面的支出或费用。IPISC 公司主推的专利执行保险，其赔偿范围包括：在维权过程中主张被告侵权所产生的所有诉讼费用，包括律费、出庭费、专家鉴定费、证人作证费、和解费等项目,但不包括败诉后应承担的费用;在专利无效的反诉中,必须确认反诉的抗辩费用仅限于承保的专利。

(四) 简要评析

美国是最早利用保险机制来分散专利诉讼所致风险的国家。与其他国家和地区相比,其保险制度较为完善,目前的专利保险销售情况也较为理想,成功地实现了盈利性良好局面,值得我们深入研究。美国一直以来基本采用纯粹的市场化运作模式,几乎没有政府主导或者引导,也未实施强制性知识产权保险产品。这是美国知识产权保险最显著的特点之一。

应当承认,美国部分保险产品的条款设计等内容值得我国深入研究、选择性参考或借鉴,不过,其市场化运作模式对我国目前而言并不合适,而且,在部分被保险人看来,美国的专利保险制度尚存在诸如保费偏高、大企业拖延诉讼导致保险失效等问题或不足。

二 欧盟知识产权保险的发展状况

在欧盟,由于绝大部分中小企业为避免过高的诉讼成本负担而缺乏积极申请和利用专利的热情,因而倾向于消极对待诉讼甚至接受不利的和解方案,从 21 世纪初开始,欧盟十分关注对专利制度实施效果的评估和研究,并致力于完善相关专利制度,并尝试规划其专利制度改革;其中,专利保险制度成为欧盟研究、考虑和规划的重要问题。

(一) CJA 公司提出的欧盟专利保险方案

为了设计出一套符合欧盟的产业特色与企业需求并且具有可行性的专利保险制度,欧盟专门委托一家民间咨询公司 CJA Consultants Ltd. 进行了深入调研、分析。在整合欧盟各成员国产业背景和相关数据资料的基础上,该公司于 2003 年 1 月对欧盟专利诉讼保险制度本身及其运作方案、可行性等问题进行研究,最终形成了一个较为详细的研究报告[1]。

在该报告中,CJA 公司提出了若干可供选择的保险方案(详见下表:

---

[1] CJA Consultants Ltd, Patent Litigation Insurance: a study for the European Commission on possible insurance scheme against patent litigation risks, January 2003, http://europa.eu.int/comm/internal_ market/en/indprop/patent/index.htm,该报告下称《欧盟专利诉讼保险机制可行性研究报告》。CJA 机构还于 2006 年 6 月完成了一个总报告。CJA Consultants Ltd, European Policy Advisers, Britain and Brussels, Patent Litigation Insurance: a study for the European Commission on the feasibility of possible insurance schemes against patent litigation risks (Final Report, June 2006), http://www.cjac.co.uk。

表4-1)①，供欧盟委员会在推行和实施专利诉讼保险计划时参考或采用。

表 4-1 2003 年欧盟专利保险计划

方案名称	保险性质	保险种类和制度	主要特点
Kay 方案	自愿性保险与强制性保险，倾向于后者	专利申请保险，专利执行保险，专利侵权责任保险	每年缴纳 300—600 欧元保费，与专利申请或需缴纳的年费同时收取；保费高低取决于不同的技术领域或风险领域，较低的保费适用于低风险产业技术。理赔金额为 3.5 万欧元，最高理赔金额为 150 万欧元。若仍不足以支付诉讼费用，将由特定单位作出评估报告后予以追加。
PIB 方案	自愿性保险与强制性保险	专利申请保险，专利执行保险，专利侵权责任保险	若能证明申请过程中专利被侵权，可要求加速审理申请案，并于授权后立即提供专利执行保险。保险执行分强制性、退出制和自愿制三种保险方式。
追击性方案	强制性保险或自愿性保险	专利执行保险	若采用自愿性保险方式，保险公司具有调查权，可就专利权的有效性及其实施状况进行调查；若采用强制性保险方式，保险公司则不具有调查权。
防御性方案	如同"知识产权哨兵"方案	侵权责任保险	调查成本和保费较高。
Cottrell 方案	未知	未知	未知（因该方案需要修改，CJA 报告未作详细介绍）
Millers 方案	不明	不明	设立非营利保险管理机构，由其独立运作专利保险，并成立保险基金。该机构通过再保险或其他措施降低基金的风险。保费收取方式有两种方案：一种是由该机构收取；另一种是先通过欧洲专利局或其他渠道收取，再转交给该机构进行管理。
Aon 方案	强制性保险与自愿性保险	专利申请保险，专利执行保险，专利侵权责任保险	按照理赔金额最高额度的不同，分为基本层级（5 万欧元）和额外附加层级（150 万欧元）。前者适用退出制；后者适用自愿制，关注复杂疑难诉讼案件，被保险人若胜诉，须将支付获得的部分赔偿金交给保险公司。
"知识产权哨兵"方案	不明	专利侵权责任保险	分两个阶段：第一阶段由专家对专利价值与侵权信息等进行评估，以决定是否起诉，若评估结果是积极的，则由保险公司承担诉讼费用；若败诉，专利权人无须负担任何费用。在第二阶段，被保险人不必预先缴纳保费，而是由保险人支付诉讼费用并可分享部分赔偿金。

---

① 可参见孙珮绫《专利诉讼费用保险之研析——从我国如何筛选国外专利保险制度观察起》，硕士学位论文，(台湾)交通大学科技法律研究所，2006 年；林小爱：《知识产权保险研究》，博士学位论文，华中科技大学，2009 年，第 106 页。

1. Kay 方案

（1）性质

Kay 方案可以采取强制性或任意性保险模式来实施，但该方案本身更适合采用强制性保险实施方式，在实际操作上也偏向于强制保险。其性质是专利执行保险，但也可以将其范围扩展至专利侵权责任保险，将侵权人因专利侵权行为所应承担的赔偿责任纳入保险理赔的范围。原告、被告均可投保此险种。

（2）实施方式

根据该方案，投保时间是专利申请时，也就是说，每一项欧盟专利的专利权人都须为每一项专利申请支付保费。按照该方案，只要存在专利申请或者专利维持，每年都要强制性地收取保费，这样，不仅每年都能保障有不小的保费规模，还能以较低的成本完成保费收取工作。总体看来是一个值得期待的方案。

具体而言，保费的收取将于专利申请时或者缴纳专利年费时一并收取，保费大约每年 300—600 欧元，视产业和行业的风险高低程度而定；生命科学技术和软件领域将执行较高的保费标准。投保人可以是新申请专利的申请人或者现行有效的、得以维持的专利的权利人，但是，为避免逆向选择等问题，Kay 方案并不建议单纯的现行专利权人投保，而是要求在专利申请之时便开始逐年缴纳保费。

值得注意的是，风险评估的时间点不在投保前或投保时，而是在诉讼启动时进行；被保险人提起侵权诉讼时，须经由保险人进行审查评估；保险人将会承担该项审查评估费用。对保险人而言，风险评估具有比较高的难度，但又是十分重要的一个环节或程序。

（3）保险范围

该方案将保险范围涵盖至投保时被保险人正在进行的侵权诉讼，但对于其后可能提起的侵权诉讼，则均须经保险人审查评估后才能准许。当然，这笔审查费用将由保险人承担。Kay 方案保险赔偿的范围包括诉讼费用和成本，一定条件下可以扩展至损害赔偿费用。在不收取额外保费的前提下，被保险人可获得 3.5 万欧元的理赔金额，最高理赔金额为 150 万欧元，若仍不足以支付诉讼费用，将由特定主体作出评估报告后予以追加。[①]

在专利侵权责任保险中，向侵权人理赔的前提条件是须具备以下二者之一：a. 法律意见认定不构成侵权的概率超过了 60%；b. 涉嫌被侵权的

---

① 林小爱：《知识产权保险研究》，博士学位论文，华中科技大学，2009 年。

专利本身将被判定或确认为无效。

2. PIB 方案

（1）性质

PIB 方案的主要参考依据或范例是英国专利保险局的现有专利保险制度，在欧盟境内开展专利申请保险和专利执行保险这两个险种，它们是已在英国取得较理想实施效果、较成熟的保险产品。根据 PIB 方案的设计，兼具强制性保险和任意性保险的特点。在强制保险的基础上，投保人可进一步自主决定是否要支付额外保费以购买更高理赔额度的保险。

（2）实施方式

PIB 方案的保费标准，是将所有被保险人预期的诉讼费用的 2.5% 作为计算基础，与专利申请费、授权费和维持年费一起，每年收取一次。因此一般来说，在申请期间的保费是较低的，而获得授权后须缴纳的保费相对较高，保险人也会根据情况对保费作相应调整。

在具体实施方面，PIB 方案拟定了三种可供选择的做法：一是强制性方案，即所有专利申请人均须强制性投保，保费为 40 欧元。已投保的申请人在获得专利授权后若计划继续投保执行险，则可享受减免 20% 保费的折扣优惠；二是退出制方案，即所有申请人均须强制投保，但事后可选择退出该保险。退出制的保费标准为 175 欧元，倘若不投保则无须缴纳这笔保费，但之后若再想投保执行险，就不能再享受 20% 保费的减免优惠；三是任意性方案，即专利申请人无须强制性投保，由其自行决定是否投保。保费标准为 500 欧元。专利审查部门将向申请人推荐该项保险，若申请人投保，则可享受减少 30% 保费的优惠，只需缴纳 350 欧元。

（3）保险范围

PIB 方案中的保险原则上是专利执行保险，因此承保范围以覆盖专利侵权产生的诉讼费用为主，但也可以将理赔范围扩展至包括侵权损害赔偿费用。该保险适用的地域范围仅限于欧盟境内，而非全球范围。

3. 追击性方案

追击性（Pursuit）方案，欧洲和美国均有类似的保险产品，如英国 Lloyd's of London 保险公司、美国部分公司在小范围内开展此种业务。该方案的主要特点是借鉴英国 Lloyd's 公司的保单，在欧盟范围内推广实施，为被保险人的专利权实施提供保障；其承保范围为被保险人因其专利权遭受第三人侵权而支出的诉讼费用，原则上属于第一人保险，但也可延伸其承保范围、使其成为第三人保险，为被保险人因侵犯他人在欧盟境内获得授权的专利权须承担的侵权赔偿责任提供保障，范围延伸至包括被保险人应承担的损害赔偿责任。

实际上，追击性方案是一种知识产权保险而非单纯的专利保险，除了专利外，其保险标的还包括商标和版权。其保费的大小，取决于保险标的和被保险人选定的承保地域范围。当然，在欧盟的计划中，该方案主要是针对专利的。该方案的最大缺陷或许是居高不下的保费，由于通常只能在专利审查后才能投保，平均每项专利的保费为 3000 欧元，且逐年缴纳；除非该方案采取强制性保险模式，所有专利必须投保，才能有效降低成本与风险，相应地降低保费标准。

4. 防御性方案

防御性（Defense）方案即防御侵权指控的专利保险。当被保险人的行为涉嫌侵害他人专利权时，由保险人承担被保险人因遭遇侵权诉讼所产生的诉讼费用和损害赔偿责任。目前，该方案的保费和成本比较高，因为保险人必须对保险事故进行全面、广泛的综合性调查，尤其是须进行侵权方面的检索。

值得注意的是，欧盟倾向于采纳由英国 Lloyd's 公司的 Peter Cottrell 集团所提出的模式——知识产权哨兵方案，该方案可能在整个欧洲推广实施。

5. Cottrell 方案

Cottrell 方案是根据英国 Lloyd's 公司的 Peter Cottrell 集团的建议所提出的一种方案，但由于该方案尚不成熟、有待修改和完善，因此，CJA 报告中并未公开介绍。

6. Millers 方案

Millers 方案是根据欧盟地区的产业背景、主要服务于中小企业的一种方案。该方案建议设立一个专门的、独立的保险管理机构（性质为非营利组织）以运作专利保险，并以基金方式经营保险费用及其收益。在保费的收取上，可由该管理机构收取，也可由专利审查授权机构等专利申请渠道收取后转交给该机构。

一旦发生专利诉讼，上述保险管理机构将代替保险公司进行风险评估，就是否支持诉讼、是否同意承担侵权赔偿费用等事宜作出决定。如若专利纠纷尚未进入诉讼程序，该机构会将该案移交该审议小组或裁判庭进行评议，该小组或裁判庭由律师、专利代理人和欧盟代表等构成。

在 Millers 方案中，该保险管理机构可以购买再保险或者采取其他保障措施，以避免基金受损；该基金若有盈余产生，应将利益直接反映给被保险人，如调低保费或对利润进行再投资。该机构的目标是自给自足性非营利性单位。同时，考虑到在专利保险运作初期可能会面临资金不足等问题，CJA 研究报告建议，在保险业者的支持意愿尚不明确的情况下，Millers 方案初期应由国家公共基金来运作专利保险计划。

7. Aon 方案

Aon 方案是由 Aon 提出的，对 Kay 方案作了修改，修改之处主要是对第二层级最高理赔金额高达 150 万欧元的投保模式变成了自愿性保险。

Aon 方案以理赔的最高限额作为标准，将保险分成了基本层次和额外附加层次两个级别。大部分案件适用基本层次，理赔最高限额为 5 万欧元，在初始阶段采用强制性保险模式，其后可以选择退出或者继续投保；强制要求专利申请人投保，在专利权存续期间，专利权人缴纳年费时可以自由选择是否继续投保；第二层次是额外附加层次，属于自愿性保险模式，针对的是疑难复杂或严重的诉讼案件，理赔最高限额为 150 万欧元；在此层次中，若被保险人胜诉并获得损害赔偿金，保险人有权从中分得一部分。

8. "知识产权哨兵"方案

即 IP Sentinel 方案，是由 Millers 保险公司的 Ian Lewis 提出的，由两种保单组成的专利保险，并将专利侵权问题分为两个阶段来处理。该方案由欧盟委员会组建高水平的公共部门——独立保险管理机构进行运作。

(1) 第一阶段

在第一阶段，由独立的专家从法律、商业等方面对专利权的范围和专利权本身进行综合评估，向专利权人提供相关的资讯信息，以便其就是否起诉侵权人作出理性决策。若在第一阶段专家评估报告显示案件的胜诉概率高，才会进入第二阶段，否则，到此结束。

(2) 第二阶段

若第一阶段的评估结果是正面的，保险人将利用专利权人在专利申请时缴纳的保费来支付被保险人的诉讼费用；同时，若被保险人获得胜诉和损害赔偿金，保险人有权分享一部分赔偿金作为补偿，但此种分享不应超出保险人的实际支出；专利权人即使败诉，也无须承担任何诉讼费用。

(二) 对欧盟上述 CJA 研究报告的简要评析

总体而言，欧盟特别重视专利保险的推行和普及，然而，实际进展并不理想。CJA 公司撰写的《欧盟专利诉讼保险机制可行性研究报告》自公布以来收到了许多反馈意见，其中有不少是持质疑甚至反对态度的，有的来自企业，有的来自社会公众。

尽管如此，笔者认为，客观地说，CJA 公司的研究报告中有不少内容是值得我国在推行专利诉讼保险等知识产权保险产品时应充分考虑或借鉴的。这些思路或具体做法包括：（1）大部分方案体现了灵活性特点方案，往往采取强制性与自愿退出制相结合；（2）主要方案体现了强制性、普遍性模式与低廉保费相结合的特点；（3）在保费收取方面，强调并倾向于专利申请或专利维持年费与保费"捆绑"收取的缴纳方式；（4）部分方案着重强调强制性保险模式的优点，大部分方案倾向于强制性或半强制性；（5）在风险评估问题上，大部分方案倾向于诉前风险评估的保守性做法，与少数美国保险业者的高保费、事前全面审查和评估的模式完全不同；（6）强调在运作专利保险计划的初期，进行国家财政资助并扩大承保范围，甚至建议用国家公共基金、设立专门的保险管理机构，以非营利性机构来专门运作该计划。

（三）欧盟推进专利保险相关计划的实践

CJA 公司的研究报告推出了多种可供选择的方案，欧盟委员会对专利保险十分重视，有总体布局与设计。欧盟不仅制定了统一的保险计划，并且还在某些成员国内，如瑞典、英国（现已"脱欧"）、丹麦、法国、德国开展了知识产权保险业务，并积累了一些实践经验。

不过，从欧盟层面的实际推行效果看，欧盟推进专利保险相关计划的进展总体上并不十分理想。欧盟专利保险计划的总体思路是通过强制保险实现专利保险规模化，尽量降低保费；通过与专利制度相结合，在收取专利费用的同时收取保费，从而降低收费成本最终目的是设计出中小企业能够承受的保费低廉的专利保险产品。

在欧盟看来，通过财政资助分担风险的方式在专利保险发展初期是十分必要的。然而，欧盟的保险计划缺乏以可靠的数据统计为基础的经济模型，而且综合性的知识产权保险计划或保险产品也不多见，因此可供我国参考的部分不多。

值得欣慰的是，在诸多欧盟成员国中，丹麦私营保险计划的成功经验，使丹麦成为欧盟地区知识产权保险实践的最佳范例。丹麦在市场上的成功经验获得了欧盟委员会的赞许，并被推荐至卢森堡、澳大利亚和英国等国家。

（四）独具特色的欧盟专利诉讼相互保险制度

关于专利诉讼保险，欧盟还有一个颇具特色的制度——"专利诉讼相互保险制度"（Mutual Insurance）。该制度由英国专利局倡导并首先提出，组织形式为会员制，所有会员均为专利权人，会员一般是具有同性质风险的企业成员。

该制度的主要特点在于：其一，组织经费初期主要由政府提供，会员仅缴纳少部分会费。当会员人数增加并且组织经费积累到一定规模时，政府不再出资，全部由会费支持。其二，当会员企业对组织外之企业提起专利诉讼或者应诉抗辩时，由组织对其提供诉讼费用支持。如果会员企业胜诉，则该会员企业必须从胜诉赔偿金中拿出一定比例，回馈给组织。其三，当会员企业之间发生专利争端时，将不启动诉讼程序，而是利用诉讼外争议解决制度（ADR）解决争端，达到节约会费的目的。

三 欧洲部分典型国家知识产权保险发展状况

此部分将选取若干有典型代表意义或有特色的国家，包括欧盟成员国中知识产权保险业务开展较好的部分国家，对其知识产权保险业务发展状况进行简要介绍。

（一）英国的知识产权保险发展状况[①]

1. 英国知识产权保险发展概况及代表性险种

英国作为全球保险业的发源地，保险行业成熟且发达，这使得英国的知识产权保险虽然不是最早开展的，但却发展迅速，且至今为止已经实现了盈利的效果。

与许多国家相比，英国的知识产权保险制度可以说是十分发达的，有著名的专门提供知识产权咨询的公司 Intellectual Property Wales，也有专业的知识产权保险公司，如位于伦敦的 SAMIAN 公司。

在专利保险产品方面，英国的主流险种是专利申请保险（PAI）和专利执行保险（PEI）。前者的目的在于为专利申请人的申请行为提供保障，申请人投保后，该保险将支付为加速申请所发生的额外成本；同时，无论是否构成专利侵权，都将收取最低保费以确保专利执行保险保单的落实与执行，并将被承保的专利登记于英国知识产权保险登记处，起到威慑潜在侵权行为的作用。后者致力于为已获得授权的专利提供保障，当专利权人为实施和执行专利权而起诉时，保险人将支付被保险人的诉讼成本、必要支出的80%；同时还向被保险人提供咨询等服务，帮助被保险人更好地应诉，争取获得胜诉。

位于英国伦敦的 SAMIAN 公司是一家十分专业的知识产权保险公

[①] 参见英国专利保险局官方网站，http://www.patentinsurancebureau.com。

司，其典型的知识产权保险产品的保险覆盖范围十分广泛：对知识产权侵权的防御者而言，在被保险人遭到侵犯他人知识产权的指控时，保险人提供的保障范围包括为应对该指控所支出的诉讼防御成本和赔偿费用（责任），可扩展至包括与合同相关的赔偿；对知识产权权利人（实施者）而言，保险人提供的保障范围包括被保险人起诉所支出的诉讼成本，并可扩展至包括被保险人为应对侵权人关于专利权无效的主张所支出的防御费用。可见，SAMIAN公司相关保险产品的保障范围可以扩展至由合同所生之赔偿责任、管理人员相关风险等，基本涵盖了大多数与知识产权相关的风险。

在英国，由于诉讼费用十分昂贵，就连一般的公司都无力支付，更不要说个人了，有不少中小公司因诉讼费用遭受较大的经济损失甚至破产。市场上由此产生了知识产权保险产品，有通用类保险，也有定制类保险。

（1）知识产权诉讼费用保险

1996年3月，英国伦敦劳埃德保险公司开展了法律诉讼费用保险，以此来转移这一财务风险。法律诉讼费用保险规定，被保险人缴纳一定的保险费，保险公司在保单约定的情形下，根据实际发生的法律诉讼费用的一定比例为标准进行赔付。这些费用包括案件受理费、诉讼辩护费、律师费、执行费、专家证明费以及其他与诉讼活动相关的费用。

法律诉讼费用保险与知识产权相结合就成为知识产权诉讼费用保险，进一步区分又可细分为知识产权应诉保险和知识产权追诉保险。其中，应诉保险目的在于保护被诉侵权的被保险人，偿付其在诉讼中为应诉而支出的诉讼费用（包括律师费）以及因侵权须支付的损害赔偿金。追诉保险可以适用于专利、商标、著作权和商业秘密等，主要适用于较为确定的诉讼，为知识产权权利人支付起诉的诉讼费用。[①]

（2）行业性定制保险

近些年，除知识产权诉讼费用保险外，英国的知识产权保险业务一方面范围越来越广，覆盖的国家也越来越多，另一方面也朝着更加专业的方向发展，出现了专门针对各行业的定制保险。

以Vantage Insurance Service（VIS）公司为例，它旗下的Imagining Insurance专门为作家、摄影师、记者和视频制作者提供保险服务。无论是演出的延误、道具的损坏，还是其他权益损失，几乎均可通过保险来化解风

---

① 武宏亮、浦立丛：《英国法律诉讼费用保险及其启示》，《上海保险》2001年第7期。

险、提供保障。以 Imagining Insurance 的作家保险（Writer Insurance）险种为例，其覆盖范围十分广泛、全面，包括诽谤、诋毁、侵犯著作权、违反保密性以及公众责任。[1] 相比之下，我国此类专属产品比较少见，尚有进一步开发的空间。

2. 英国在专利保险方面的优惠政策

英国专利局鼓励专利申请人在申请阶段的投保。对于在申请阶段即投保的专利，英国专利局将进行登记备案。对在申请阶段投保申请保险的申请人，在获得授权后若继续对该专利投保执行保险、侵权责任保险等保险产品，则能获得保费方面的优惠，如降低保费、延长保险期间等。

3. 英国独特的专利诉讼互助保险

英国专利局倡导建立的专利诉讼互助保险协会，是一个非营利性的、互保性的自治性组织，采用会员制。只有专利权人才能申请成为会员，该协会将对会员拥有专利的风险水平进行评估，并根据风险等级来确定须缴纳的会费。该协会的最突出特点和优势在于，将若干具有共同风险管理需求的专利权人集合在一起，通过集中一定规模的人数，形成规模化的自治互助组织，从而降低保费。同时，互助组织将形成风险共同体，协助专利权人会员的应诉。

在英国专利诉讼互助保险发展初期的运营经费，一部分来源于政府的财政补贴和支持，另一部分则显然是会员缴纳的保费。当互助保险组织度过艰难的初期发展阶段，有了一定的基础和积累，拥有能独立运作的资本和条件时，政府就可以逐渐减少直至取消财政支持，等到纯商业模式产生盈利、能支撑可持续发展后，专利保险便能稳步发展，发挥出其科技创新效应了。从英国专利诉讼互助保险发展过程来看，至少在发展的起步阶段，政府的财政补贴与支持还是相当重要的。

在公共服务方面，英国政府官方网站上公布的"知识产权保险指导"中，列出了一系列知识产权保险公司所涵盖的知识产权保险项目，除了最主要的应诉保险和追诉保险这两种外，还有如知识产权相关政策咨询和损害赔偿等项目。从英国知识产权局 2020 年 2 月更新的一篇文章——"知识产权保险"来看，英国的知识产权保险也呈现出由商业保险公司推出产品并由经营者自愿购买的特点和趋势。

---

[1] 参见该保险公司官网对相关信息的介绍，资料来源：https://www.imaginginsurance.co.uk/insurance/writers-insurance/（imagining insurance 官方网站），发布时间 2019 年 11 月 12 日，最后访问时间 2019 年 11 月 17 日。

(二) 德国的知识产权保险发展状况

德国的专利保险发展状况比较好，主要的知识产权保险产品包括专利诉讼费用保险、专利执行保险和专利侵权责任保险等。德国专利保险的特点在于以下两个方面。

其一，有诉讼费用保险产品，但不是专门针对专利诉讼的。在德国，知识产权诉讼费用保险的投保对象为本国企业，在保险范围上不包括对罚金、惩罚性赔偿金等的给付，这些属于保险责任的除外项目。在理赔条件上，须经过专家意见征求程序，以便对诉讼的胜诉概率进行评估。事实上，这种保险产品并非专门针对专利，只是将专利诉讼作为承保对象之一。在专利权人投保诉讼费用保险时，通常还需要接受保险人对其诉讼胜算概率的考察与评估。若胜诉概率较大，保险人则会召集律师团讨论并拟定保险条款，为投保人承保；若胜诉概率较小，保险人可能会拒绝投保人的投保。一旦被保险人胜诉，保险人可以通过分享第三人赔付给被保险人的诉讼费用和损害赔偿金，以抵消自己支出的保险给付。可以说，相比之下，诉讼费用保险在德国的应用比在其他国家更为广泛。

其二，索赔处理公司的专门化是另一大特点。索赔处理公司的专门化，意味着索赔处理公司能够独立行使保险合同订立后产生的索赔请求权，避免了由被保险人自行处理时所面临的诸多不利，譬如经验不足、资金不足、专业性欠缺等。

(三) 丹麦的知识产权保险发展状况

丹麦十分重视知识产权保险事业的发展，尤其是专利保险。丹麦官方机构——丹麦贸易及工业部致力于研究并支持专利诉讼保险制度的运行，以期通过专利诉讼保险制度转移侵权风险，为企业提供诉讼相关费用以及损害赔偿费用的理赔。

在丹麦，专利保险的参保企业和提供保险产品的保险公司都可以得到专利局的非财务支持，特别是在保险产品的初创时期。这种非财务支持通过以下机制产生作用：向公众和保险业者公布产业及知识产权的相关信息，如统计数据等；提供直接有利于中小企业的保险产品建议。[1] 作为欧盟成员国之一，丹麦的专利保险具有自身的特色，体现在以下三个方面。

1. 在运作模式方面，重视市场化运作，发展私营保险公司。丹麦十分重视以市场化运作方式推动和鼓励专利保险的发展，这与政府提供财政

---

[1] 谢奉君、孙蓉：《专利保险促进科技创新的国际经验比较及借鉴》，《西南金融》2018年第3期。

支持的官方模式有明显区别。

2. 面向市场推出针对中小微企业的通用专利保险（generic patent insurance）。

丹麦专门推出了名为"专利执行者"的专利保险计划，主要目标是围绕如何为中小企业实施专利权提供资金支持而展开。为顺利推进专利诉讼保险计划在该国的实施，丹麦于2007年12月实施了私营保险计划，并在市场上推出了2个层次的产品：一个是专门针对大企业的"定制专利保险"，另一个是主要针对小企业的"通用专利保险"。

上述通用专利保险产品是由伦敦劳合社的SAMIAN保险代理公司开发、设计并推出的。该项保险的目标客户主要是中小微企业，允许中小微企业在承保地域范围和保费方面有一定的选择空间。比如，在承保地域范围上，被保险人可以选择在全球范围内或欧洲范围内，也可选择除美国和加拿大以外的全球范围内或是欧洲专利协议成员国内，还可以仅限于丹麦国内；至于每年的保费，根据保护程度的高低，也设计了相对应的投保金额，分几个档次。

SAMIAN保险代理公司原有的"专利执行者"保险单的承保范围主要有3项：（1）侵权行为地国家的专利法承认的对投保专利的实际或怀疑侵权；（2）对侵权人提起的反诉的抗辩；（3）中小企业对第三方的意外侵权。经过几年的摸索与完善，该保险产品的保单和条款设计趋于更详细、更科学。当被保险人依照纠纷审理地的专利法实施权利时，所有可采用的补救措施包括但不限于：阻止任何侵犯投保专利的产品或方法的出售或使用；对任何侵犯投保专利的产品或方法的出售或使用导致的利润和损害赔偿金的索赔；以上任何一项产生的未侵权或者无效的反诉，以及对该反诉的抗辩。

同时，在承保范围的扩展方面，被保险人还可以进行选择，包括威胁投保专利范围或效力、挑战被保险人所有权或资格等。在丹麦，每年保险费最低仅有9000丹麦克朗，在保险赔付速度和共同保险比例方面，"专利执行者"（Patent Enforcer）也比其他保险更有吸引力。[①]

3. 官方层面建立面向国内市场的专利诉讼保险制度。丹麦专利局建立了专利诉讼保险制度，专门面向国内市场，其向任何有意向发展丹麦国内专利保险的保险公司提供与专利权相关的各种公开信息，还时常对专利保险的产品设计提出部分建议，使保险产品更有利于中小企业的发展。

---

① 刘媛：《欧洲专利保险制度：发展、困境及启示》，《科技进步与对策》2014年第6期。

丹麦在本国市场上的成功经验获得了欧盟委员会盛赞，并被推荐至卢森堡、澳大利亚、英国等国家，而且在这些国家的专利保险产品，也是由 SAMIAN 保险代理公司提供的。

第三节　日、韩等亚洲国家知识产权保险的发展状况

一　日本知识产权保险的发展现状[①]

（一）早期推出的三种知识产权保险产品

分别是知识产权诉讼费用保险、知识产权许可保险和知识产权侵权损害保险。三种保险产品的目的、保险对象和效果均有自身的特点。

1. 知识产权诉讼费用保险

日本于 1994 年将知识产权诉讼费用保险推出市场。该保险针对与知识产权侵权相关的诉讼或仲裁，赔付被保险人支出的律师费、鉴定费、诉讼费等。其保险金额的计算方法为：预先设定免责金额和最高 80% 的赔付比例，最终赔付的保险金 =（作为理赔对象的诉讼费 - 免责金额）× 赔付比例。

2. 知识产权许可保险

知识产权许可保险，实际上是专利许可保险，是日本知识产权保险产品中的一大特色和亮点，虽然其运作历史并不长。

（1）设立目的

该保险产品的主要目的在于支持专利许可交易的国际业务拓展，是由日本经济产业省下设的独立行政法人"日本贸易保险（NEXI）"于 2003 年开发，主要是为了应对日本企业同国外企业缔结专利实施许可合同后，因对方企业的破产或赖账、交易方所在国的外汇管制等原因造成专利使用费无法收回的情形，在许可合同签订后 5 年内规避可能发生的收账风险，由保险公司补偿企业所受到的损失。显然，知识产权许可保险旨在鼓励日企向国外授权许可知识产权（包括专利权），并有效降低其在许可贸易中出现无法收回部分或全部许可费的风险，令其免去后顾之忧，从而达到鼓励日企对外许可知识产权、实施知识产权并且增加知识产权许可贸

[①] 此部分内容参考的资料：日本专利代理人协会近畿支部（平成 23 年）知识产权制度检讨委员会新型业务研究部撰写：《日本相关知识产权保险研究》（日文一手资料）。

易收入的目的。

(2) 主要保险对象

其主要保险对象是专利实施许可合同。该合同一般是在合同签订后根据被许可人利用该技术所生产、销售产品所达到的营业额来计算相应的专利使用费；使用费在合同订立时是不确定的，由许可人在双方约定的期限内分次收取。

(3) 投保人

该保险的投保人仅限于日本企业[①]。参保人应事先明示许可合同的内容、交易方、交易价格并由保险公司进行审查。新签订的许可合同和已经订立的许可合同均可列入保险对象。

(4) 具体内容及运作

当许可合同的交易方信用危险较高时、保险公司就不会再订立保险合同。同时，保险公司还会设定保险金的赔付限额来进一步降低保险风险。该保险的保费是保险金额乘以保险费率。而保险费率是根据许可合同交易方所在国的国别范畴和风险保障范围来进行厘定。

当发生保险合同规定的保险事故时，要求被保险人在45日内向保险公司提交损害发生通知书，由保险公司审查后进行理赔。保险赔偿金由被保险人的受损金额乘以实际的保费付费比例来加以确定，同时不得超过赔付限额。

(5) 承保风险范围

第一类是紧急风险，包括：①在国外受到外汇限制；②在市场经济国家受到进口限制；③在国外发生战争、革命或内战等紧急危险；④因政府间协定取消债务或暂停支付等。第二类是信用风险，包括：①知识产权被许可方破产；②未按时付款已超过三个月。[②]

当被授权许可实施专利的外国企业因战争等紧急风险或信用风险而导致日本被保险人的许可使用费不能按时收回时，保险人将对被保险人的损失进行给付，弥补其许可费方面的损失。

(6) 理赔流程

被保险人在保险事故发生时有权要求保险人承担相应的保险责任，其后保险人取得对被许可人的追偿权，可在特定期间内向被许可人就许可费

[①] 即投保人必须是在日本注册的公司，同时是知识产权海外许可交易的许可方。
[②] 参见吴凤芝《我国知识产权诉讼保险法律制度研究》，硕士学位论文，湖南师范大学，2011年，第35页。

及其滞纳金、违约金等提出追偿要求。

(7) 显著特点：政府提供再保险

为有效促进知识产权许可发展，保障专利权人顺利地、切实获得许可费收入，日本政府提供再保险机制，这一鲜明特点在事实上加强了该保险的信用等级和风险承受能力（见图4-1）。

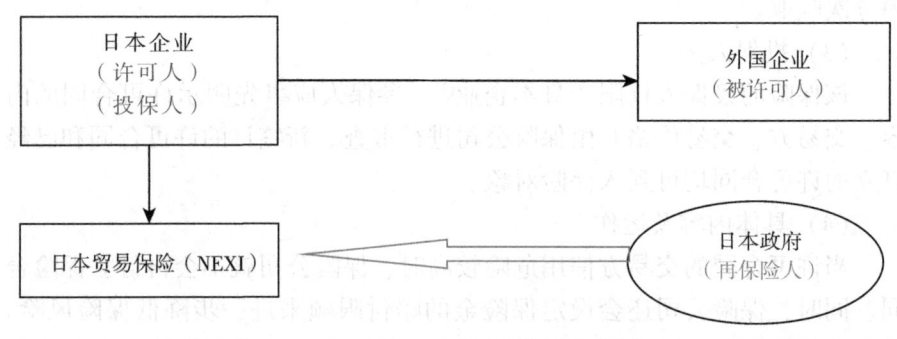

图 4-1　日本知识产权许可保险业务体系

NEXI（日本贸易保险）是由日本政府（经济产业省）于2001年4月100%出资设立的独立行政法人。作为政府贸易政策的实施机构，开展面向对外贸易过程中的各种保险业务。经济产业省负责贸易保险制度的起草立案，由NEXI具体运营贸易保险业务。NEXI所订立的保险合同，由政府进行再保险，以提高NEXI的信用度。同时，通过此种形式将事后由政府填补业务赤字（政府保证制度）改为事前政府通过再保险调整贸易保险的业务方向，降低业务风险。当NEXI向第三人行使代位求偿权获赔后，需向政府返还一定比例的赔偿金。

政府再保险的相关规定，主要可参照日本《贸易保险法》第57—第61条：每年NEXI与经济产业省签订再保险合同书，根据险别的不同确定相应的再保险的保险金限额以及再保险补偿率。其中每个会计年度①不同险别各自的再保险金限额均需经国会审议确定。

再保险金限额的计算方法为：再保险金限额 =（NEXI 所应赔付的保险金-回收金额）×再保险补偿率②。

实质上，日本的知识产权许可保险是NEXI众多贸易险别中的一种，政

---

① 日本的会计年度是每年4月1日至第二年的3月31日。
② 再保险补偿率，是指根据贸易保险法第59条规定由经济产业省大臣根据险别确定的比例。

府的再保险制度笼统而概括的规定了所有贸易险别的再保险（包括再保险金限额及补偿率），而并未对知识产权许可保险的再保险单独作出规定。

可见，日本的专利许可保险是由一个具有法人资格的半官方机构推出的保险产品，该机构的性质比较特殊，要受日本经济产业省的监督。因此可以说该保险带有一定的政府主导色彩。

3. 2011年推出的知识产权侵权损害赔偿保险

2011年3月，日本AIU损害保险公司推出了日本第一个与知识产权侵权损害赔偿相关的保险——"专利等知识产权特约"。该保险是以"业务过失赔偿责任保险"中的特殊协议的形式推向市场的，保险对象是参保人对第三方知识产权的侵权行为所承担的侵权损害赔偿责任，包括损害赔偿金、不当得利返还及相关诉讼、仲裁、调停等费用；而赔偿金中属于惩罚性的加重赔偿部分等不列入理赔对象。该保险对免责金额和赔付比例未作出任何规定，在参保前无须进行前期技术调查，合同中也没有防范逆向选择的明文条款，但是将保险金的赔付额限定在1000万日元（约60万人民币）这样的较低的金额，赔付对象也限定于法院判决或指定机关仲裁、调解所确定的赔偿费用，降低了保险公司承担的风险。

（二）上述三种知识产权保险产品的实施效果

1. 知识产权诉讼费用保险

在日本，虽然知识产权诉讼费用保险的产生时间最早，但鉴于该产品在设计方面对潜在客户缺乏吸引力，实际销量不大，现已考虑停售该险种。

2. 专利许可保险

专利许可保险在实施过程中取得了较好成效，使不少日本企业受益。日本相关部门之所以力主推行该保险产品，与日本作为技术输出国的地位和角色密切相关。与之相比，我国总体而言还是以制造为主、技术研发为辅的国家，虽然技术的自主创新状况已有显著进步，但还没有达到主要依靠"技术"出口的技术性国家。

3. AIU损害赔偿责任保险

作为日本保险市场推出的第一项有关知识产权侵权责任损害赔偿的保险，日本AIU损害保险具有实验产品的性质，销量也不大，主要原因有三：第一，该保险的宣传力度不够，相关需求企业并不了解。第二，保险金赔付限额设定为1000万日元，比较低，而参保人参保的最大理由就是为了面对特殊情况时能规避风险，而1000万日元这样较低的赔付金额是根本不够的。比如，中小企业如果其主力（主打）产品侵犯他人专利权需进行损害赔偿时，可能会面临破产风险，而上述保险金赔付限额恐怕不能够使企业从根本上回避此类风险；大企业的参保动力更是不足。第三，该保险的适用范围仅限于法庭判决、庭上和解及指定机关仲裁、调解所确定的赔偿费用，除此之外双方私下和解的情况则不在保险金的理赔范围内。因此，该险种对保险金和保险范围的限制使得中小企业参保的积极性并不是很高。此外，该保险并未真正得到推广，还因为现阶段保险公司并没有十分努力地去做营销，这大约是因为该保险作为日本首个知识产权侵权损害保险，保险公司并未充分掌握知识产权侵权事件的发生概率和合理的损害赔偿金的数据，保险销售量的增加随之带来的是保险公司所负风险的增加。而如果参保人数一直维持在较少水平，那么还需要数年的时间来收集相关统计数据，该保险真正得到普及也还需要较长的一段时间。

总体而言，日本上述三种保险产品多带有实验意义，但对中小企业某方面的风险管控确实也提供了一定的选择空间，同时，知识产权保险产品的推广对于专利代理业务的拓展也有间接的促进作用。日本学界有人指出，在美国这样知识产权相关诉讼费用和损害赔偿费用很高的国家，企业购买知识产权保险也只是少数或个案，对日本来说，知识产权保险在各类行业的企业中尚还远谈不上普及。

知识产权许可保险在实施中取得了较好的成效，使不少日本企业受益；而知识产权执行保险和侵权损害赔偿责任保险的推行效果则不甚理想。作为日本知识产权保险产品的一大亮点和特色，知识产权许可保险在日本的实施模式，于我国推行其他新型保险产品颇具参考价值。

（三）最新进展：日本的海外知识产权诉讼费用保险事业

2016年7月，日本特许厅为专门应对海外知识产权诉讼创设了保险制度①，保险期间为2016年7月1日至2017年6月30日。保费优惠政策为，中小企业参保将获得参保保费的1/2的补贴（第二年参保，则保费补贴为1/3）。该保险产品是由日本商工会议所、全国商工会联合会和全国中小企业团体中央会合作推进的，有三家保险公司——损保JAPAN日本兴亚公司、东京海上日动火灾保险公司和三井住友海上火灾保险公司接受投保。

对日本而言，官方推出海外知识产权诉讼费用保险产品的重要背景在于，中国的知识产权诉讼案件急剧增加。其中，包括日本公司的很多

---

① 资料来源：https：//www.meti.go.jp/press/2016/06/20160608001/20160608001.html（日本经济产业省官方网站），发布时间2016年6月8日，最后访问时间2021年3月8日。

外国公司成为被告，作为被告的日本公司存在着停止经营和赔偿损失的风险。比如，近年有些外国公司恶意将日本公司的名称抢注为商标，因此当日本公司进军海外时会收到"警告信"，卷入知识产权诉讼的可能性增加。

因此，近几年日本特许厅高度重视海外知识产权诉讼费用保险事业，持续为该保险项目提供支持，补助比例高达保费的1/2，为符合条件的特定被保险人（中、小企业）提供援助。宣传手册中还体现了对各类规模的企业（大、中、小企业）的区分作了具体规定。

此种海外知识产权诉讼费用保险制度的保险期间为一年[1]。被保险人为各地商工会的会员，补助对象为中小企业。承保的地域分为两种：亚洲（日本、朝鲜除外）和世界（日本、朝鲜除外），但从官方网站和宣传册上能看出，主要承保范围是发生于中国的知识产权纠纷[2]。

此种海外知识产权诉讼费用保险制度，其具体保障范围为：当投保公司因侵犯第三方知识产权而被提起诉讼或仲裁时，保险人将支付保险金。保单所涵盖的知识产权包括：发明专利权、实用新型权、外观设计权和商标权等，都是工业产权。保险理赔范围主要覆盖了律师费用、鉴定费用以及其他必要费用，但不包括损害赔偿金、不当得利返还金、罚款等费用。此外，值得注意的是，若投保公司或其法定代理人对知识产权侵权行为发生有故意或重大过失时，保险人将不予赔偿，这实际体现了保险人责任的排除。

二　韩国知识产权保险的发展现状[3]

自韩国（金大中）提出"文化立国"战略以来，经过20余年的发展，文化产业已经成为韩国的国家支柱产业。文化产业的发达也使得韩国的知识产权相关保护制度发展迅速。随着韩国文化输出的加大，对其海外知识产权保护也愈加重视。韩国政府在2008年颁布的《知识产权强国战略》中，将海外知识产权保护上升到了战略层面。为保护、支持风险承

---

[1] 以2018年项目为例，其保险期间为2018年7月1日至2019年7月1日；2019年项目的保险期间则为2019年7月1日至2020年6月30日，且有条件地允许中途加入。

[2] 资料来源：https://www.jpo.go.jp/support/chusho/shien_sosyou_hoken.html（日本特许厅官方网站），2019-10-11，最后访问时间2019-11-08。

[3] 本部分内容参见张之峰、庄玉洁、白诚虎《韩国知识产权保险制度及启示》，《电子知识产权》2018年第6期。

受能力较差的中小企业，韩国近年来十分重视知识产权保险的推动与发展，于 2010 年正式开始进行知识产权保险业务方面的探索，并推出了知识产权保险制度。

2013 年，韩国知识产权局出台了海外知识产权保护指南系列，涵盖美国、日本以及欧盟的主要国家①。2015 年，韩国发布《中国知识产权运用及保护指南》，旨在帮助进入中国的韩国企业了解中国知识产权制度，制定进入中国市场的知识产权战略②。在该指南中，韩国为进军中国市场的韩国企业提供了一系列知识产权援助政策，其中就包括知识产权诉讼保险援助这一项。

可见，韩国知识产权保险制度的开始时间与日本接近，但发展势头迅速，目前已经形成针对不同地区、不同类型企业的知识产权保险系列产品。

（一）2010 年：主推知识产权法律费用保险

韩国政府方面调研发现，整体而言，当韩国公司面临知识产权侵权诉讼时，相关的法律成本高达数亿韩元。韩国许多中小型企业无法对不当诉讼作出强烈反应或适当的应对措施，或者在东亚企业侵犯知识产权时放弃其知识产权。随着知识产权保护主义日益盛行，信息技术时代的来临，世界范围内维护知识产权的趋势和现象日益明显。

在韩国，最先被考虑并推出的知识产权保险方案是传统的法律费用保险（Legal Expense Insurance），即任何个人和公司都可能对因故意、过失行为给其他个人或公司造成的损失或损害负责，所以任何个人和公司都存在为获得法律服务而支付高昂律师费的风险。因此，"法律费用保险"涵盖了高昂的法定律师费，但不包括被侵权人请求的法律赔偿。

当时，韩国主推的知识产权诉讼保险主要分为普通知识产权诉讼保险和 NPEs（非专利运营实体）防御专用诉讼保险，二者的内容比较如下（见表 4-2）。

---

① 资料来源：https：//www.ipnavi.or.kr/guidebook/newGuidebookList.navi? area_code = guidebook_list&continent_code=total（韩国知识产权局官方网站），最后访问时间 2021 年 3 月 10 日。

② 资料来源：http：//www.sipo.gov.cn/gwyzscqzlssgzbjlxkybgs/zlyj_zlbgs/1062609.htm（国家知识产权局官方网站），发布时间 2015 年 12 月 21 日，最后访问时间 2019 年 11 月 8 日。

表 4-2　　　　　　　韩国两种知识产权诉讼保险产品之对比

分类	普通知识产权诉讼保险	NPEs 防御专用诉讼保险
援助对象	中小企业、骨干企业	中小企业、骨干企业
政府援助率（援助限度）	中小企业：总保险费用的 70% 骨干企业：总保险费用的 50% （30000000 韩元）	中小企业：总保险费用的 80%　骨干企业：总保险费用的 60%（30000000 韩元）
保险期限	加入保险之日起 1 年	
补偿范围	一年最多 5 亿韩元（共同负担比率 20%）	一年最多 5 亿韩元（共同负担比率 20%）
保障地区	全世界	全世界
援助内容	（基本）起诉，（选择）权利维护、被起诉时的应对	被起诉时应对

（二）2015—2016 年：拓展、扩大知识产权保险的思路及方案

针对一人企业、风险投资企业及中小企业在知识产权侵权等问题上面临的风险，有关方面又提出了扩大知识产权保险的思路。为规避风险，拥有各种知识产权的公司被韩国政府建议或要求购买一种保险产品，使公司能很好地集中自己的业务，并且轻松防范任何可能出现的风险。于是，有关部门提出了扩大知识产权保险的若干方案。

由于政府及保险运营部门对企业参保有保险金方面的支持而且支持力度比较大，从 2010 年开始宣传推广至今，加入知识产权诉讼保险体系的企业逐年增多；政府的平均支援金额可达 1800 万韩元，这使许多韩国中小企业都在该保险计划中获得了实际益处和保障。

为加大支持力度，2016 年韩国知识产权诉讼保险支援事业的预算大幅度增加，从 2015 年的 12.4 亿韩元增至 20.8 亿韩元，扩大了可加入保险的企业的范围，经营诉讼费用保险产品的公司也从 3 个增至 6 个。[①]

根据保险范围、强制或自愿投保等方面的不同，可以将韩国市场上的知识产权保险（IPI）分为三种类型：普通知识产权保险（GIPI）、小额知识产权保险（SIPI）和防御知识产权保险（DIPI）[②]（见表 4-3）。

[①] 张之峰、庄玉洁、白诚虎：《韩国知识产权保险制度及启示》，《电子知识产权》2018 年第 6 期。

[②] 这三种类型分别是：General Intellectual Property Insurance（GIPI），Small Intellectual Property Insurance（SIPI）and Defense Intellectual Property Insurance（DIPI）。

表 4-3　　　　　　　　韩国主要知识产权保险产品一览

分类	普通知识产权保险（GIPI）（强制）	小额知识产权保险（SIPI）（自愿）	防御知识产权保险（DIPI）（自愿）
援助对象	中小企业、骨干企业	中小企业	中小企业、骨干企业
政府援助率（援助限度）	中小企业：至多总保险费用的 70%；骨干企业：至多总保险费用的 50%（3000 万韩元以下）	中小企业：至多总保险费用的 80%（400 万韩元以下）	中小企业：至多总保险费用的 80%；骨干企业：至多总保险费用的 60%（3000 万韩元以下）
保险期限	加入保险之日起 1 年		

2015 年，韩国专利厅和知识产权保护局运营了普通知识产权保险、小额知识产权保险和 NPE 防御专门诉讼保险。普通知识产权诉讼保险和小额知识产权诉讼保险是通过对侵权者发出警告信、许可证谈判、侵权诉讼、海关和行政等措施有选择地保护知识产权和回应投诉。NPE 防御专门诉讼保险是通过补偿 70% 的保险费来经营 NPE[1] 侵权诉讼，以便应对诉讼和其他违规行为的诉讼。[2]

2016 年，韩国新开展的知识产权保险险种是"知识产权出口和安全保障"，主要是为中小企业进入亚洲和大洋洲等区域的出口提供法律支持，以加强出口公司应对知识产权纠纷的能力与实力。韩国知识产权局于 2016 年 8 月发布了"亚洲和大洋洲团体保险"。在保费支持方面，韩国政府给予 70% 的知识产权诉讼保险保费支持。

（三）最新进展：不断扩充、丰富的知识产权保险险种

除了 2015 年运营的三种知识产权保险产品外，韩国几乎每一年都推出了新的知识产权险种为企业提供丰富的保险产品，不断完善保险产品体系，以满足不同企业面向不同市场的需求。

韩国知识产权局还制定了一个为期三年（"2016—2018"年）的计划来发展中长期知识产权集体保险，如诉讼保险制度的私人扩散，它正在以集体订阅的形式开发和支持新的团体保险产品，原计划 2018 年将参保公司数量扩大至 1000 个。[3]

---

[1]　NPE，是 Non Practicing Entity 的简称，是指那些非专利实施实体。

[2]　张之峰、庄玉洁、白诚虎：《韩国知识产权保险制度及启示》，《电子知识产权》2018 年第 6 期。

[3]　张之峰、庄玉洁、白诚虎：《韩国知识产权保险制度及启示》，《电子知识产权》2018 年第 6 期。

2017 年的知识产权诉讼费用保险是由团体、专项、一般保险投保加入时，由企业承担 50%的保费，由政府提供 50%的保费补助，在政府补助比率上有所下降。同时还规定，中坚企业只能投保普通保险，并由政府提供 30%的保费补助，详见表 4-4。

表 4-4　　　　　韩国 2017 年知识产权诉讼保险产品

类别	保险产品名称	申请对象	保障的地域范围	保险期间	保障内容	保险费（单位：韩元）
团体保险	出口安全知识产权	中小企业	亚洲/大洋洲（含中国；韩国除外）	1 年（自投保之日起算）	小体制被起诉应对	380 万
	北美和欧洲知识产权安全团体保险	中小企业	北美、欧洲（含英国）		被起诉的应对（应诉等）	1350 万
专项保险	农产品品牌和设计安全团体保险	农产品出口中小企业（含特许经营业）	亚洲、中东（含中国、韩国除外）		小体制被起诉的应对	300 万
一般保险	全球知识产权保障综合保险	中小企业、中坚企业	全球范围		小体制权利保护及被起诉的应对	根据企业性质核算

2016 年 10 月至 2017 年，韩国推出并实施"出口安全知识产权团体保险""北美和欧洲知识产权安全团体保险""农产品品牌和设计安全团体保险""全球知识产权保障综合保险"，这些保险产品对我国加强外向型企业的知识产权保险产品的构建和完善，颇值得参考。以下分述之。

"出口安全知识产权团体保险"和"北美和欧洲知识产权安全团体保险"是针对中小企业作为投保人的，保障期限均为 1 年，前者的保障地域是亚洲和大洋洲（包括中国，韩国除外）、保障内容是小体制被起诉的应对、保险费为 380 万元；后者的保障地域是北美和欧洲（包括英国）、保障内容是被起诉的应对、保险费为 1350 万元。

农产品品牌和设计安全团体保险属于专项保险，面向的保险需求主体是农产业出口中小企业（包括特许经营业），保障的地域范围是亚洲、中东（包括中国、韩国除外），服务于小体制被起诉的应对，保险费为 300 万韩元。

全球知识产权保障综合保险属于一般保险，保障主体是中小企业和中坚企业（enterprise of middle standing，也称骨干企业），其保障范围是全球，主要是为小体制权利保护及被起诉的应对提供保障，保费要根据企业性质进行核算。

（四）投保程序

对于上述保险产品的投保程序，大致为以下几个步骤：①

（1）预先申请（要求保费计算）：申请企业——韩国知识产权保护机构或保险公司；

（2）保费介绍：执行保险公司——申请企业；

（3）正式申请：申请企业——韩国知识产权保护机构或保险公司；

（4）选定审查及结果通报：韩国知识产权保护机构——申请企业；

（5）加入保险：申请企业——执行保险公司（缴纳企业负担金）；

（6）政府补助：韩国知识产权保护机构——执行保险公司；

其中，对于小额、防御性保险，可省略"预先申请"阶段。

由上可见，韩国业已形成能适合不同类型企业的知识产权诉讼保险系列产品或谓产品体系，还针对不同地域范围的出口分别设置了不同的知识产权保险险种。韩国的知识产权保险产品，由专利厅和知识财产保护院共同运营。值得注意的是，韩国知识财产保护院也可以指定特定的被补助企业，强制要求其投保，且政府会提供部分保费补贴或补助。

三 新加坡知识产权保险发展的最新进展

在亚洲乃至全世界范围内，新加坡是十分重视本国知识产权事业发展的。2019年6月，新加坡知识产权局（IPOS）与劳氏亚洲（Lloyd´s Asia）、Antares Underwriting Asia 公司合作，宣布推出一项旨在支持企业进入全球市场的"创新者知识产权保险计划（Intellectual Property Insurance Initiative for Innovators，IPIII）"。该计划为企业在知识产权侵权诉讼中可能产生的法律费用提供保险和保障。根据 IPOS 和 Antares 颁发的创新者 IP 保险计划，在保费优惠政策方面，倘若投保人于2019年12月31日前投保，保险公司将给予其20%的年度保费折扣。②

据 IPOS 官网介绍，该保险计划具有以下用途：追查潜在的知识产权

---

① 张之峰、庄玉洁、白诚虎：《韩国知识产权保险制度及启示》，《电子知识产权》2018年第6期。

② 资料来源：https：//www.ipos.gov.sg/protecting-your-ideas/ip-insurance（新加坡知识产权局官方网站），2019-07-04，最后访问时间2019-11-08。

侵权行为、为知识产权侵权指控辩护、帮助权利人完成与被许可人之间的诉讼①。根据该保险计划，在新加坡拥有专利、商标或已注册外观设计的企业和创新人才，可以参与该计划，以覆盖企业实施知识产权或应对知识产权侵权诉讼时的法律费用（也包括通过仲裁和调解方式解决纠纷产生的费用）。

Antares 公司官网上有关于该保险的详细情况介绍②。此种知识产权法律费用保险产品主要覆盖由以下四种原因导致的法律费用：（1）指控他人侵犯知识产权而产生的法律费用；（2）受到侵权指控时为了辩护而产生的法律费用；（3）被许可人受到侵权指控、为此进行答辩所产生的法律费用；（4）为确保被许可人履行许可协议，解决与被许可人的纠纷所产生的法律费用。特别要指出的是，该保单只规定了法律费用，并不涉及任何纠纷可能引起的损害赔偿等责任。

新加坡的这一知识产权保险并未覆盖所有的知识产权种类。为了确认知识产权的权利归属，保险公司要求被保险人必须拥有至少一项专利、商标或者已经注册的外观设计。保险公司还指出，保险产品费用是根据被保险人的个人需要量身定做的，因被保险人的风险、需求和预算的不同而灵活地提供选择。

另外，值得注意的是，该项保险计划除了覆盖知识产权侵权诉讼中产生的法律费用，也适用于通过仲裁或调解方式解决纠纷所产生的费用。因此，在名称上，是一种"法律费用"保险而非狭义的"诉讼费用"保险。

第四节　澳大利亚的知识产权保险发展状况

从地理位置来看，澳大利亚是比较特殊的。因此，本节专门对澳大利亚的知识产权保险发展状况进行介绍。同样也有类似的知识产权保险产品。

---

① 资料来源：https://www.ipos.gov.sg/protecting-your-ideas/ip-insurance（新加坡知识产权局官方网站），2019-07-04，最后访问时间 2019-11-08。

② 资料来源：https://www.antaresunderwriting.com/intellectual_property_insurance/（Antares 公司官网），最后访问时间 2023-04-01。

1. 传统的知识产权保险产品

澳大利亚传统的知识产权保险产品主要包括两种类型：第一种是知识产权执行保险，用于给付被保险人对侵权人提起诉讼的法律费用，还包括利润和声誉的损失。该保险适用于澳大利亚或世界范围内的任何知识产权。第二种是知识产权侵权保险，用于给付被保险人在应对他人的知识产权侵权指控时的法律费用，也包括针对专利被许可人的指控。这种侵权索赔通常是由于侵犯了版权或者其他类型的知识产权。

2. 处于完善进程中的商标保护保险

在澳大利亚，商标保护保险是近两年由 BMS Risk Solutions 公司提供的保险产品，该产品涵盖在商标注册之前以及注册之后发生争议的法律费用。

这款保险产品具体应用于以下两种情形：

其一，被保险人在商标注册过程中，第三人可能会认为被保险人的商标与自己的商标过于相似，从而提起商标异议。此时，该保险将帮助被保险人支付相关法律费用，帮助被保险人尽最大可能获得商标的注册、授权；

其二，第二种是被保险人的商标已经获得注册，但第三人可能会针对该商标提出撤销或无效的申请或请求。此时，该保险将为被保险人捍卫其商标而支付相关法律费用。

从澳大利亚的知识产权保险产品来看，商标保护保险的目的主要是为了为被保险人的商标免受异议、质疑或者被撤销、无效等挑战提供一定的保障。值得注意的是，该款保险产品仍在更新或完善过程中，以便在保险产品购买之便利性、降低投保成本等方面予以改进和完善，并且提高该款保险产品的覆盖率。

第五节 域外经验可资借鉴之处

一 各主要国家或地区知识产权保险产品之比较

如上所述，域外的典型性国家或地区，在知识产权保险产品方面存在着或大或小的差异，具体详见表4-5：

表 4-5　　　　　　　　主要国家或地区专利保险产品对比

国别 特征	美国	英国	日本			欧盟	
保险制度	专利执行保险和专利侵权责任保险	专利申请保险、专利执行保险和专利侵权责任保险	知识产权许可保险（2003年）	知识产权诉讼费用保险（1994年）	知识产权侵权损害赔偿保险（2011年）	专利诉讼保险（以专利诉讼费用保险为主）	专利诉讼互助保险
起源	保险公司自由发展	保险公司自由发展	政府主导	保险公司自由发展	保险公司自由发展	官方创设	官方创设
政府角色	监管	监管	提供再保险	监管	监管	初期提供公共财政资助	初期提供公共财政资助
保险性质	非强制性	非强制性	非强制性	非强制性	非强制性	强制性（推荐）	非强制性
风险评估时间点	保单签订前	保单签订前	保单签订前	保单签订前	不明确	诉讼启动时（推荐）	诉讼启动时
保险费用	较高	较高	有地区差异	有地区差异	较低	较低	特殊的会费制

如前所述，美国、欧盟、亚洲等国家或地区知识产权保险市场的发展现状及主要保险产品的介绍来看，其共同之处在于，都比较重视相关知识产权保险产品的发展和知识产权保险对企业、对国家的积极影响和作用。不过，不同国家或地区知识产权保险产品的种类、体系等均具有自己的特点，在运作模式、具体条款设计、费率计算等方面也都存在差异。例如，美国和英国基本上是纯粹的市场化运作，无论是何种知识产权保险产品，都是任意性保险产品，政府的作用仅仅是监督管理。而欧盟层面则是由欧盟相关机构主导并推动专利诉讼保险计划，相关方案中大部分都倾向于强制性或者半强制性运作模式，而且十分强调在初期政府财政资助的重要性和必要性，重视专利申请保险。至于日本，不同保险产品的性质存在较大差异，其知识产权诉讼费用保险和知识产权侵权责任保险属于自愿性保险且由市场化运作，而知识产权许可保险则带有一定的官方参与性质，主要体现在政府提供再保险这一保障机制上。韩国、新加坡近年来高度重视为企业构建海外侵权风险防控体制。

总的说来，英美国家基本以企业的自主选择、自主决策为主，而日、韩、新等亚洲国家的知识产权保险制度多有国家的政策扶持，之所以呈现如此差别，主要与各国的外部市场环境、在国际贸易中的地位以及知识产权发展情况密切相关。原因多种多样，但不外乎技术发展所处的阶段不同，有的是技术输出国，有的处于技术引进、模仿或低水平创造阶段，或者企业需求的差异、诉讼制度差异等国情。英美国家知识产权保险制度的完备与其发达的经济、完善的法律制度、成熟的保险行业以及广大权利人积极的维权意识是分不开的；而对韩国等亚洲国家而言，一方面，知识产权保险发展较晚，另一方面，企业在国际知识产权贸易中相较于英美国家并不占据优势地位，海外维权面临较大困难、成本巨大，因此需要国家予以支持和帮助。

因此，我国的知识产权保险产品体系、险种开发、运行模式等，也必须密切结合我国国情，进行有针对性的研究，才是应有之道。

二　域外经验之总结

笔者认为，从上述重点国家或地区在知识产权保险方面的发展动态来看，韩国、日本、新加坡等亚洲国家的经验中有若干方面值得我国重视或借鉴。

（一）韩国知识产权保险事业的发展经验对中国颇具参考价值

原因在于：其一，与欧美国家或地区相比，韩国起步不早但发展势头迅猛；其二，韩国能针对不同领域、不同行业或产业、不同企业，逐年推进，开发出了若干种不同层次、类别、保障水平的知识产权保险产品；其三，通过特殊的推行模式和强有力的保费补贴、优惠等政策，使韩国知识产权保险的参保范围得以有效扩大，形成了一定的规模，有利于大数法则的实现，可以说韩国知识产权保险事业的推进工作取得了较明显的成效；其三，无论是知识产权法律制度的建立健全、发展历史，还是在面临海外市场维权、侵权风险、巨大成本等形势和背景方面，我国与韩国、日本等亚洲国家的境况更有相似之处。

韩国在险种的具体设计方面比较灵活、齐全。根据知识产权诉讼风险来源与特点的不同，分门别类地设计了普通知识产权诉讼保险、小额知识产权诉讼保险和NPEs防御专门诉讼保险。针对不同规模的企业，设计了针对中小企业的、针对中型企业的、针对中坚企业的保险产品。在承保的保障地域范围方面，也为投保企业提供了多种选项可供选择，如出口安全保险、北美和欧洲知识产权安全团体保险。对于特殊的保险需求，还专门设计了针对农产品的保险险种，如农产品品牌和设计安全团体专项保险。因此，总体看来，韩国的险种所涉及的范围和领域十分广泛，种类齐全，投保灵活，方便选择，可以说，能满足市场上多种投保主体各层次和各方面的需求。

具体而言，韩国的发展经验和特点主要包括以下几方面，可供我国参考：

（1）战略目标：韩国近年来实施了知识产权保险的积极扩展战略，其主要目的在于切实提升那些与国内或国外公司积极开展交易的一人企业和风险投资企业增强抵御知识产权风险的能力。

（2）独特的运营方式：韩国的知识产权保险是由专利厅和知识财产保险保护院共同运营，这种通过政府介入进行组织或者指定专门的知识产权保险咨询机构的保险模式，在实践中发挥了非常重要的作用，效果十分显著，这一点对我国也有借鉴意义。

（3）很大的政府援助力度：韩国有学者撰文指出，在世界范围内，韩国政府必须全力协助与世界跨国公司竞争的大公司，以使它们能够在WTO规则允许的范围内有能力与其他外国公司进行交易；而在韩国市场，韩国政府必须充分监督大公司与中小企业之间的公平贸易情况，以保护中小企业。因此，韩国政府选择给予一人企业、风险企业和中小企业等投保主体相当大幅度的援助，约70%—80%的保费补贴。可见，现今的交易，从某种程度上说更突显了知识产权的较量，这已成为一种常态。

（4）投保主体：韩国认为，知识产权保险应当首先引入到中小企业，因为知识产权保险确实对它们有帮助。政府会根据不同知识产权保险产品的特点，选取特定企业在保费补贴上给予大幅度支持，在韩国，主要支持对象为一人企业、风险投资企业、中小企业、骨干（中坚）企业。

（5）强有力的宣传推广：韩国政府不遗余力地通过政府网站、杂志、印刷品等方式对知识产权保险予以推广，加上向大众反复强调和披露向被保险人支付保险金的案例。因此，通过官方演讲、座谈会、听证会和会议等方式向大众分享，十分重要。

（6）就知识产权保险产品的投保主体、投保模式和意愿而言，韩国市场上有部分知识产权保险产品采用了强制性的投保模式，并非都是自愿投保的保险产品。这一点也值得我们研究。

（二）新加坡2019年推出的创新者知识产权保险计划对我国综合险设计颇具参考意义

该项保险计划旨在为知识产权权利人应对诉讼、仲裁、调解等法律程序提供经济支持，能覆盖企业实施知识产权或者应对知识产权侵权诉讼时的法律费用，同时也涵盖通过仲裁和调解方式解决纠纷产生的费用。它是一种知识产权法律费用保险，而且包括了主动维权和被动应诉两个方面，包括了诉讼、仲裁、调解等全面的法律程序。我国之前主推的是诉讼费用保险（主要是覆盖诉讼程序产生的费用），实际上，建议至少扩展到包括诉讼和仲裁两个方面，部分知识产权案件通过仲裁方式解决的新趋势已经浮出水面，知识产权案件的可仲裁性、仲裁规则等问题，现正处于积极探索、实验过程中。至于调解所产生的费用，是否应被覆盖至保险责任的范围，尚需进一步研究。

（三）应重视日本主推的专利许可保险

尤其是在我国"一带一路"倡议的背景下，大力发展知识产权许可保险，可谓一场"及时雨"。客观地说，"一带一路"沿线国家的具体国情各异，并不为我国企业普遍了解，在我国与对方交流、交易、合作时，有不少难以预测的风险，此时，保险产品理应提供相关保障，在成本和费用方面帮助扫除些许障碍，对投保人的损失等予以补偿、减轻损失。

（四）外向型经济国家应当高度重视海外知识产权诉讼费用保险

如上所述，迫于种种来自海外的侵权指控压力（主要来自诉讼方面的），若干亚洲国家近年来不约而同地高度重视、积极扩张海外知识产权诉讼费用或者法律费用保险产品，并从国家层面给予鼎力支持，部分国家甚至不遗余力地给予保费方面较大幅度的补贴或补助，作为保费优惠，刺激、促使更多需要扶持的企业——尤其是中小企业，韩国还包括一人公司、风投公司等——来投保，以期提升其应对海外风险的能力。笔者认为，作为一种应对之策，我国也应当更加、继续重视应对海外知识产权风险的保险产品，因为诉讼费用（或法律费用）是支撑国内企业得以应对诉讼或者积极实施知识产权、主动维权的最基本保障。

（五）鲜少将保障范围覆盖至版权

从日本、韩国、新加坡、澳大利亚等国的最新知识产权保险产品来看，其涵盖的知识产权都集中于专利权、商标权等工业产权上，但都未覆盖或涉及版权。

日本、新加坡、韩国等三国的外向型经济特征显著，因此这些国家最近几年的知识产权保险产品中均有涉及覆盖全球风险保障范围的产品。为鼓励企业参保，日、韩两国政府都在保险费用上有所补贴，尤其体现了向中小企业的倾斜。澳大利亚的知识产权保险产品，除了传统的涵盖知识产权诉讼过程的法律费用的险种外，其商标保护保险还涵盖了商标局在行政审批过程中的法律费用，这是比较特殊的一点。

第五章 中国知识产权保险的实践、现状总览与评析

第一至第三章已经对知识产权保险的基本理论前提和一般原理进行了充分介绍，从第四章开始涉及知识产权保险的实践情况。第四章是以知识产权保险最初在域外的萌芽与产生为起点，较全面地介绍了知识产权保险从无到有，从以前到现在的域外发展状况，并重点选取了世界上较具代表性的国家或地区的知识产权保险产品的主要种类、发展状况、主要特征（或特色）及发展模式等进行介绍与评析，实质上兼具实践性与理论性，毕竟，其中不乏对知识产权保险发展模式等的理论探讨，如欧盟地区。而本章是本书的一个转折点与过渡性章节，从本章开始，我们将视野从域外转向国内，回顾我国知识产权保险的产生与发展过程，包括实践层面的从初步探索到如今的纵深发展过程等。在结构上，本章对于第六、第七、第八、第九、第十章而言将起到重要的总领作用，第六至第十章之间是并列关系，分别对各个知识产权单一保险产品与知识产权综合保险产品进行分述；第十一章则相当于全书的总结性章节。

第一节 中国知识产权保险的产生与发展

一 中国企业对知识产权保险产品的客观需求

在我国，中小企业占所有企业总数的比例可谓相当高，而中小企业无论是企业风险管理能力还是承担风险的能力均是非常有限的，经调研发现，不少企业都对包括商标、专利、著作权在内的相关保险产品有一定的客观需求，关键是要看相关保险产品是否具备吸引力、保险费的高低、保险金的高低、承保范围是否广泛以及是否符合企业需求等因素；另外，相关知识产权保险产品的宣传、营销与推广也是极其重要的一个方面。

可见，在我国推行知识产权保险并非不具备现实基础，但必须设计出符合我国企业需要、能被相关投保对象认可的合法且合适的产品，并须克服创新性保险产品发展初期的若干障碍和困难。

二 知识产权保险产品的产生与发展

可以说，科技保险产品是我国知识产权保险产品的萌芽。若干年前，在我国已经出现了部分与技术转化密切相关的保险产品，包括科技保险产品。例如：1999年10月，中国人民保险公司深圳分公司就签下了我国历史上第一单高新技术成果转让的保险。据报道，中关村知识产权促进局和人保财险深圳市分公司于2004年4月23日共同签署了《中关村知保合作框架协议》，中心议题是双方将合作开展专利技术成果转让保险业务。2006年12月，中国保险监督委员会颁布了《关于加强和改善对高新技术企业保险服务有关问题的通知》，提出了大力推动科技保险业务的基本思路。

（一）知识产权保险（专利保险）的诞生

尽管科技保险业务先行，但在中国真正具有标志性意义的第一个知识产权保险产品，应当是2010年底专门的专利保险产品——"专利侵权调查费用保险"——的正式推出，在我国专利保险事业发展的历史上留下了浓墨重彩的一笔。

我国国内第一个专利侵权调查费用保险产品的诞生，是地方政府部门与保险公司联合推出的结果。当时，佛山禅城区知识产权局与信达财险签署合作协议，在当地知识产权局、保险公司、代理机构、企业等多方通力合作的情况下，国星光电、德众药业等100多家企业的逾千件专利投保了这一保险产品。该保险产品由信达财险承保，理赔范围是比较有限的，仅限于公证费、差旅费等服务于专利维权前期准备工作而支出的必要的调查费用。该保险的推广范围仅限于在佛山市禅城行政辖区内注册的已经获得授权并且合法有效的发明、实用新型、外观设计专利企事业单位、社会团体。

（二）2010—2018年：专利保险的初步探索与试点推行

据报道，自2010—2013年，人保财险公司潜心研究，分阶段设计并推出专利执行保险、专利代理人职业责任保险和专利侵权保险三款专利保险系列产品。在借鉴相关国外市场经验并充分考虑我国企业需求的基础上，人保财险联合国家和地方知识产权局在北京、镇江、广州、成都等

27个地市先后开展三批试点推广工作。[①] 在进行专利执行保险业务推广的同时，人保财险广泛征集试点分公司承保方案，结合专利保险的特殊属性，制定详尽的《专利执行保险承保方案》和《专利执行保险承保指南》[②]，并完善了《专利执行保险理赔规范》。

2014年7月21日，国家知识产权局与人保财险在北京举办战略合作协议签约仪式，双方共同签署《知识产权保险战略合作协议》，明确在管理机制设计、保险产品创新、服务平台搭建、信息共享交流、需求调研和服务试点等方面的合作，构建与我国经济社会发展需求相适应的知识产权保险服务体系。

除了人保财险外，与此同时，其他保险公司也纷纷开发设计并推出了相关的知识产权保险产品，以满足我国企业等投保人的需求。在这一阶段，仍以专利保险产品为主打或核心产品，在类别上以诉讼费用保险为主，兼有少量其他类别的知识产权保险产品。

（三）2019年至今：知识产权保险的全面、纵深发展

如果说2010—2015年是我国专利保险产品在保险市场上的初步探索阶段，其间由相关政府部门主导或引导推行，那么自2019年至今，应当说是我国知识产权保险产品全面、纵深发展的一个新的历史阶段。2019年4月29日，人保财险与国家知识产权局在北京续签了为期五年的独家《知识产权保险战略合作协议》，明确下一步将从共同推进知识产权保险产品创新实验室建设、大力推进知识产权质押融资保证保险、共同探索推进保险资金直接投资小微企业、健全知识产权保险工作及服务体系、联合开展知识产权保险宣传培训和需求调研等五个方面开展全面合作。

近几年，国家层面在推动知识产权保险事业发展方面迈出了实质性步伐。以北京和浙江为例。2020年起，北京启动了为期三年的知识产权保险试点工作。北京市知识产权局、北京市金融局、中关村管委会等七家单位联合发布了《北京市知识产权保险试点工作管理办法》及配套文件，进行知识产权保险试点工作。按照"政府引导、市场主导"的原则，通

---

① 参见康民《知识产权保险服务体系框架初具》，《中国保险报》2014年7月23日第001版。

② 参见王宇《专利保险：筑起创新创业保护围墙》，《中国知识产权报》2015年12月2日第06版。

过政府补贴的方式，鼓励企业购买知识产权保险。①

2022年5月24日，浙江省知识产权保险工作推进会在杭召开，会上发布了《浙江省知识产权保险创新试点改革方案》（以下简称《方案》）和5个知识产权保险创新产品。该《方案》由浙江省市场监管局（省知识产权局）联合中国银保监会浙江监管局、中国银保监会宁波监管局共同印发。《方案》明确，到2022年底，全省知识产权保险政策支撑体系和公共服务体系有效建立，各级配套激励政策有效落地；全省知识产权保险供给水平显著提升，保险产品覆盖知识产权商标、专利、地理标志等主要门类，服务专利技术研发、国际贸易、电商网络交易、区域公用品牌运营等重点领域更加突出，投保企业力争突破2000家，保额同比增长20%以上。《方案》聚焦知识产权全链条和重点领域风险管理需求，将保险机制全面融入知识产权治理体系，充分发挥知识产权在高质量发展中的关键变量作用，从提升知识产权保险产品全链条供给水平、强化关键领域的知识产权综合保险创新、完善知识产权保险推进机制、强化知识产权保险服务支撑体系四个方面提出了具体任务。

此次推进会发布了5个知识产权保险创新产品，推动基于国际贸易场景的综合保险产品创新。其中，PCT国际专利申请费用补偿保险、马德里商标国际注册申请费用补偿保险、海牙工业品外观设计国际注册申请费用补偿保险3款产品为助力企业"走出去"；专利实施失败费用损失保险、区域公用品牌综合保险。同时，"浙江省知识产权保险创新支持中心"揭牌成立。该中心以服务产业发展为基础，深化知识产权与金融保险的融合发展，优化升级知识产权金融服务体系，助力全省创新开展知识产权保险试点工作的重要技术支撑机构。中心主要提供知识产权保险理论政策研究、为保险公司开发知识产权保险产品提供精算数据和专家支持、对保险产品运行机制及效果进行跟踪评估服务三方面服务。

第二节　中国知识产权保险的总体发展状况

2011年，在国家知识产权局的指导和支持下，以人保财险为主的保险公司开始了对专利保险产品的创新与研究，后续人保财险等保险公司向

---

① 《北京启动知识产权保险试点工作》，http：//www.iprchn.com/cipnews/news_content.aspx? newsId=120675.2020-1-10。

市场推出了专利执行保险，为被保险人就受侵犯的专利权提起法律请求所产生的调查费用和法律费用提供保险赔付保障。

经过十年左右的摸索与发展，目前中国保险市场上涌现出了种类繁多的知识产权保险产品。例如，中国人保财险、中国太平、中国人寿财险、中国平安、国泰等各大保险公司陆续推出了专利执行保险、境外展会专利纠纷法律费用保险、侵犯专利权责任保险、专利代理人执业责任保险、知识产权海外侵权责任保险、专利被侵权损失保险、专利质押融资保险、商标被侵权损失保险、地理标志被侵权损失保险等一系列知识产权保险产品。

在上述若干保险公司中，人保财险在我国知识产权保险市场的发展过程中发挥了引领作用。人保财险与国家知识产权局分别于2014年7月21日和2019年4月29日签署了为期五年的《知识产权保险战略合作协议》，全面深化推进双方在知识产权保险领域的合作。

目前，人保财险26家省级分公司开展了知识产权保险业务，覆盖20个省份69个地市。人保财险在厦门、广东、甘肃、江西、新疆、辽宁、湖北、深圳、陕西、山东、青岛、黑龙江等12家分公司与当地知识产权行政管理部门签署了合作协议，北京分公司与国家知识产权运营公共服务平台签署合作协议。

人保财险在实践过程中，还在各地不断探索出了一部分符合本地实际的新模式：镇江模式探索政府统保并对优质专利进行全额补贴；佛山模式则是在政府统保之外运用"互联网+"思维，开通专利保险网站和"佛知保"微信公众平台实现在线投保；深圳模式以"专利无忧"知识产权综合保障方案，为企业保持良性运转、打击专利侵权提供全面保障；中山模式在专利质押融资业务中创新引入"政府+保险+银行+评估公司"的风险共担融资模式；德阳模式则引入了"银行贷款+保险保证+财政风险补偿"三方共担机制，并以其"贷款、保险、财政风险补偿捆绑的专利权质押融资服务"的科技金融创新举措，被国务院确定为第一批全面创新改革试验可复制可推广经验成果；苏州模式是"政融保"模式，即在专利质押融资业务中创新性地引入"投保贷联动"的险资直投模式，实行"保险"与"融资"的联动，主要方式是保险资金投放以及撬动其他金融机构资金投放这两种；北京中关村模式在知识产权质押融资项目中创新引入"职业责任保险"，为知识产权风险处置提供保障，免除知识产权质押的后顾之忧。

人保财险按照"政府引导、商业对接、专业运作"的总体工作模式，以产品创新为依托,以试点地区为突破,先后开发了 15 款知识产权保险产品,覆盖知识产权创造、保护、运用的各个环节。其中,包括涉及知识产权创造方面的代理人职业责任保险;涉及知识产权保护方面的知识产权被侵权损失保险及侵权责任保险;涉及知识产权运用方面的知识产权融资保证、专利许可及知识产权资产评估责任等保险产品。可以说,初步形成了"产品体系完善、风险保障全面、金融综合服务"的基本格局。

目前,人保财险主要的知识产权保险产品的体系详见表 5-1。

表 5-1　　　　　中国人保财险知识产权保险产品体系

序号	产品名称	保险责任简介	保障范围	开发年度
1	专利执行保险	被保险人就受侵权的专利权提起法律请求所产生的调查费用和法律费用	国内	2012
2	侵犯专利权责任保险	被保险人非故意地实施第三人的专利权,依法承担的经济赔偿责任、法律费用及合理提出专利无效宣告申请的抗辩费用	国内	2013
3	专利代理人职业责任保险	被保险人造成委托人经济损失,依法承担的经济赔偿责任及法律费用	国内	2013
4	境外展会专利纠纷法律费用保险	参展境外展会时产生专利侵权纠纷支出的法律费用	全球	2015
5	知识产权海外侵权责任保险	被保险人及受偿方非故意侵犯第三者知识产权,依法应承担的经济赔偿责任,抗辩费用及产品撤回费用	全球	2017
6	专利许可信用保险(1 年期)	因合同相对方破产、不履行债务等事由导致无法回收专利许可交易对价造成的损失	国内	2017
7—8	专利质押融资保证保险(含 1 年期和多年期这两款产品)	通过专利质押贷款而未能按约清偿到期债务的借款本金余额和利息余额赔偿义务	国内	2017
9	专利被侵权损失保险	被保险人专利权受第三方侵犯所产生的直接经济损失	国内	2018
10	专利无忧保险	对被保险人专利权受第三方侵犯后,所导致的直接经济损失、调查费用和法律费用进行综合保障	国内	2018
11	知识产权资产评估职业责任保险	知识产权评估机构从事知识产权评估业务时,因过失造成委托人及保单指定的利害关系人的经济损失	国内	2018
12	知识产权质押融资保证保险	在知识产权质押融资业务中,企业未按约定履行还款义务或发生逾期还款,所产生的贷款本金、利息和相应的罚息	国内	2019
13	专利许可信用保险(多年期)	专利许可人履行许可合同时,因被许可人拖欠、破产等引起的专利许可使用费的损失	国内	2019

续表

序号	产品名称	保险责任简介	保障范围	开发年度
14	商标被侵权损失保险	被保险人商标权受第三方侵犯后，所导致的直接经济损失、调查费用和法律费用	国内	2019
15	地理标志被侵权损失保险	被保险人地理标志受第三方侵犯后，所导致的直接经济损失、调查费用和法律费用	国内	2019

近几年，我国部分保险公司积极创新开发，还面向市场，挖掘需求，推出了传统知识产权保险产品以外的新险种，如知识产权综合险、全球知识产权保障险、"维权保""侵权保"等。

可以说，自2013年以来，我国国家知识产权局在全国有序、有步骤地推进部分省市、地区的专利保险宣传、推广等工作，已经取得了比较理想的效果。国家知识产权局、地方知识产权局，通过以人保财险公司为代表的保险公司为主体的保险产品的调研、设计等工作业已完成；从全国范围来看，我国的知识产权保险业务，从最初期的政府提供资助或优惠政策，从先期的介绍、引入已经过渡到了纵深发展阶段。

在新的技术背景和新形势下，抓紧研究并适时推出为应对知识产权综合风险的知识产权综合保险产品，既是来自企业的需求，也是我国纵深推进知识产权强国建设事业中十分重要的一环。

第三节 中国知识产权保险市场发展的隐忧与机遇

尽管目前我国涌现了由多家保险公司推出的品种繁多的知识产权保险产品，但我国的知识产权保险市场总体仍处于初级阶段。我国第一个"五年"的基础性工作——专利保险等相关保险产品的研究、设计、宣传推广等已经为我国知识产权综合保险产品的酝酿、发展提供了非常好的基础性条件，但同时也还存在不少困难与隐忧。

一 中国知识产权保险市场发展的隐忧

首先，我国保险公司推出的主流的知识产权保险产品仍然集中于专利权领域，鲜有涉及著作权、商标权内容的。这显然不能满足部分企业的需求。

其次，虽然已开发的保险产品种类繁多，但除了专利质押融资保证保险等少数保险产品受到市场欢迎、追捧外，还有不少保险产品"叫好不叫座"，保费规模不大，尚不能说实现了"市场化"经营。尽管市场潜力是巨大的，但大量的客户及其需求尚需挖掘，较多的知识产权保险产品先前主要是依靠相关行政部门对保费的各种补贴或优惠政策才能得以持续，经营情况不容乐观。

再次，在产品的设计、完善方面，尚存在不足。总体上看，知识产权保险产品的保障范围十分有限，目前大部分以中国（国内）为限，少有专门针对国外或世界（全球）范围内的，或者针对某个外国国家或地区的，可见保障范围有待升级、扩大；对于保险责任的限制与除外条款，应大力限制或压缩相关内容。还有，如专利保险产品的风险评估问题，仍需与专业机构、专业人士共同深入研究，以及加大保险公司对相关风险的控制力度。

再次，重要数据、资料及其平台建设，已经取得了一定的进展，但仍处于薄弱环节。应加强对大数据、人工智能等技术的运用，以便为保险产品设计、保费、赔率计算等提供更精准、强有力的数据支撑。

最后，新的知识产权保险产品种类有待发掘，市场需求有待挖掘。各类知识产权保险产品的宣传推广力度，尚有待加强。若单纯靠政府保费补贴支持，难以维持可持续发展。例如，在新险种开发方面，我国可考虑开发设计专利申请保险、网络保险、商业秘密侵权保险等，不过都需要等待相关条件或配套机制成熟后才能推出，像专利申请保险，需要对保费的标准和收取方式进行深入研究后确定，为网络平台预防侵权等风险或者为预防因网络上行为导致的风险而专设的网络保险，则需要对该行业或该技术领域的风险予以评估、对相关数据进行全面收集、统计、分析后才能进行开发、设计。

二 中国知识产权保险市场发展的新机遇

在大数据、人工智能、元宇宙等新技术蓬勃发展的今天，各行各业都面临着大量新兴挑战，谁能占据技术、数据的制高点，充分利用创新成果为本行业的产品研发、服务升级而服务，谁就将拥有一大片未来。知识产权保险行业亦是如此。

2019年以来，随着中美贸易摩擦不断升级，知识产权作为全球企业竞争工具和无形资产，其价值、其实施、其维权等诸多方面均受到全球范围内高度关注。企业知识产权全生命周期管理的广度和深度，知识产权管理体系的风险防范和资源保障，都对我国的保险行业和保险产品提出了更高要求。

　　从国际背景来看，全球保险金融市场孕育着前所未有的机遇，同时也伴随着挑战和风险。2019 年 5 月 16 日，国际法律金融标准委员会在北京召开了知识产权保险第一次全体会议。有不少国家正在摩拳擦掌、大力推进知识产权保险事业的发展，后劲不容小觑，包括日本、韩国、新加坡在内的亚洲国家。究其原因，一方面，是知识产权保险的功能、价值和重要性，已经在许多国家心中形成了共识和普遍认可；另一方面，是持续不断增多的知识产权诉讼案件等，暗示着风险的递增①。作为同样面临频繁发生的巨大的海外维权、应诉风险的发展中国家，我国也应积极备战，积极探索我国知识产权保险事业发展之路，为广大企业切实提升预防和应对该风险的能力、提升国际贸易中与其他企业的交易能力，尤其是应在我国重要行业、重点产业或领域，给予强有力的支持。

---

① 近两三年，日本明确指出，其海外知识产权诉讼费用保险产品的推出和日本特许厅补助计划的实施，重要背景原因乃是海外知识产权诉讼风险的加大，甚至以中国法院受理的知识产权诉讼案件数量逐年上升图和数据为例证。

第六章　中国专利保险产品的实践探索与建议

第一节　中国专利执行保险的实践探索

为切实提高我国企业（尤其是中小企业）的知识产权风险意识和风险应对、管理能力，同时提升我国专利权等知识产权的实施、应用能力及效率，2014年7月21日，国家知识产权局与中国人民财产保险股份有限公司在北京签署了"知识产权保险战略合作协议"，明确了在管理机制设计、保险产品创新、服务平台搭建、信息共享交流、需求调研和服务试点等多方面的合作，构建与我国经济社会发展需求相适应的知识产权保险服务体系。该合作协议的签订，标志着国家层面对知识产权保险这一全新的知识产权保护经济补偿机制和知识产权风险控制及分散机制的重视，以及强力推进我国知识产权保险市场开发与培育、知识产权保险产品开发及完善等重要工作的决心；十分有利于强化我国企业的知识产权风险防范意识和维权意识，提升企业管理知识产权风险的能力。同时，也预示着保险金融业的加盟将为我国国家知识产权战略实施的深入推进注入新的活力，成为一个新的有力支撑点。

在我国国家知识产权局主持推进的知识产权保险工作中，居于首位的是专利保险；而在专利保险中，专利执行保险率先起航，成为人保财险公司潜心研究、精心打造的第一个专业性的知识产权保险产品。因此，本节主要介绍专利执行保险的试点工作和业务开展情况。

受国家知识产权局委托，中国人保财险公司较早地启动了市场调研、知识产权保险市场开发和相关产品设计等研究工作。2011—2013年，人保财险公司分阶段设计并推出了专利执行保险（2012年5月）、专利代理人责任保险（2013年2月）和侵犯专利权责任保险（2013年8月）三款专利保险系列产品，"海外展会侵犯专利权责任保险"等新的专利保险产品当时仍在酝酿中。其中，专利执行保险被作为先行产品，率先被推向了市场。

在借鉴参考相关国外市场经验并考虑我国企业需求的基础上，人保财险公司完成了相关专利保险产品的开发设计，根据我国市场调研的情况，人保财险公司联合国家和地方知识产权局，在北京、镇江、广州、成都等27个地市先后开展了三批试点推广工作。其中，2012年4月11日，北京中关村、大连、江苏镇江、广州以及成都等地区被确定为第一批专利保险试点地区；2012年11月30日，新增了第二批20个专利保险试点地区。

在业务推广过程中，部分试点城市相关部门陆续出台了《知识产权保险补贴实施办法》《专利保险补贴办法》等政策或规范性文件。截至2014年6月30日，全国共有30个省、市、县出台了专利保险指导意见、专利保险补贴政策等，如：《知识产权保险补贴实施办法》《专利保险补贴办法》，有效推动了专利保险业务发展。

同时，人保财险公司也广泛征集试点分公司的承保方案，结合专利保险的特殊属性，制定了详尽的专利执行保险承保方案，主要是《专利执行保险承保方案》[①] 和《专利执行保险承保指南》，制定完善了《专利执行保险理赔规范》和《专利保险合作服务机构建设指导意见》等文件。

其后，各试点城市或地区的专利执行保险推进工作取得了一定的成果。据人保财险公司统计[②]，截至2014年6月30日，专利保险共实现保费收入290万元，累计提供风险保障9505万元，为744家企业的2496件专利提供风险保障。从地区分布来看，江苏、北京、广东、湖北保费规模和风险保障范围位居前四，分别是25%、18%、15%和7%，市场占比65%。除上海奉贤试点地区之外，其他26家试点分公司均实现专利保险业务突破。非试点地区山东济宁、广东中山、河南南阳、河北石家庄、浙江金华、浙江温州、福建南平等7家地市也尝试性地开展了专利执行保险业务。

[①] 参见王宇《专利保险：筑起创新创业保护围墙》，《中国知识产权报》2015年12月2日第06版。
[②] 笔者亲自参加了国家知识产权局和人保财险共同举办的数次与知识产权保险主题相关的研讨会、工作交流会、培训班等会议，获得了来自相关部门准确而丰富的数据等资料。在此，对于国家知识产权局和人保财险公司等单位为笔者研究提供的宝贵资料，笔者表达衷心的感谢！

第二节　中国专利执行保险的特点
——以人保财险的产品为例

一　专利执行保险之界定

专利执行保险，又称专利执行责任保险，一般是指以被保险人因其专利遭到他人侵权所导致的诉讼成本支出、损失或风险作为保险标的的险种。该保险的承保范围往往是专利权人实施或执行该专利权的诉讼费用及其他合理成本，主要包括被保险人起诉侵权人时须支出的诉讼费用。为此，专利执行保险被视为一种"进攻性"保险。

以往学界对专利执行保险的研究，多是从纯理论的角度进行的。在此，笔者将以人保财险向市场推出的专利执行保险产品的标准条款为例，展开有针对性的实证分析。

二　专利执行保险的投保主体

根据人保财险"专利执行保险"标准保单中的条款及相关规定，投保的主体主要包括专利权人、专利实施许可合同的被许可人和专利权的合法继承人。

值得注意的是，从法律角度来看，作为投保主体，专利实施许可合同的被许可人是否具有诉讼主体资格（原告资格）以及维权胜诉的可能性，应当要视该实施许可合同的具体性质而定，是属于排他许可、独占许可抑或普通许可；在三种许可类型中被许可人的权利范围和法律地位是不同的。因此，普通许可的被许可人购买专利执行保险的必要性和意义不大。

三　专利执行保险的保险范围

根据人保公司的标准合同条款以及相关规定，专利执行保险的保险范围主要包括调查费用和法律费用两部分，以被保险人提起维权诉讼、仲裁申请或行政处理请求为时间点，仅限于在法院、仲裁机关或相关行政机关立案或受理之前所发生的费用。

（一）调查费用

相关条款规定，"调查费用"即："在保险期间内，第三方未取得授权而首次实施本保险单列明的专利,被保险人为获取证据在承保区域范围内进行调查,并在保险期间内,就其受到侵犯的专利权提起诉讼、仲裁或行政处理请求,该请求被立案或受理的,在此之前产生的合理、必要的调查费、公证费、交通费、住宿费、伙食补助费。"

(二) 法律费用

相关条款规定,"法律费用"即:"被保险人就其受到侵害的专利权向法院提起诉讼、向仲裁机构提起仲裁或向行政主管部门提出行政处理请求,发生的诉讼费、仲裁费、行政处理费以及律师费等其他合理、必要的费用。"

值得注意的是,据人保财产公司介绍,专利执行保险属于费用补偿类保险,保险范围并不涵盖至被保险人因专利权被侵害所造成的任何经济损失。

另外,鉴于该保险合同的保险范围有限,应部分企业需要,人保财险拟考虑补充开发相关的附加险,可以考虑将以下两项费用列入附加险的保障范围:一是被保险人应对侵权方专利无效申请或反诉的法律费用;二是法院、仲裁机关或相关行政部门立案、受理之后被保险人发生的调查、取证等费用。

四 专利执行保险的理赔条件

(一) 保险事故

首先,须实际发生了保险事故。在人保财险"专利执行保险"标准保单的条款和规定中,保险事故是指"在保险期间内,第三方未取得授权而首次实施本保险单列明的专利,被保险人为获取证据在承保区域范围内进行调查,并在保险期间内,就其受到侵犯的专利权提起诉讼、仲裁或行政处理请求,该请求被立案或受理的"。

可见,保险事故的发生须满足以下四个要件:一是第三方侵犯专利权的行为的发生,且须为"首次实施";二是被保险人的调查行为;三是被保险人起诉、申请仲裁或申请行政处理的请求等维权行为;四是该请求须被立案或受理。

(二) 时间要件

作为理赔条件之一,第三方首次侵权、被保险人启动调查、被保险人提出处理请求等行为均须在保险期间内,或者在保险合同载明的(或保险人认可的)追溯期内。

第三节　中国专利执行保险的特色经营模式与理赔实践

一　中国专利执行保险的特色经营模式

从专利执行保险的经营模式来看，各试点城市或地区都积极探讨并摸索出了符合本地实际情况的模式，其中，以北京中关村、佛山市禅城区、东莞等地的经营模式最具有特色和代表性。

（一）北京中关村的"政府扶持+服务联盟"模式

在试点推行阶段，在所有试点地区中，北京中关村居于引领地位。在经营模式方面，政府给予专利保险补贴，并提供专利战略、专利创业、知识产权质押贷款贴息等优惠政策。服务联盟是指在构建了较好的服务平台，能提供包括风险方案设计、经纪人服务、法律咨询、专利代理人服务等服务在内的全面的服务。在专利执行保险产品的销售方面，也采取了灵活多样的产品类型，包括"低保费+低保险金额（保障水平）"的基本专利执行保险产品，对于想花低成本购买基本保障的企业具有十分明显的吸引力。

（二）东莞的"统一投保+无偿托管"模式

广东东莞地区对于优秀企业和优秀专利，由东莞市知识产权局优先实行统一专利投保。同时，还建立了比较完善的专利托管服务平台和专利维权服务信息平台，为托管企业提供专利风险分析、战略跟踪、应诉策略以及与专利维权相关的服务。这一模式的优点十分明显，也值得其他试点地区参考或借鉴。

以上几种模式，都是在知识产权保险业界的实务中形成的，各有自己的鲜明特色，各地可以根据自身情况，有选择性地采用，适合征求或结合本地投保需求企业的意愿，也可对传统经营模式进行适当调整或修改，以适应自身需求。笔者相信，随着我国知识产权保险市场的发展以及知识产权保险相关业务的推进，实践中必然会出现更多、更灵活、更能适应市场需求的经营模式。

二　中国专利执行保险的理赔实践

据人保财险公司提供的信息和相关数据，截至 2014 年 6 月 30 日，人保财险共接到客户报案信息 17 条，目前已决赔案 4 笔，已支付保险金

26.21万元，未决赔案13笔，未决赔款金额为63.42万元。其中，深圳和广东佛山的事故年度赔付率均超过100%，深圳为150%，广东佛山为150%。已决的4笔赔案的投保人分别是：佛山市玉玄宫科技开发有限公司、何锡欢（个人）、深圳市瑞凌实业股份有限公司和无锡阿法迪科技有限公司。

随着我国知识产权保险业务的持续开展，包括北京市2020年开始的为期三年的知识产权保险试点工作，2014年以后也有若干专利执行保险的理赔案例。据报道，在2020—2023年这3年的知识产权保险试点期间，北京市已支持北京市472家企业投保了4818件专利，保险保障金额超过了53.9亿元，累计为5家企业提供了专利执行险理赔191万余元。①

以下将重点介绍几个理赔案例的具体情况。

1. 佛山市玉玄宫科技开发有限公司理赔案

该保单由广东佛山市分公司承保，是人保财险公司的首例专利执行保险理赔案，具有特殊重要的意义。2013年6月，佛山市玉玄宫科技开发有限公司向人保财险公司提出索赔31万元的请求，经保险人核定损失、双方友好协商后，最终确定的赔偿额为8万元左右。该赔款支付仪式于2014年1月14日在广东佛山举行。

2. 无锡阿法迪科技有限公司理赔案②

2014年5月15日，无锡阿法迪科技有限公司（以下简称阿法迪）从人保财险无锡分公司成功获赔专利侵权诉讼的调查费、法律费等共28799元理赔。这是无锡市试点专利保险工作后获得专利保险理赔的第一家企业，也是江苏省的第一单。

阿法迪是一家科技型初创企业。2012年2月12日，阿法迪申请了"冷藏设备远程测温系统"专利，于2012年11月14日获得授权。阿法迪于2013年购买了专利执行保险，保费为2000元，其中，政府给予了50%的保费补贴。投保后发现上海市青浦区疾病预防控制中心、江苏世轩科技股份有限公司涉嫌侵犯其专利，阿法迪遂向上海市第二中级人民法院起诉，法院于2013年12月受理。同时，人保财险无锡分公司也受理了阿法迪的出险报案。经人保财险公司核算定损，包括调查费、法律费在内的维

---

① 参见杨柳《开展知识产权保险试点工作，打造知识产权保险服务样板——北京：巧用保险杠杆 撬动发展活力》，《中国知识产权报》2023年11月22日第02版。

② 参见王文静《促进我国专利保险发展的若干建议》，《中国发明与专利》2014年第9期。

权费用共计 28799 元，保险公司已支付。

3. 北京七鑫易维信息技术有限公司理赔案①

北京七鑫易维信息技术有限公司（以下简称"七鑫易维"）是一家专注于眼动追踪技术已超过十年的创业公司，技术处于行业领先地位。由于近几年虚拟现实（VR）类消费电子产品受到市场青睐，该公司担心将出现大量竞争者，其中不乏潜在的侵权者，在获悉 2020 年北京将开展知识产权保险试点业务后立即为自己的核心专利投保。

2021 年，某 VR 厂家推出的产品宣称含有某种自主研发的眼动追踪技术，但经七鑫易维公司拆解后发现，该款产品涉嫌侵犯了某项业已投保的专利。于是，七鑫易维公司在调查取证后提起了诉讼并于 2022 年 12 月立案。据该公司知识产权经理何苗介绍，该公司知识产权保险出险后，立案前的调查取证费用、公证费用、律师费等得到了赔付，连同对方提起的专利无效应诉费用，保险理赔金额超过了 30 万元。由于有知识产权保险的加持，"知识产权保险让我们起诉侵权更有底气了"。

第四节　中国专利保险产品设计与推行建议

一　中国专利保险产品设计之建议

本章前三节重点介绍了我国专利执行保险的实践探索，但从保险的保障范围和地域范围来看，并非只有针对国内风险的保险产品。毕竟，我国保险市场上的知识产权保险产品并不是单一的，只不过专利执行保险占据了主要地位，因此积累了较多的实务操作经验，笔者在本章重点介绍了专利执行险的相关情况。事实上，我国保险市场上也出现了专门为域外风险提供保障的保险产品，如知识产权海外纠纷法律费用保险等。以下将根据专利保险的主要类型，就保险产品设计分别提出若干建议。

（一）专利执行保险产品的框架设计

从上述对我国专利执行保险作为先行产品的探索实践的介绍来看，应当承认，在不算长的时间内，专利执行保险在我国各试点城市或地区的推广和业务开展工作，已经取得了一定的、较好的成效，可以说是初具规

---

① 参见杨柳《开展知识产权保险试点工作，打造知识产权保险服务样板——北京：巧用保险杠杆 撬动发展活力》，《中国知识产权报》2023 年 11 月 22 日第 02 版。

模。但在总结成果、成效的同时，也有若干问题值得我们进一步思考，比如，保费的总体规模不大、承保企业数量有限、部分地区赔付率偏高、保险人的风险防控不足、市场认知度不足等。因此，下面将对专利执行保险产品的设计提出若干建议。

1. 一般框架

（1）保险责任：当被保险人的专利遭到他人侵权时，由保险人负责向被保险人给付该专利侵权诉讼程序中所发生的诉讼费用，以弥补被保险人的损失。

（2）保险人的保险（赔偿）范围：

a. 被保险人针对专利侵权人提出起诉的所有诉讼费用，包括律师费、和解费、出庭费、专家作证费等；

b. 在涉及与专利侵权诉讼有直接关联的专利无效的反诉或确认之诉中，被保险人为进行抗辩所支出的费用。

（3）保险人的除外责任：

a. 故意行为；

b. 犯罪行为或任何将受法律制裁的行为；

c. 战争导致的责任；

d. 意外事件造成的损失；

e. 违反合同规定造成的责任。

2. 我国专利执行保险产品设计时的注意事项

（1）"保险事故"的界定

在知识产权领域引入保险制度，就专利保险而言，首先需要明确专利权在何种情况下方具有"可保险性"，即所谓"保险标的必须是可保的某种财产"。

笔者认为，在专利侵权纠纷中，对于专利权人而言，其风险主要在于因执行专利权或维护专利权所须支出的相关费用和成本；而对于涉嫌侵权的主体而言，其风险主要在于应对他人启动的司法程序时所须支出的相关费用和成本以及尤其是在败诉时须承担的损害赔偿责任。从这种意义上讲，专利执行保险和专利侵权责任保险的保险标的均体现为一种经济利益或财产利益，且与侵权事故的发生密切相关，因此保险事故应当是侵权事故。

（2）保险与专利侵权对接的时间点：侵权行为的指控进入司法程序

专利执行保险和专利侵权责任保险的可保风险（承保范围）不仅与专利侵权行为密切相关，还应当以司法程序（包括诉讼和仲裁等）为基础。司法程序的正式启动意味着潜在的"风险"转化为现实的损失，此为保险与专利侵权相对接的时间点。从理论上讲，其合理性主要体现在以下两方面。

其一，相关的侵权行为须经由司法程序才能转化为可确定的侵权行为。知识产权由于其自身的无形性等特点，其权利人不能像物权所有人那样以占有该物本身来实现自己的权利，相反，其在行使权利时随时可能会遭受到数个不确定的主体所实施的数个不确定的侵权行为。而诸多不确定因素是保险制度所不能容忍的。若不对"侵权行为"本身的认定加以严格化限定，必不能有效预防骗保行为。因此，在专利侵权责任保险中，必须要求侵权行为通过权威方式予以判定或确定，而最具公信力的途径当然是通过司法程序的认定以确认侵权行为的成立或存在。

其二，相关权利须经由司法程序才能转化为现实的货币或价值。知识产权的价值评估一直是困扰理论界与实务界多年的问题。而在知识产权价值尚未确定之前，都会存在缺乏保险制度适用基础的问题。而在进入司法程序后，相关权利就有可能转化为实实在在的具体的标的与费用，这样原本概念化的合法利益就能够实现货币化的转变。保险制度因此具有了适用的基础，理赔金额才会具备相应的依据。

因此，"侵权行为"和"司法程序"是专利执行保险和专利侵权责任保险的承保范围和理赔条件中两个首要的必备要件。

（3）在承保范围中排除"故意"侵权

涉嫌侵犯专利权的行为主体在主观上存在着两种可能性：善意或恶意。虽然无论是善意或恶意实施专利都有可能构成侵权行为并导致承担损害赔偿责任；但不同之处在于，侵犯专利权的行为在善意实施专利时仅仅是偶然出现，而在恶意实施专利权时则可能是频繁、反复、普遍地出现。

很显然，在一定程度上，恶意实施专利权所导致的风险已然不能被称之为"风险"了，而是变成了一种确定的、必然的损失。因为，"风险"本身意味着结果不确定的一种可能性，而恶意实施的结果在很大程度上是确定的。因此，在专利侵权责任保险中，明知自己构成侵权而故意为之且购买此种保险的投保人，应当被排除在承保对象之外。

从理论上分析，这一点我们可以从部分国家的立法中找到证据予以论证。以日本商法为例，日本商法明确规定："损害保险的基本原则是当偶然事故发生时对其造成的损失进行补偿。而知识产权侵权行为是否属于'偶然事故'值得商榷。在保险项目的设计上，列入保险对象的'事故'的界定，'损失'的发生情形，以及损失额的计算都由保险公司加以认定。"可见，某种风险能否被纳入保险所考虑的范畴，非常关键的一个理由在于其是否属于"偶然事故"。虽然因善意实施知识产权而构成侵权的情形能否被认定为"偶然事故"尚有待讨论、存在争议，但毋庸置疑的是，恶意实施和故意侵权行为肯定不属于"偶然事故"，因此无法成为专利侵权责任保险的承保对象。由此，我们可以得出结论，善意（非故意）侵权乃是专利侵权责任保险的承保范围中一个重要的主观要件；而故意侵权则应被排除在承保范围之外。

进一步分析，善意实施专利而被认定为侵权的情形能否被视为"偶然事故"从而获得保险赔偿，当然还需要进一步判定。举例来说，当某企业掌握尖端技术并取得良好的市场效益时，竞争企业会进行效仿。尽管竞争企业在进入同一市场之前已经尽力调查了前者所持有的专利技术以避免自己构成侵权，但仍存在因对前者的专利权保护范围判断不当等原因所导致的构成侵权的可能性。竞争企业已经努力避免但仍然发生的专利侵权行为，大部分学者认为还是可被视为"偶然事故"的。毕竟，权利人所持专利权的保护范围、侵权行为是否构成、有无造成损失以及损失额的确定等问题均需要借助专业知识和专业人士来判定，有的甚至通过诉讼等司法程序尚且难以确定，可被视为一种不确定的可能性。

（4）条款设计

首先，要高度重视保险人的风险防控。在条款设计方面，建议参考瑞士再保险公司相关保险产品的条款设计，尤其是保险人的风险防控条款和风险预防措施，充分重视风险防控问题。对此，笔者的具体建议如下：其一，关于保险金，建议在合同条款中明确设定保险人的最高责任限额；其二，关于限制和除外条款，对于可能导致保险人的理赔金额增多等风险加大的若干情形，建议在合同条款中明确规定相关的责任限制，并将严重的、导致风险不可控的情形规定为除外条款，即保险人不承担保险责任；其三，对于"故意"侵权、故意或重大过失的信息隐瞒等情形，建议在合同条款中明确规定保险人的责任减免。

其次，关于基本条款和附加险（附加条款）的设计。在设计过程中，建议充分考虑该种保险产品的灵活性和可适应性。一般性的基本条款主要用于满足一般客户的一般性需求；而对于大企业或其他特殊投保人，为便于提供更具针对性的服务，应当为附加险的增设、合同的差异化定价等变通处理方面预留下一定的空间。

（5）风险评估的时间点

根据保险人实施风险评估的时间点的不同，我们可分为事前评估和事后评估这两种。前者是指保险人将技术风险评估的时间点定为投保人购买保险产品之时或者购买保险之后侵权行为发生之前；后者是指保险人事先并不进行评估，而是等到相关侵权行为实际发生之后再进行评估。

实际上，这两种方式各有优缺点：事前评估的方式成本较高，可能会导致保费提高，但有利于保险人事先对相关风险情况有基本了解，做到心中有数，甚至可以提前预计到较大的风险从而拒绝承保；事后评估的方式，由于侵权行为和诉讼行为的发生概率总体不算高，能节省一笔可观的风险评估成本，但不利于保险人对风险程度的了解和心理预知，有时可能导致保险人承担较大的风险或责任。

值得注意的是，CJA 公司在《欧盟专利诉讼保险机制可行性研究报告》中明确指出，建议可以考虑将风险评估的时间点从保险合同签订时改为实际发生诉讼时的诉讼之前，主要原因在于：专利诉讼的发生概率比一般诉讼案件低，但相关的风险评估成本和费用较高，若等到实际诉讼程序被启动之后再进行风险评估，更具效率，况且，欧盟意欲推行的专利保险是建议在专利申请时就将新申请的专利作为投保对象，此时侵权行为尚未发生，进行风险评估的实际可操作性和必要性不大，也不易进行评估。在风险评估之后，仅仅在被保险人胜诉的概率超过 50% 时，保险公司才承担相关诉讼费用。

笔者认为，CJA 公司所建议的上述"风险评估"的时间点，其主要目的是为保险公司提供决定是否理赔的相关信息，作为保险公司的决策依据或参考，而非投保人与保险人签订保险合同时保费的计算依据或参考。因此，在专利执行保险和专利侵权责任保险等专利保险产品的保费计算问题上，建议参考相关专利所属的行业领域、诉讼成本、诉讼概率、利润率、专利组合、专利数等因素，综合考虑后予以确定，在特定情况下，建议可以考虑对某些投保人制定个性化投保方案，包括保险费确定的个案化，以及体现个性化需求。

就风险评估的阶段或时间点而言，在我国知识产权保险产品的设计中，一般来说，笔者更倾向于建议，将全面的、具有针对性的严格审查和风险评估时点放在实际的侵权行为或侵权诉讼发生之前，将其评估结果作为是否理赔的重要决策依据或参考；类似于 CJA 公司研究报告中的"知识产权哨兵方案"。

(二) 专利侵权责任保险

1. 专利侵权责任保险的一般框架

专利侵权责任保险是为产品生产商、销售商等主体所提供的为应对他人对其侵犯专利权的指控而设的一种责任保险。

（1）保险责任：被保险人侵犯他人专利权或者被保险人被起诉侵犯他人专利权时，保险事故发生，保险人的赔偿范围一般既包括应对诉讼和指控的诉讼费用，也包括侵权成立时被保险人的损害赔偿金额。

（2）保险人的赔偿范围：

a. 被保险人应诉专利侵权指控的诉讼费用；

b. 被保险人在应诉中指称原告专利无效而提起反诉的费用；

c. 被保险人启动再审程序作为应诉的答辩费用；

d. 第三人对被保险人提出的损害赔偿。

（3）保险人的除外责任：

a. 故意侵权行为；

b. 未列入保险合同的法律费用；

c. 罚金、罚款、惩罚性款项，对第三方造成的间接损失；

d. 犯罪行为；

e. 与技术有关的责任。

2. 我国专利侵权责任保险产品设计中的注意事项

笔者认为，就扩大专利侵权责任保险产品的普及程度等而言，我国的专利侵权责任保险应当主推给中小企业或小微企业，尽量吸引中小企业作为投保人。因为在这一方面，我国和欧盟的情况是类似的。

（三）专利申请保险的开发建议

专利申请保险（Patent Application Insurance），是针对专利申请过程中的风险为专利申请人而设计的一种双重保险。具体而言，当新申请专利权的主体投保后，在专利申请过程中，申请人能享受其发明创造获得专利授权和免遭他人侵犯的双重保险。因为该保险在投保后将被登记于国家专利局等相关行政部门处，此种登记将对潜在侵权人起到一定的威慑作用，可降低第三方在该专利申请审查期间对其实施侵权行为的风险。

关于专利申请方面的保险产品，我国的保险公司若有意愿进行开发、设计，可以参考或借鉴英国专利申请保险这一保险产品的相关经验和实践。笔者认为，从目前来看，该险种推行的意义不大，风险评估也不易操作。

（四）专利许可保险的具体设计建议

1. 专利许可保险的一般框架

（1）设立目的：专利许可保险的主要目的和功能是支持专利许可贸易的发展，更适合于典型的技术输出国。

（2）保险对象：主要保险对象是专利实施许可合同。

（3）运作流程：当发生保险合同规定的保险事故时，要求被保险人在规定的期限内向保险公司提交损害发生通知书，由保险公司审查后进行理赔。保险赔偿金由被保险人的受损金额乘以实际的保费付费比例来加以确定，同时不得超过赔付限额。

（4）承保范围

以日本的专利许可保险为例，其承保风险范围包括两类：一类是紧急风险，如外汇限制、进口限制、发生战争、革命或内战等、因政府间协定取消债务或暂停支付等；另一类是信用风险，如：被许可人破产、延期付款超过三个月。一旦专利许可使用人因战争等保险合同约定的原因导致被保险人依合同应得的相关许可费无法收回、导致损失时，保险人将有义务给付被保险人受到的损失。

2. 我国对专利许可保险的需求程度

从目前来看，我国对专利许可保险产品的市场需求可能不是很大。但是，随着我国技术创新能力的加强，在相关标准制定方面的发言权也越来越大，仍有部分技术创新能力较强、拥有自主知识产权的企业或其他主体对此类知识产权保险有较大需求。目前，我国的专利技术转让和许可市场比以前更活跃，而且，可以预见，我国高校、科研院校等的专利技术之转化率和应用率也有望通过改革而有所提高，因此，专利许可保险还是能在我国拥有一席之地的。

二 中国推行专利保险的模式选择

（一）专利保险的推行模式与可选方案

对于专利保险产品而言，一般有两种方案可供选择，即强制性保险和任意性保险。

1. 强制性保险与任意性保险的含义

强制性保险（mandatory intellectual property insurance）是指根据有关法律法规规定，某些特定主体不论意愿如何都必须参加的保险。任意性保险（voluntary intellectual property insurance）是指投保人与保险人双方在平等互利、等价有偿原则的基础上，通过协商一致，自愿订立保险合同，形成保险法律关系的保险模式。任意性保险往往是采用市场化运作方式，遵循当事人的自由意志而缔约保险合同的。

2. 强制性模式与任意性模式的利弊和影响

在《欧盟专利诉讼保险机制可行性研究报告》中，CJA 公司认为，衡量专利保险机制完善与否的标准,主要是看其能否达到以下几个目标:(1)能否满足一般专利权人的需要;(2)能否促进欧盟专利体系的发展;(3)能否提供足够的利益以吸引保险公司开展相关业务。

关于专利保险机制的具体模式,CJA公司提出,强制性保险模式的优点和必要性主要在于:一是能使投保主体的范围扩大,有利于保证业务规模、聚积保费,能达到分散风险的目的;二是能避免一开始就进行技术风险评估,从而避免风险评估的成本过高;① 三是十分有利于控制保费,因为保险学中的"大数法则"决定了,业务规模效应有利于降低、甚至大幅度降低保费标准。由此可见,对于欲尝试实施知识产权保险的国家或地区而言,强制性保险模式非常具有可尝试性。而任意性(自愿性)保险模式则可能难以推广与实施,主要原因在于:风险评估的成本难以降低,可能导致保费居高不下,从而影响投保人的投保积极性,而知识产权保险运营金一旦不足,会导致风险无法得到有效分摊,最终导致难以实施、走向失败。

CJA公司的报告在经过充分研究后明确建议欧盟采用强制性模式,其主要理由如下:

其一,欧盟地区专利诉讼保险机制之所以无法有效运作的主要原因,从保险需求而言,是因为企业尚未充分意识到其专利权是否受到了侵害,或者不知道市场上存在着此类保险产品,或者觉得保险费太高了;而从保险产品供应的角度看,是由于足够多的数据资料的缺乏,导致保险业界无法制定出合理而且能长期运作的保险费和保险金制度。相比之下,强制性保险的推行模式一方面能够弥补企业的保险意识不强这一问题,另一方面能有助于收集更多的数据资料。

其二,大企业往往通过申请禁制令拖延诉讼从而导致专利保险失效,而中小企业或生物科技、软件业因为过高保费不愿购买保险从而受制于人。强制性保险的主要目的在于保护国家、企业等主体作为知识产权权利人的基础性利益,因此一般来说仅能提供基本性保障,保险费率要由相关部门统一计算、论证后确定,保单也须经相关部门研究后确定,采用标准化、定制化保单,很难体现个性化保险需求。由此,实行强制保险可以使

---

① 将风险评估时间由保险合同签订时后移至诉讼前进行,主要是因为专利诉讼的发生概率比一般诉讼低、但风险评估花费昂贵;待诉讼提起后再进行风险评估较有效率,且欧盟所欲执行的专利保险是在专利申请时对新申请专利权投保,并且在诉讼前进行风险评估后,只有当被保险人的胜诉概率大于50%时,保险人才负担诉讼费用。

得中小企业支付相对较少的保费额而有能力提起昂贵的诉讼以抗衡大公司。

其三，保险市场是高度信息不对称市场，容易导致逆向选择（reverse selection）的问题。保险人只能向所有投保人提出大致类似的保险价格，而在同等条件下，高风险类型的投保人将购买更多保险，而低风险类型的投保人认为基于平均损失率的保险费率过高，所以决定不购买保险，这无疑会提高所保风险的平均损失率，从而进一步提高了保险费率，进而引发更多人退出保险，"劣币"驱逐"良币"。

CJA公司还提出，强制性保险的可行性体现在：（1）强制性模式是有限制的，并非绝对性的；（2）强制性模式也存在有限的例外——跨国公司，那些全球性的跨国公司可以豁免于强制保险之外，因为他们大多数已设立年度专利诉讼预算，发生专利诉讼对他们而言属于预算支出而非风险、属于其全球性商业计划的一部分。

笔者认为，CJA公司在上述报告中的观点是十分中肯和客观的，值得赞同。总体而言，任意性（自愿性）模式的自主选择程度高、执行程度低；而强制性模式的执行程度高、行政干预程度高，不过，刚开始可能会遭到部分主体的排斥或抗拒心理。

（二）我国推行专利保险模式的应然选择

1. 须考虑的因素

关于知识产权保险产品在我国推行的模式选择问题，笔者认为，无论何种模式，必须符合以下几个基本要求：一是须符合被保险人（权利人）的需求，保费相对合理、不能过高；二是有利于保险行业的可持续发展以及科学技术的发展；三是对保险公司有吸引力和最基本的利润空间；四是须具备可行性和可操作性。

2. 我国推行专利执行保险的模式选择——政府引导型

笔者认为，在我国专利执行保险推出的初期，建议国家或地方政府在最初2—3年为投保企业提供一定比例的保费补贴，该种补贴可以逐年递减，以协助该保险产品避免市场失败。主要原因在于：首先，在目前各种风险、事故数据信息并不完备的前提下，要想避免逆向选择和道德风险对保险公司而言是相当困难的；其次，作为一个全新的保险产品，市场主体和潜在的客户对其有一定的陌生感和不信任，缺乏充分的了解和认知，也需要一个时间段进行过渡和缓冲。

在试点工作的早期，国家知识产权局或地方相关部门均在推行专利执行保险的前三年，暂时采用由政府相关部门为企业提供部分保费补贴或资助的形式，尤其是第一年，部分地区的保费补贴非常高（有的甚至达到了100%）。这种模式可以称为"政府引导型"或"政策性"模式，与日本知识产权许可保险的政府主导型和美国知识产权保险的自由市场型均有所不同。

笔者认为，自由市场型模式不适合我国目前的实际情况，极易导致市场失败。在新险种推出的前期和起步阶段，政府引导或政策扶持还是非常必要且重要的。对我国而言，政府引导型模式不仅有利于充分发挥相关部门在企业筛选、风险防范方面的部分作用，有效防范部分企业"带病投保"的逆向选择问题，还有利于扩大投保规模、降低保费、实现"大数法则"。

另一方面，政府主导模式或者强制保险模式也不适合我国。欧盟曾研究、探讨过强制保险模式的可行性和潜在影响，而英国的"商标、专利及设计联盟"（Trade Mark，Patent & Design Federation，简称 TMPDF）就对强制保险模式表示强烈反对，认为强制专利保险模式将会造成明显提高获得和维持专利的成本、增加法律上的不确定性、助推专利流氓（Patent Troll）和专利侵权行为等负面影响。[①]

在政府引导型模式中，政府的"引导"作用主要体现为相关政府部门的推荐、介绍、遴选，或者组织、协调等辅助性工作，以及初期、短期的补贴或资助等扶持政策。在我国专利执行保险这一新险种的推行过程中，知识产权局等知识产权相关政府部门参与了新险种推介、专业知识培训、投保企业遴选、优质专利遴选等工作，并在初期提供部分保费补贴或资助，借助政府引导和政策扶持，起到了加速推动专利执行保险产品的市场化和成熟化的作用。

当然，政府引导或政策扶持并非长久之计，也不是最终目标。我们更希望的是，在该新险种在市场上全面推广后，在获得较高的市场认知度后，政府相关部门退出市场、不再提供资助或补贴，使该险种的运营转变为完全的市场化运作。

3. 我国推行专利侵权责任保险的模式选择

与专利执行保险相比，专利侵权责任保险对我国企业而言似乎更为重要。以甚嚣尘上的美国"337条款"为例，该条款和调查的影响面广、影

---

① Trade Mark，Patent & Design Federation. Comment to European Commission repatent litigation insurance，http：//www.ipfederation.com/document_download.php?id=53，2013-08-15）［2014-10-14］．

响力十分巨大，动辄将对我国出口企业构成严重威胁。从这一点来看，我国确有开发与推行专利侵权责任保险等保险产品的必要①，提高相关企业的应诉能力和抗风险能力。无论是从国家层面还是企业层面看，专利侵权责任保险的实施与推广都是大有裨益的，能发挥独特的经济补偿功能。

基于上述理由，加上强制性保险模式的优点，可以预见，在保险产品推向市场的初始阶段，强制性模式能有效确保一定数量的（甚至足够多的）投保主体，帮助保险公司度过新险种推行初期需经历的"阵痛期"。同时，建议由国家或地方财政对符合特定条件的投保人提供一部分保费补贴，这样既能有效解决部分企业认为保费过高的问题，也能有效确保保险公司最基本的利润空间。

由此，笔者建议，我国专利侵权责任保险的推行可以采用国家部分干预的半强制性模式。具体操作方式为：保险公司应首先对普通专利诉讼和复杂专利诉讼的基本费用分别进行统计和估算，而后据此将专利保险分为两个不同的层次：第一层次保险的最高理赔金额处于一个相对较低的水平，但足以支付普通或简单专利诉讼的基本费用，大多数的专利纠纷属于第一层次。由于第一层次保险的期限为1年，保险费用也比较低廉，所以第一层次可考虑采取强制性保险模式，要求专利申请人在申请专利时必须缴纳保险费、购买该保险。而在第二年权利人缴纳专利维持费时，应当允许其根据自身具体情况，如专利的市场价值是否能得到基本体现等情况，来选择退出保险、抑或续保以获得更完备的保障。若选择续保，则进入第二层次的专利保险。第二层次保险的最高理赔金额处于一个相对较高的水平，其足以支付比较复杂或严重的专利诉讼的费用。由于第二层次保险的期限延长为专利剩余的有效期，其保险费相对较高，所以此阶段可采取自愿性保险模式。

综上所述，当前我国正在推广的科技保险存在着缺乏核心险种、仅限于高新技术企业、程序比较烦琐以及财政补助具有偏向性等缺点和局限性，不能满足相关企业的保险需求，也不能替代专利执行保险和专利侵权责任保险的独特作用。参考《欧盟专利诉讼保险机制可行性研究报告》，我国的专利保险机制在宏观上应当在增加核心险种、扩大参保企业覆盖面、自愿保险与强制保险相结合以及政府基金与商业保险相结合等方面努

---

① 有学者认为，我国现阶段实施专利侵权责任保险的必要程度要高于专利执行保险，参见宋来仕《我国专利保险制度构建研究》，硕士学位论文，华东政法大学，2010年，第43页。

力改进。

三 中国推行专利保险的配套机制建设建议

（一）全面启动专利保险综合服务平台建设

笔者认为，我国应当全面启动专利保险综合服务平台建设，以便为包括专利执行保险在内的专利保险服务提供更强有力的支撑。

专利保险综合服务平台是指包括专利保险业务咨询、专利代理、专利检索与分析、专利价值评估、专利风险评估、法律咨询、法律服务等服务在内的综合服务平台。专利保险业务涉及面广、专业性强，保险公司自身难以胜任众多复杂的服务内容，而且在专业的风险审查、风险评估及风险管控等方面均有不小的困难。因此，对保险公司而言，平台或相关服务机构的支撑是必要且必需的。另一方面，从企业需求角度而言，从相关市场调研的结果来看，绝大部分企业希望购买的不仅仅是一张保单，在理想的情况下，企业希望购买到的是囊括了起诉、应诉等法律服务在内的全面而省心的"服务"；如果可能的话，企业甚至还希望能享受到专利检索、风险评估、法律咨询等全方位的服务。这样的保险产品才是企业心目中真正迫切需要的好产品。目前看来，要实现专利保险产品与市场需求、企业需求的完美的"无缝"对接，尚需时日。

（二）逐步实现产品与市场及企业需求的对接

在专利保险产品的设计方面，实现产品与市场及企业需求的对接尚有一段距离。

在产品设计方面，建议针对不同种类的企业及企业需求，设计出有层次的、多样化的产品：其一，可以考虑设计"基本保险"产品和"定制保险"产品两个主要层次，分别针对中小微型企业和大企业，两者的保费水平和保障水平存在显著差异。其二，可以考虑将专利执行保险与其他保险产品"打包"销售，或者将专利保险与商标保险、版权保险等集合成知识产权综合险，推销给部分存在此类知识产权风险的企业。

在营销渠道上，可以考虑充分发挥专利事务所、专利代理人甚至律师事务所等的作用，在专利代理或法律咨询的过程中向企业推介、宣传专利执行保险等险种，可以探索与其他机构的合作机制。

在投保流程和理赔程序的设计上，建议适当简化投保流程，提供清晰、明了的投保指引性文件，在条款中采用便于理解的、不易产生误解的表述方式。值得重视的是，理赔程序也相对重要。建议简化理赔程序，可探索先行赔付机制和绿色理赔通道,① 增强对企业的吸引力。

总之,通过丰富险种、采取灵活多样的组合性投保模式、设计阶梯式的保费方案、满足不同企业的不同需求、多方位的营销模式,简化投保、理赔流程并提升服务质量,相信必能进一步推动我国专利保险市场的发展。

(三) 建立专利保险风险补偿机制

如前所述,目前广东佛山和深圳等地区的事故年度赔付率较高,对保险人而言,该业务的经营风险不低。针对这一现状,十分有必要探索建立针对理赔环节的风险补偿机制。

这种风险补偿机制可以体现为保险金赔付范围上的最高额限制或者最高赔付比例的限制,也可以由保险人与国际再保险市场合作,通过再保险机制来分散部分风险。

还有学者提出,可以考虑建立投保专利审核分级机制;当专利保险实现规模化后,政府应当建立投保企业信用监督体系,对于有"带病投保"、骗保等不诚信行为的企业,不仅保险人免于承担保险责任,而且取消该企业在其他政策性补贴等方面的优惠政策。② 笔者深表赞同。

(四) 其他建议

除上述几方面外,在提升广大企业尤其是中小微企业的知识产权风险防范意识和对专利保险等知识产权保险产品的认知度方面,在加强对专利执行保险等险种本身的研究方面,在营销策略和合作模式等方面,我们也还有不少工作需要做。

实际上,无论是政府引导型推行模式,还是专利保险综合服务平台的建设,目的也都是为了拉近产品与企业之间的距离,间接降低保费,为企业提供更好的、全方位的、贴心而省心的服务,以吸引企业投保,扩大投保规模,实现"大数法则";继而通过大数法则和规模效应,达到分散并降低保险人业务风险的目的,以期实现良性循环,并实现我国知识产权保险市场的可持续发展。

---

① 王文静:《促进我国专利保险发展的若干建议》,《中国发明与专利》2014年第9期。
② 王文静:《促进我国专利保险发展的若干建议》,《中国发明与专利》2014年第9期。

第七章 中国著作权保险产品开发的现状、需求与具体方案

第一节 著作权保险产品的现状分析

一 著作权的特点和著作权保险产品概述

著作权具有知识产权的一般特征即客体的无形性,这使得相较于一般的有形财产而言,作为著作权客体的文字、音乐、戏剧等作品更易受到侵权风险,现实中盗版、剽窃的现象也频繁发生。著作权的另一特点在于,因作品一经完成就自动获得著作权,无须经过注册或登记程序,实践中进行版权登记的也是少数情形;使得著作权的权利归属难以确定,进一步加大了著作权人的维权难度。

著作权的客体范围十分广泛,包括文字、音乐、戏剧、美术、建筑、摄影、电影、工程设计图、计算机软件等多种作品,广义的著作权还包括邻接权,即与著作权有关的权利,客体的多样性和权利主体的多样性也使著作权的保护问题呈现出复杂性,往往因作品的种类和使用方式不同而有所区别。

著作权保险大体是指以著作权中的财产权为标的,由保险人和被保险人约定保险金额,订立合同,投保人根据合同约定向保险人交付保险费,在合同约定的保险事故发生时,保险人履行向被保险人给予保险金之义务的保险模式。

国际上主流的著作权保险产品还是以著作权诉讼费用保险为主,诉讼费用保险的投保主体十分广泛,可以是著作权人,也可以是任何有可能侵犯他人著作权的主体。根据被保险人角色的不同,著作权保险还可细分为著作权侵权责任保险(被告险)和著作权执行保险(原告险)两种。著作权侵权责任保险以被保险人因自身著作权使用中侵犯他人合法著作权而

承担著作权侵权损害赔偿责任而发生的经济损失为标的，主要包括被保险人被诉侵权时所花费费用、败诉时需支付的损害赔偿费用以及其他必要费用，因其主要目的是规避侵权风险，具有被动性特点，常被称为著作权防御保险；而著作权执行保险主要承保的是被保险人因他人侵犯其享有的著作权提起维权诉讼过程中的费用支出，包括诉讼费用、反诉费用以及相关程序费用。因其主动进行维权的进攻性，也被称为"著作权进攻型保险"[1]。诉讼费用保险仅仅承保诉讼费用，不包括侵权损害赔偿责任，但著作权侵权责任保险往往会覆盖一定的侵权赔偿金，一般是法院判定的侵权损害赔偿金额。

如前所述，20世纪90年代末，美国知识产权保险服务公司（Intellectual Property Insurance Service，简称IPISC）为了使版权保险产品在竞争激烈的保险市场中得以生存并实现盈利，创新性地提出了将投保人与保险人进行利益捆绑，逐步推动版权保险产品独立且将业务细化，并相继推出了版权侵权保险、版权财产保险和版权担保保险等一系列产品[2]。这些创新的保险方式使得版权保险产品在实践中得到了有效推广。[3]

1996年3月，英国伦敦劳埃德保险公司开展了法律诉讼费用保险，法律诉讼费用保险与知识产权相结合就成为知识产权诉讼费用保险，其又可分为知识产权应诉保险和知识产权追诉保险。应诉保险旨在保护受到侵权起诉的当事人，适用于知识产权权利人以及非权利人，偿付其在知识产权侵权诉讼中因应诉所必须支出的诉讼费用，包括律师费用和因侵权需支付的损害赔偿金。追诉保险可适用于知识产权中的专利、商标、著作权和商业秘密，主要适用于较为确定的诉讼，为原告支付起诉侵权者的诉讼费用。[4]除了知识产权诉讼费用保险，英国的知识产权保险业务范围越来越广，覆盖的国家也越来越多，并朝着更专业的方向发展，出现了专门针对各行业的定制保险。以 Vantage Insurance Service（VISL）公司为例，它旗下的 Imagining Insurance 的作家保险（Writer Insurance）覆盖全面，包括

---

[1] 参见曹臻《版权保险制度与数字出版产业协同发展问题研究》，《中国出版》2017年第20期。

[2] 参见曹臻《版权保险制度与数字出版产业协同发展问题研究》，《中国出版》2017年第20期。

[3] 资料来源：《视觉中国启示录——保险对版权的保护作用》，"互联网保险观察"，雪球网站，https://xueqiu.com/4195703616/127515849，发布时间2019年11月11日，最后访问时间2021年2月17日。

[4] 武宏亮、浦立丛：《英国法律诉讼费用保险及其启示》，《上海保险》2001年第7期。

诽谤、诋毁、侵犯著作权、违反保密性以及公众责任。①

二 中国著作权保险产品的现状

目前，我国市场上的著作权保险产品，主要有著作权诉讼费用保险、著作权合同保险和海关监督检查盗版产品险②。我国信达财险等公司还推出了著作权交易保证保险产品，主要适用于影视行业，尤其是为拍摄电影而融资的情形。此外，还有著作权侵权责任保险，也有著作权合同保险以及海关版权盗版产品险等其他种类的保险产品。

2019年4月13日，在"2019年岭南知识产权诉讼大会"上，中国平安财产保险公司广东分公司与原创易安信息技术有限公司达成合作，发布了我国市场上首个作品维权创新保险合作模式，即可以为相关作品的著作权买保险，一旦发现被侵权并且法院立案后，首先由保险公司进行理赔。该款作品版权维权保险产品的发布，可以说是我国著作权保险领域的新突破。

虽然我国的著作权保险产品起步较晚，市场化程度不高、也不够完善，但总的来说，我国著作权保险的前景依然可观，可谓"挑战与机遇并存"。

1. 我国著作权保险产品面临的挑战

（1）我国早期的著作权保险产品

早在2010年，信达财产保险股份有限公司就联合北京东方雍和国际版权交易中心有限公司联合推出了中国第一款著作权保险产品——著作权交易保证保险。据媒体报道，其承保范围主要是"在著作权的交易过程中，因著作权交易合同的买方所购著作权存在瑕疵被诉侵权赔偿而遭受的损失"③。所谓的"著作权瑕疵"，是指买方购买卖方著作权的行为确实存在，但卖方并非真正的著作权人或者不享有全部的著作权，④包括三种情况：（1）著作权交易的卖方对交易合同中的作品不享有著作权；（2）卖方的交易未经著作权共有人的许可；（3）卖方未得到第三方的同

---

① 资料来源：https://www.imaginsurance.co.uk/insurance/writers-insurance/（imagining insurance官方网站），发布时间2019年11月12日，最后访问时间2021年2月17日。
② 杨帆、李鋆：《我国著作权保险的发展模式与制度构建研究》，《私法》2016年第1期。
③ 参见杨帆、李鋆《我国著作权保险的发展模式与制度构建研究》，《私法》2016年第1期。
④ 邱敏焰、邢曦：《我国版权保险发展现状研究》，《法制博览》2016年第15期。

意或授权。① 买方因上述情况被诉侵权时，可直接根据保险合同获得赔偿，不需要先向卖方索赔。

由于上述保险产品旨在降低卖方著作权瑕疵带给买方的侵权风险，减少著作权交易的成本，所以一经推出，就有新浪、优酷、酷 6 这三家公司与信达财险签署了合作协议。

无独有偶，2016 年中国平安产险与互联网法律服务平台"赢了网"合作，也推出了一款著作权保险产品，针对著作权侵权领域的"个人法律费用补偿保险"。著作权侵权纠纷的保费金额分别为 70 元和 140 元，保障额度均为 1 万元和 2 万元。在投保一个月后保险正式生效，在保险期间内一旦发生著作权纠纷，用户可以通过"赢了网"委托律师，只要法院正式立案，无论官司输赢，被保险人所支付的律师费和诉讼费（包括案件受理费、申请费）均可在保障额度内由保险公司理赔。②

应当承认，上述两家保险公司对著作权保险领域的尝试和产品创新值得肯定，但这两款保险产品在后续推行过程中成绩却不理想。作为我国首款文化产业与保险产业相结合的新兴险种，著作权交易保证保险的折戟固然与缺乏经验有关，但还有更深层次的原因值得我们思考。

(2) 我国早期著作权保险产品折戟带来的思考

当前，我国著作权保险市场的发展依然面临着许多困难。

首先，从外部市场环境来看：

①我国知识产权保险整体的发展情况不够理想，缺少相关的法律法规和政策规定的支持，相应的著作权市场机制体系和秩序都并未确立，没有建立完善的数据库信息，相关风险的确定及保费厘定缺少有效数据参考；

②保险行业缺少相关专业保险人员。与普通财产保险不同，知识产权客体无形性的特征要求著作权保险的相关人员既精通保险理论又熟知著作权的相关规定，还能对著作权进行风险评估，但目前我国在著作权保险的开发设计、风险评估、核保、定损、理赔等方面发挥有效作用的专业人才十分紧缺，这也让著作权保险在我国的发展变得更加困难；

③市场主体普遍缺乏对著作权的风险管理意识和维权意识。我国中小

---

① 姚洋：《论我国著作权交易保证保险的完善：以信达财险为例》，硕士学位论文，辽宁大学，2013 年。

② 资料来源：大河网：《个人法律费用也可以被补偿？赢了网携手平安产险推出创新保险》，http://q.dahe.cn/2016/11-03/107712432.html，发布时间 2016 年 11 月 3 日，最后访问时间 2019 年 11 月 17 日。

企业对著作权风险管理的投入少之又少，一方面他们没有认识到著作权对于企业创新发展的重要性以及企业发展过程中可能遇到的著作权侵权风险；另一方面，在出现侵权行为后，一部分公司和著作权人会碍于情面、共同失声，宁愿损害自己的实际利益、也不愿意站出来维权。

④由于保险行业在我国发展较晚，相当一部分人对于保险存在着不信任感，而且大部分作为个体的著作权人收入微薄，没有再分出一些钱投保的意愿，总体意愿不强。

其次，从著作权保险自身来看：

a. 著作权的权属认定及权属证明比较困难，这是著作权保险产品运作的一个重要前提。鉴于我国采用的是著作权自动取得原则和自愿登记制度，作品一经完成即获得著作权，登记并不对著作权的取得产生任何影响；而实践中我国著作权自愿登记率又很低，与发达国家相去甚远，加上著作权在市场流转中还会产生新的权利人，这些都为著作权权利归属的认定带来了困难；

b. 著作权价值评估困难。著作权作为无形资产的价值固定十分困难，图书、摄影作品等著作权产生的商业价值不好评估，这为设计著作权保险的保险费率和赔偿金额都带来一定的难度；

c. 著作权保险风险性偏高。我国著作权侵权现象严重，市面上盗版、剽窃现象屡见不鲜，但和专利、商标的侵权现象不同，以文学作品为例，大部分的侵权主体多为个人，抄袭行为的认定难度增大，而且针对一部作品的侵权损失不大，即使法院判赔，金额也不高。侵权行为普遍、个体侵权现象多发、侵权行为认定困难、侵权损失偏小等都为著作权保险带来一定的风险。

总之，与专利权和商标权相比，著作权保险在发展过程中面临的问题较为复杂，无论是外部环境还是著作权保险自身都有各种各样的困难出现，这都为我国著作权保险带来不小的挑战。

2. 著作权保险产品的发展机遇

随着我国《著作权法》的不断完善、著作权市场规模的扩大、著作权保护需求的加大、著作权产业国际化程度的加深，这些都为我国著作权保险市场的发展成就了难得的发展机遇。

（1）国家政策的大力支持

2014年12月我国颁布了《深入实施国家知识产权战略行动计划（2014—2020年）的通知》，该通知明确提出，要促进现代服务业发展，"支持银行、证券、保险、信托等机构广泛参与知识产权金融服务，鼓励商业银行开发知识产权融资服务产品"。①

2016年7月，国务院下发《知识产权强国意见》重点任务分工方案，从管理体制机制改革、知识产品保护手段、知识产权对外合作等方面进行详细分工。

(2) 著作权保险巨大的发展潜力

随着国家文化产业的快速发展，作品数量也呈井喷式发展。据国家版权局2018年发布的《2017年全国作品登记情况统计》，我国2017年共有2001966件登记作品。② 而"大IP"概念的出现，又让越来越多的文学作品影视化。但伴随而来的就是大量的"抄袭"声音，除了法院判决的《宫锁连城》抄袭《梅花烙》，2015年上映的《夏洛特烦恼》也被影评人指出抄袭20世纪80年代的美国电影《佩姬苏要出嫁》。

作品数量的增多以及侵权行为的频发都为著作权保险市场带来广阔的需求。我国虽然保险行业发展较晚，但发展的速度却十分迅速，发展势头也非常迅猛。前期对专利保险产品、其他类别知识产权保险产品的探索和试推行，也为著作权保险产品的设计、推行打下了一定的基础，因此有巨大的发展潜力。

第二节 著作权保险在中国的需求分析

一 著作权的特点及其复杂性

与其他类别的知识产权相比，著作权的特点和复杂性主要表现在以下几方面：

(1) 著作权主体十分广泛，既包括直接进行作品创作的作者，也包括其他依法享有著作权的自然人、法人或者非法人组织③，如著作权的被许可使用者和著作权的合法继承人，国家在特别情况下也可以成为著作权

---

① 参见杨帆、李鋆《我国著作权保险的发展模式与制度构建研究》，《私法》2016年第1期。

② 资料来源：http://www.ncac.gov.cn/chinacopyright/contents/11228/386868.html（中华人民共和国国家版权局官方网站，2017年全国作品登记情况统计），发布时间2018年10月10日，最后访问时间2019年11月17日。

③ 参见我国现行《中华人民共和国著作权法》第9条。

的主体。

（2）著作权的客体范围十分广泛，主要包括：文字作品、口述作品、音乐、戏剧、曲艺、舞蹈、杂技艺术作品、美术、建筑作品、摄影作品、视听作品、工程设计图、产品设计图、地图、示意图等图形作品和模型作品、计算机软件，以及其他符合作品特征的其他智力成果①。

（3）著作权的内容非常丰富，包括人身权和财产权，具体表现为：人身权利主要有署名权、发表权、修改权、保护作品完整权；财产权利则有复制权、发行权、出租权、展览权、表演权、放映权、广播权、信息网络传播权、摄制权、改编权、翻译权、汇编权等。②

（4）著作权具有强烈的人身性质，保护期限与其他知识产权也不相同。③

（5）广义的著作权还包括邻接权，即出版者的权利、表演者的权利、录音录像制作者的权利以及广播组织者权。

著作权的这些自身固有的特性使得著作权保险的需求分析在不同方面会表现出不同的情况。而网络时代的快速发展在著作权领域的突出表现如"大数据""大IP"等层出不穷的新名词，又暗示着不少新的风险点。

以下将从基于著作权自身特性的传统需求和网络时代新的风险点两个方面对著作权保险产品进行需求分析。

二 传统的需求分析

此处主要针对著作权的不同主体及主要客体进行著作权保险需求分析。

（一）针对不同主体的需求分析

1. 著作权人

这里的著作权人是指原始取得著作权的人和通过继受取得著作权的人，前者是指作品在创作完成之时就取得了著作权的人，除作者外，还包括我国《著作权法》规定的因"特殊职务作品"而享有除署名权之外的著作权的单位，以及在委托创作作品中，双方约定享有著作权的一方为委托人。后者是指通过受让、继承、受赠和其他法定方式取得著作权的人。

这类著作权人既包括自然人，也包括法人和非法人组织，虽然根据我

---

① 参见我国现行《著作权法》第3条。
② 参见我国现行《著作权法》第10条。
③ 参见我国现行《著作权法》第四章"与著作权有关的权利"这一部分。

国《著作权法》的规定，著作权的继受主体不能享有完整的著作权，但是指著作权中的人身权利不得转让。因此这类著作权人共同的特点为享有的财产权利都较为完整，著作权的保护期限很长。

根据该类著作权主体的这些特征，其面临著作权侵权的风险是长期且全面性的。针对这一特点，该类著作权主体对著作权保险的需求多为覆盖所有类型的长期型著作权保险，主要表现为：涵盖范围广、保期较长，任何时候发生侵权行为都不影响保障内容；具有相对性、可变性、灵活性的特点，除了保险合同另有特别约定或已发生保险金给付的情况外，投保人在任何时候都享有可以终止合同的权利。

2. 其他著作权利人

其他著作权利人，是指根据双方签订的著作权许可使用合同，经过著作权人的授权许可，在特定的期间和地域范围内以约定的方式对著作权人的作品进行商业性利用的被许可人。

通过上述对该类权利人权利取得方式的描述，可见其特点在于：（1）需要交付许可使用的费用；（2）被许可使用人的权利不完整，通常为著作权财产权利中的一种或几种；（3）对著作权的使用有方式、时间和地域范围等方面的限制。

针对这类著作权人的权利特点，其面临的著作权侵权风险也有以下特征：首先，侵犯的著作权权利具有明确的指向性；其次，侵权行为具有较强的时效性；最后，侵权行为会导致较大的损失，既包括前期交付著作权人的使用费用，也包括利用该权利可获得的利益。

因此，该类著作权利人对著作权保险的需求通常为针对性强、赔付及时，最好能涵盖损失的短期特定类型的保险，需求分析情况详见下表7-1。

表7-1　　　　　针对不同主体的著作权保险需求分析

著作权主体类别	享有的权利特征	面临的侵权风险特征	著作权保险需求分析	适合的保险类型
著作权人（原始著作权人、继受取得的著作权人）	财产权利完整；著作权保护期长	全面性；长期性	保险范围广；保期长；相对性、可变性、灵活性	长期全面保险
其他著作权利人（主要包括著作权被许可使用人）	享有的财产权利不完整；对权利的行使有限制	明确的指向性；较强的时效性；损失大	针对性强，赔付及时	短期特定保险

(二) 针对不同客体的需求分析

1. 文字作品

文字作品是指"小说、诗词、散文、论文等以文字表现的作品"。① 文字作品区别于文学作品，涵盖的范围更广。根据国家版权局的统计，2017 年全国总计有 480640 件登记的文字作品，因为文字作品著作权的取得无须进行登记，已经登记过的也无须续展，由此可以想见市面上的文字作品的数量是多么庞大。

文字作品领域还存在一些问题，比如抄袭剽窃现象，郭敬明的《梦里花落知多少》被法院判定为抄袭庄羽的《圈里圈外》。

然而，更多的抄袭事件最后结果都是在公众视野里销声匿迹，真正诉至法院的更是寥寥无几。这主要是因为大部分文字作品的作者认为打官司时间长花费大、很难认定抄袭、即使胜诉判赔金额也不高，于是便不愿诉诸法庭，最后只好不了了之。

此外，文字作品尤其是文学作品通常还会发生进一步的"影视化"操作，这也使得针对文字作品的侵权行为通常还会涉及影视作品。如电影《少年的你》被质疑"抄袭"东野圭吾的《白夜行》。

侵权行为频发、侵权认定困难、诉讼成本过高，针对文字作品的这些侵权风险特点，无论是权利人还是侵权的一方都对著作权保险有诉讼费用方面的需求，且侵权人还面临着败诉的风险，因此对保险还有弥补损害赔偿金等经济损失方面的需求。

2. 音乐等艺术作品

2019 年 11 月，历时一年半，"腾讯音乐"因周杰伦作品起诉网易云音乐侵权一案的一审判决结果出炉。广东省深圳前海合作区人民法院作出判决，被告应于判决生效之日起五日内赔偿原告腾讯音乐经济损失及制止侵权的合理开支共计 85 万元，并未支持腾讯音乐提出的经济损失及维权支出的 499 万元；驳回腾讯音乐其他诉讼请求，包括公开赔礼道歉、消除影响。案件受理费 46720 元，由被告负担。②

可见，随着时代发展，音乐的载体经历了从磁带到光盘再到现在的数字化形式的一系列变化，一方面促进了音乐的传播，另一方面也导致侵权

---

① 参见我国《著作权法实施条例》第 4 条第 1 款第 1 项的规定。
② 参见腾讯音乐娱乐科技（深圳）有限公司与杭州网易云音乐等公司录音录像制作者权权属纠纷一审民事判决书，广东省深圳前海合作区人民法院（2018）粤 0391 民初 802 号民事判决书。

行为更容易发生。

目前，音乐作品的侵权行为集中在以下几个方面：

a. "洗歌"行为。所谓"洗歌"就是抄袭，根据《著作权法实施条例》的规定，音乐作品是指"歌曲、交响乐等能够演唱或者演奏的带词或者不带词的作品"①，因此"洗歌"也表现为两个方面，一是抄袭歌词（也可构成文字侵权），二是套旋律。

b. 网络数字音乐侵权。随着网络的快速发展，盗版复制已经从以前的盗版磁带盗版光碟，到现在的网络数字音乐侵权，如前述的"腾讯音乐诉网易云音乐案"。

c. 未经著作权人许可的使用行为。如：汪峰禁止旭日阳刚演唱《春天里》，此外还包括 KTV 未经著作权人许可擅自播放音乐作品（不考虑 MV）、短视频的背景音乐等。另外近几年随着歌唱类综艺节目的走红，未经许可就在节目中演唱的现象也频繁发生。如在"歌手 2019"第 8 期节目中，男团演唱了张杰的《好想大声说爱你》，但因著作权问题在节目的网络回放中被剪掉。

虽然侵权行为呈现出多样化趋势，但概括出来主要表现为以下几个特点：（1）侵权主体扩大，侵权行为普遍，主要是网络用户通过信息网络等途径实施的；（2）侵权行为的认定较为困难，尤其是在网络技术高度发达的今天，侵权行为与合法使用行为混杂于铺天盖地的网络信息中，隐匿于网络音乐作品的存储、上传、下载等行为中，非法与合法的边界趋于模糊、难以把握；（3）责任承担认定及举证难度较大。

音乐作品的维权也存在着司法救济成本过高问题，这一点可参照关于文字作品著作权保险需求分析的部分，此不赘述。

至于"网络用户侵权"等难以确定侵权主体或难以获得赔偿的侵权行为，音乐作品著作权人的保险诉求大多是希望获得一定的保险赔偿。

3. 影视作品

影视作品主要是指电影作品以及以类似摄制电影等方式创作的作品，后者如 MV、微电影等，而随着移动网络的发展，像"抖音"等短视频也有司法判例将其定义为类电作品。我国新实施的著作权法将这一类作品称为"视听作品"，以适应现实发展的需求。但因新法与旧法的交替存在一定的过渡期，而且我国与新《著作权法》相配套的《著作权法实施条例》尚在制定过程中，所以现行《著作权法实施条例》的相关条款仍将在过

---

① 参见我国《著作权法实施条例》第 4 条第 1 款第 3 项的规定。

渡期内继续发挥作用。

我国现行《著作权法实施条例》第 15 条规定："电影作品和以类似摄制电影的方法创作的作品由制片者享有，但编剧、导演、摄影、作词、作曲等作者享有署名权，并有权按照与制片者签订的合同获得报酬。电影作品和以类似摄制电影的方法创作的作品中的剧本、音乐等可以单独使用的作品的作者有权单独行使其著作权。"

在此主要探讨传统的影视作品的制片人享有的著作权。影视作品有其自身特性，即商业化程度高，具体表现为：投资高、制作周期长、以票房收益或收视率为主要目的。

影视作品面临的侵权风险主要包括以下几种：

（1）盗版。盗版现象层出不穷，从以前的盗版光碟到现在的网盘、超链接、短视频等多种多样的新方式，花样不断翻新。经常一部电影刚上映没多久，网上就已经有了，给影视制片人等著作权人造成不小的损失；

（2）抄袭。像于正的《宫锁连城》抄袭琼瑶《梅花烙》，虽然琼瑶胜诉并获赔 500 万元，但在法院判决结果出来前，湖南卫视已加紧播完了该电视剧；

（3）改编作品的原作品存在权利瑕疵；

（4）未经著作权人许可的擅自使用行为，如未取得制作者授权的以谷阿莫等为代表的自媒体的影视解说。

影视制作公司往往资金雄厚，而且风险防范意识较强，因此，为防止自己的作品（包括素材）被盗用，降低损失，普遍会有较强的投保意愿。针对影视作品面临的侵权风险，影视公司对著作权保险的需求主要是法律费用、侵权赔偿和交易保证等方面。

4. 摄影作品

2019 年，人类首张"黑洞"照片将视觉中国这个"版权黑洞"推到了风口浪尖，这家中国最大的图片公司被爆出拥有数十家企业的 LOGO 图片的版权，甚至连国旗、国徽的版权也被收入囊中。[①] 这一事情也将摄影作品的著作权问题带入了公众视野。

摄影作品是指"借助器械在感光材料或者其他介质上记录客观物体形象等艺术作品"[②]。我国对摄影作品的独创性相较于其他大陆法系的国

[①] 资料来源：《律赢惠法律服务平台，视觉中国黑洞照片事件，看这一篇就够了》，https://www.sohu.com/a/308084513_100121216，发布时间 2019 年 4 月 15 日，最后访问时间 2019 年 10 月 8 日。

[②] 参见我国《著作权法实施条例》第 4 条第 1 款第 10 项的规定。

家来说要求很低，因此大部分通过摄影器材拍摄出来的都叫作摄影作品。这也导致摄影作品侵权行为较为泛滥。

目前，摄影作品的侵权风险高发在特定行业中，比如专门的网络图片资源库网站，又如网络社交媒体中未经著作权人许可擅自使用作品，或者使用的作品存在权利瑕疵，比如，在某个图片资源网站付费购买的摄影作品，但该网站并不享有这些摄影作品的版权。

一般的摄影作品，在评估其经济价值时是比较困难的，即使被法院认定为构成侵权，判定的侵权损害赔偿金额一般也不高，往往个人的维权意愿不高，实践中著作权人也通常将作品授权给图片公司。因此，关于摄影作品著作权保险产品的投保主体，可以主要考虑图片资料公司，主要承保范围可包括诉讼费用、侵权、赔偿责任等方面。

5. 计算机软件

计算机软件的重要性不言而喻，因此其著作权问题也越来越得到重视。根据我国《计算机软件保护条例》中的定义，计算机软件是指"计算机程序及其有关文档"[1]。

与其他主要类别的作品相比，计算机软件的著作权人通常会选择进行软件著作权登记，因此计算机软件的权利归属问题在实践中不难认定。实践中，计算机软件的侵权行为的认定主要看是否构成实质性相似，这就需要进行司法鉴定，而鉴定费用又比较高，为了维权，计算机软件著作权人对保险产品的需求还是存在的。

可见，对于不同的著作权客体（作品），相关的著作权保险需求也会有所不同，表7-2即展示了存在的差异。

表7-2　　　　　针对不同客体的著作权保险需求分析

著作权客体类别	作品特征	面临的侵权风险特征	著作权保险需求分析	适合的保险类型（当前可借鉴）
文字作品	数量巨大，抄袭现象严重，著作权取得无须登记	侵权认定困难，诉讼成本过高	诉讼费用，鉴定费用，侵权损害赔偿	涵盖诉讼费、鉴定费的法律费用保险；涵盖侵权损害赔偿的侵权责任保险

---

[1] 参见《计算机软件保护条例》第2条：计算机程序，是指为了得到某种结果而可以由计算机等具有信息处理能力的装置执行的代码化指令序列，或者可以被自动转换成代码化指令序列的符号化指令序列或者符号化语句序列。同一计算机程序的源程序和目标程序为同一作品。文档，是指用来描述程序的内容、组成、设计、功能规格、开发情况、测试结果及使用方法的文字资料和图表等，如程序设计说明书、流程图、用户手册等。

续表

著作权客体类别	作品特征	面临的侵权风险特征	著作权保险需求分析	适合的保险类型（当前可借鉴）
音乐作品	数字化，传播广	侵权主体扩大，侵权行为普遍；侵权行为与合理使用难以界定；责任承担认定及举证难度较大	诉讼费用，侵权损害赔偿	诉讼费用保险；侵权责任保险
影视作品（属于视听作品）	商业化程度高，以营利为主要目的	盗版、抄袭、改编作品的原作品存在权利瑕疵，未经许可的擅自使用行为	诉讼费用，侵权赔偿，交易保证	诉讼费用保险；侵权责任保险；交易保证保险
摄影作品	独创性要求低	未经许可擅自使用；使用的作品存在权利瑕疵	摄影作品很难评估价值，侵权赔偿不高	诉讼费用保险；侵权责任保险
计算机软件	价值高	盗版	鉴定费用高	涵盖鉴定费用的诉讼保险

（三）作为特殊主体的著作权集体管理组织

根据我国《著作权法》第 8 条的规定，"著作权人和与著作权有关的权利人可以授权著作权集体管理组织行使著作权或者与著作权有关的权利。依法设立的著作权集体管理组织是非营利法人，被授权后可以以自己的名义为著作权人和与著作权有关的权利人主张权利，并可以作为当事人进行涉及著作权或者与著作权有关的权利的诉讼、仲裁、调解活动"；"著作权集体管理组织根据授权向使用者收取使用费"。

目前，我国有中国音乐著作权协会、中国音像著作权集体管理协会、中国文字著作权协会以及中国摄影著作权协会。我国《著作权集体管理条例》第 2 条对集体管理组织的性质和权利进一步作了明确规定："本条例所称著作权集体管理，是指著作权集体管理组织经权利人授权，集中行使权利人的有关权利并以自己的名义进行的下列活动：（一）与使用者订立著作权或者与著作权有关的权利许可使用合同（以下简称许可使用合同）；（二）向使用者收取使用费；（三）向权利人转付使用费；（四）进行涉及著作权或者与著作权有关的权利的诉讼、仲裁等"。

现实生活中，由著作权集体管理组织代表会员提起诉讼、进行维权的案例十分常见。对著作权集体管理组织而言，因管理的作品种类和数量众多，作品使用方式也十分多样，要处理的侵权行为数量巨大，对他们来说，更需要著作权保险产品来分担风险或成本。因此，一般而言，保障覆盖面广、保额较低的团体保险可能更适合集体管理组织的需求。

三 网络时代著作权领域新的风险点

（一）数据与数据权利

近几年，各大主要电商平台上"双十一"的交易额再创新高。然而，消费者的购物习惯早就被悄悄记录下来了，又如，大众点评网中的客户评价是数据、信息抑或文字作品？平台是否有权利将其汇编起来出版发行？现今网络时代，何为数据？数据是否被著作权保护？是否能被著作权保险产品涵盖？

目前与数据相关的问题早已屡见不鲜。国际上，《世界知识产权组织版权条约》对数据汇编、数据库的相关规定为："数据或其他资料汇编，不论用任何形式，只要由于其内容的选择或编排构成智力创作，其本身即受保护"。在我国，现行《著作权法》第 15 条规定："汇编若干作品、作品的片段或者不构成作品的数据或者其他材料，对其内容的选择或者编排体现独创性的作品，为汇编作品，其著作权由汇编人享有"。

从上述规定可看出，数据库要想获得著作权法保护的前提条件是：须在组成材料的选择或编排上具有独创性。此处的"独创性"是指制作数据库时著作权人对数据的选择或者编排等方面数据库是自己独立完成、是自己智力创造的成果，而非复制或者简单的拼接。此处的"数据"不仅包含文学、艺术和科学作品，还包括不构成作品的"数据"。可见，无论是在国际公约中还是在我国著作权法中，数据库所存储的数据，只要其内容的选取或者编排具有独创性、能被认定构成智力创造成果，就应受著作权法保护；我国立法将其作为一种汇编作品来看待。

在现实生活中，享有著作权、受著作权法保护的数据库若被他人破解、被侵权，将会给数据库的著作权人造成损失，因此，有必要借助保险产品来降低类似的风险。

（二）网络平台的风险

网络的发展导致信息传播的媒介发生了巨大的变化。文字作品以前的传播主要为纸质的书籍、报刊，现在则以晋江网络文学城等阅读网站或是 Kindle 等移动阅读为主；音乐作品从磁带、光碟等载体变成了腾讯音乐、网易云音乐等数字音乐平台；影视作品也从大荧幕、电视机荧幕转到了爱奇艺、优酷等视频网站平台。

互联网的成熟和演变，已经给世界各国业已建立的传统法律制度带来了巨大的新压力。就我国而言，以用户分享内容为主的平台土豆网和优酷网于 2005 年、2006 年成立，以版权内容为主的平台爱奇艺视频和腾讯视频于 2010 年、2011 年亮相。2016 年，直播行业"百花齐放"、发展迅猛。无论是早期用户分享内容平台的发展，还是抖音小视频分享的异军突起，抑或直播行业的"走红"，都对传统的互联网内容产业造成了冲击。网络用户在多渠道多方面接触到大量版权内容的同时，各种未经授权的侵权行为也随之激增、频发，数量、规模惊人。各网络服务提供商、广大网络平台都面临着前所未有的侵权风险。同时，可用于掩盖互联网用户身份的技术的发展，也使得"通知—删除"规则和在线版权执法的推进更加困难，因为版权人更难以识别侵权人的真实身份和来源，对直接侵权人的查处变得难上加难。

传播介质的变化也导致了著作权的变化，主要包括以下两种情况：

1. 作者对作品的著作权，其中某些权利直接归属于平台，以晋江文学城为例，在其与其平台签约作者的条约中规定，签约作者在签约期间的所有作品（包括未在该平台发表的作品）的电子版权和出版改编代理授权给网站。

2. 作品独家授权平台，比如与爱奇艺签约，在爱奇艺平台独家上线的网络大电影[①]；又如，与短视频平台（如"哔哩哔哩"）签约，仅在该平台发布短视频。

在以上列举的情形下，无论是提供哪种性质的网络服务的平台，原著作权人享有的著作权中的财产利益大多归平台，因此平台大多有自己的法务部门来处理相应的侵权行为。

网络平台所面临的情况与著作权集体管理组织有一定的类似。在应对侵权行为的风险时，众多网络平台对保险的需求主要表现在两个方面：（1）平台自身作为权利人，需求主要为诉讼费用、侵权赔偿等；（2）平台作为管理旗下的其他著作权人的集体，此情况下可以参考在论述著作权集体管理组织时提到的团体保险。

第三节 著作权保险产品设计

我国著作权保险产品的设计开发要充分考虑我国国情，在吸收借鉴英美、欧盟、亚洲等主要国家或地区现有知识产权保险产品设计经验的基础上，根

---

① 网络大电影是指：组建团队拍摄，自己当导演，时长超过60分钟以上，拍摄时间是几个月至1年，规模投资为几百万至几千万元，电影制作水准精良，具备完整电影的结构与容量，且符合国家相关政策法规，以互联网为首发平台的电影，符合国家政策，也可在电影院上映。

据我国不同投保主体、不同产业各自的保险需求来设计不同的保险产品。

一 著作权保险产品的建构

(一) 著作权保险产品的承保地域范围

我国著作权保险产品的建构，应充分考虑当前我国著作权产业发展的实际情况，包括海外著作权交易、产业的国际化程度、一带一路倡议的需要等方面，根据投保人的实际需求来确定承保的地域范围。

(二) 著作权保险产品的保费和保险金额设计

与专利权不同，大部分著作权人不能通过作品获取较高的利益收入，因此遭遇到侵权时无论是通过诉讼还是保险的预防来维护自身利益，都没有很大的维权意愿。因此，在保费的设置上，著作权保险要充分考虑著作权人的这一特点，在前期推广时期设置较低的保费。

在保费的确定问题上，正如有学者指出的那样，需要综合考虑投保人的著作权情况、所处行业、地域经济发展程度、专业评估报告、诉讼费用、保险赔偿的比例等问题[①]。在保险金额及其最高限额的设计上，要考虑到著作权保险产品的特殊性。鉴于该保险产品容易诱发较高的道德风险，所以须设定保险给付的最高限额，计算出一般理赔金额和最高限额。这些都需要经过充分调研、大量数据才能得出较科学的结果。

(三) 著作权保险中的风险评估

对著作权保险产品而言，风险评估是十分重要的一环，只有准确地对投保的著作权进行价值和风险认定，才能有利于保费及保险理赔金额的估算或准确计算，帮助保险人和投保人双方作出最佳选择。

因此，保险公司在与投保人订立著作权保险合同时，应当建立相应的著作权风险评估机制，可以考虑单独设立一个评估机构，或者与专业评估机构合作，以便对各种作品、各种著作权的价值、风险等进行评定，便于系统性管理以及跟踪调查。

二 著作权保险险种及内容之设计

(一) 根据投保主体的类型来设计产品

1. 个人的著作权长期保险

著作权长期保险主要面向原始著作权人或通过继受取得具有较完整权

[①] 王泽君：《论比较法视阈下我国知识产权保险法律制度》，硕士学位论文，兰州大学，2015年，第29页。

利的著作权人，因其面临的著作权侵权风险是长期且全面的，所以相较于短期保险更适合长期保险。

　　a. 投保人：著作权人或其他；

　　b. 被保险人：著作权人（原始著作权人或通过继受取得具有较完整权利的著作权人）

　　c. 保险范围：著作权存在期间的著作权人享有的全部或大部分财产权利；

　　d. 保险费：均衡费率，每年保费保持不变，较短期保险费用稍高；

　　e. 保险金额：红利、退保金、保险金给付；

　　f. 等待期：一般没有等待期，或者如 30 天这种较短的等待期；

　　g. 保险期：长期有效，10 年、20 年、30 年甚至更长时间。

　　可见，长期保险产品具有灵活性和稳定性等特点，且覆盖全面，适合著作权人投保。保费虽然比短期保险的保费要高，但总体保费比短期保险的保费要少。保险金的给付有三种备选方式，即红利、退保金和保险金给付。

　　此外，由于长期保险的"等待期"较短甚至可能没有等待期，因此保险人要做好前期资格认定等准备工作，要求投保人提交自己作为著作权人的证据，比如著作权登记等。

　　2. 集体的著作权团体保险

　　著作权团体保险主要面向著作权集体管理组织和网络时代涌现的与著作权息息相关的各大平台，因其是替著作权人管理，所以适合以一张保险单为众多被保险人提供保障的保险，即团体保险。

　　a. 投保人：著作权集体管理组织或平台；

　　b. 被保险人：著作权人；

　　c. 保险范围：较为宽广，著作权人的相关权利；

　　d. 保险费：较低；

　　e. 保险金额：较低；

　　f. 等待期：没有或较短；

　　g. 保险期：短期，1 年或 2 年，可续展。

　　团体保险的优势在于，一张保险单可为众多位被保险人提供保障，且通常覆盖全面，大多无须额外付费，多人投保在一张保单上。与个人投保相比，资格认定上偏宽松，可承保范围广泛。

　　当然，团体保险也有不足，团体险的本质其实是"一年期保险合集"，看起来保的内容多，但因保障范围较全面，所以实际分配至单个项目的保险金额普遍不高。

（二）根据不同需求、保险内容来设计产品

1. 著作权诉讼费用保险（或称著作权法律费用保险）

著作权诉讼费用保险主要适用于较为确定的诉讼，为原告支付起诉侵权者的诉讼费用。其主要承保的是被保险人因他人侵犯其享有的版权起诉过程中产生的费用与支出，包括必要的诉讼费用、反诉费用及相关程序费用等。实际上，作为被告的投保人也是可以实现提前购买著作权法律费用保险的，承保的是投保人成为被告后、为应诉而支出的诉讼费用、其他法律费用等。

  a. 投保人：著作权人或其他；

  b. 被保险人：著作权侵权诉讼中的原告；

  c. 保险范围：在保险期间内，第三方未取得合法有效许可（或授权）而实施投保了的知识产权，被保险人在保险期间内就该侵权行为向法院提起诉讼并被法院受理的，判决书判定应由被保险人承担的诉讼费用；

  d. 保险费：可根据著作权自身情况进行定费，文字作品通常较低，影视作品较高，平台或组织作为主体的偏高，个人则偏低；

  e. 保险金额：保险金额主要根据保费来计算；

  f. 等待期：不宜过长；

  g. 保险期：通常为1—3年；

  h. 除外条款或免责条款：在著作权法律费用保险（或称"著作权诉讼费用保险"）中，保险人可以在若干情况下不承担赔付或给付责任，通常包括被保险人恶意诉讼或虚假诉讼，投保人、被保险人及其代表的犯罪行为、故意行为或重大过失行为，经被保险人及其代表许可或授权实施的行为，以及被保险人无权主张侵权赔偿的其他情形。

2. 著作权侵权责任保险

著作权侵权责任保险是以被保险人因侵犯他人著作权而承担损害赔偿责任所导致的经济损失为保险标的的保险方式。

  a. 投保人：任何潜在的可能侵犯他人著作权者；

  b. 被保险人：著作权侵权诉讼中的被告；

  c. 保险范围：一是被保险人在被诉侵权时，为应对诉讼所支出的必要费用；二是被保险人败诉时应支付的侵权损害赔偿费；

  d. 保险费：因保险范围涵盖了侵权损害赔偿责任，保费通常比较高，但具体要根据其所可能侵犯的著作权的情况、侵权具体情形、造成的损失等各个方面来确定；

e. 保险金额：主要根据保费来计算；

f. 等待期：不宜过长；

g. 保险期间：因为可能涉及侵权损害赔偿，保险期间不宜过长，以一年为宜；

h. 保险人的免责事由：如投保人、被保险人及其代表的故意行为、犯罪行为或重大过失行为，经被保险人及其代表许可或者授权实施的行为等。

3. 著作权交易保证保险

著作权交易保证保险主要针对的是在著作权交易过程中，因著作权交易的标的（如某一作品的著作权）存在瑕疵而被诉侵权赔偿所导致的损失。作为被保险人的买受人或者被许可使用人因上述情况被诉侵权时，可以直接根据保险合同获得赔偿，无须先向卖方索赔。保险人在向被保险人理赔后，保险人即取得了代位求偿权。

a. 投保人：投保主体十分广泛，一般是可能发生著作权交易的相关主体，如著作权转让交易中的买受人（受让人）、著作权许可交易中的被许可人等；

b. 被保险人：受让方、被许可方等；

c. 保险范围：在著作权交易过程中，因著作权交易的标的（作品著作权）存在瑕疵而被诉侵权时所遭受的损失，主要包括：（1）著作权交易的出让方或者许可交易的许可人对相关作品不享有著作权；（2）未经著作权共有人同意或许可，即对著作权进行交易，比如擅自转让；（3）出让人（即卖方）应当经第三方授权或同意、但未经授权或同意即进行交易；（4）因纠纷产生的法律费用；

d. 保险费：根据可能遭受的损失来定；

e. 保险金额：根据可能遭受的损失来计算；

f. 等待期：不宜过长；

g. 保险期：一年为宜；

h. 免责事由：主要包括以下几项：（1）交易之前即存在的索赔情形；（3）依法对著作权的合理使用行为；（3）违约行为；（4）任何与著作人身权有关的索赔；

i. 权属认定及风险审查：在该险种的运作过程中，保险人应当对所投保的著作权本身进行权属认定，针对不同风险的作品、针对不同类型或不同内容的著作权进行审查。对风险程度较小且权属较明晰的著作权，主要进行形式审查，只需出让方向保险公司指定的专门机构提交各类著作权权属证明文件即可；对风险程度较大、不易确定归属且权属变化较多、较复杂的著作权，则需进行实质审查，应当从作品的创作源头开始查询和追溯，最好能形成一根完整的著作权持有或变动链条，才能切实降低相关风险。

三　新型著作权保险产品之探索

（一）信息网络传播间接侵权责任保险

现今网络时代，信息网络传播中的侵权现象频发，包括直接侵权和间接侵权。由于直接侵权的行为人多为匿名个体，十分隐蔽，难以找到真正的侵权人，且出于现实性考虑，即使找到了也难以获得实际赔偿（因侵权人个人赔偿能力有限），因此，许多著作权人纷纷转而就网络服务平台的间接侵权行为进行索赔、求偿的法律行为，于是间接侵权相关法律纠纷案件剧增。

间接侵权责任的主体绝大部分是网络服务提供商，其间接侵权行为主要表现为服务商们提供的搜索引擎服务行为、链接服务及信息存储空间、平台上的各种行为。

针对目前实践中大量存在的信息网络传播间接侵权行为，完全可以考虑设计相应的著作权保险产品，如前文提及的著作权侵权责任保险即可满足此种需求，也可以根据网络服务提供商这类特殊主体的特殊需求，单独设计一款著作权保险产品。

至于是要创设新的险种，还是在既有的著作权侵权责任保险产品的基础上进一步完善，尚需继续研究、探讨。

（二）著作权合理使用保险

著作权合理使用保险，又称著作权合理使用抗辩保险，一般是指以作为被保险人的作品使用人在侵权诉讼中主张合理使用抗辩所支出的合理费用为保险标的的保险。被保险人一般是对他人作品的使用者。

在我国，研究著作权合理使用保险这一险种的研究成果非常少。不过，此种保险产品在美国已有实践，主要适用于影视作品领域。在美国，当电影产业需要投保时，相关投保人须提供由富有经验的版权律师出具的证明电影作品符合美国版权法有关合理使用规定的书面材料等证明材料。著作权合理使用保险的标的是作品使用人基于合理使用依法应获得的利益，著作权合理使用保险的赔偿范围包括：案件事实的发现成本、当事人参加诉讼的费用以及律师费用等。

从产生的时间或阶段看，著作权合理使用保险可分为事前保险和事后保险两种。事前保险是指在使用他人作品前，使用人以其基于合理使用所应获得的利益为标的所投的保险;事后保险是指在作品使用行为发生后,著作权侵权诉讼审理结束前,作品使用人以基于合理使用所应获得的利益为标的所投的保险。①

著作权合理使用保险的可行性主要在于:作品使用人基于合理使用依法可获得、应获得的利益本身具有合法性,且是为保险法所认可的"利益"。但在现实中,对合理使用的认定往往不够明确,因此作品使用人对基于合理使用所取得的利益同样是具有不确定性的。而著作权合理使用保险产品,对需求者的定位就是那些有使用他人作品的需求、但又害怕自己的行为有侵权风险的人。为作品使用人这一群体提供著作权合理使用保险产品,帮助其分担风险,使其能更安心地使用作品,迎合了社会大众对大量作品的使用需求。

由上可见,著作权合理使用保险的承保范围主要是著作权侵权诉讼中为主张合理使用抗辩所支出的合理费用,被保险人主要是他人享有著作权的作品的使用人、而非著作权人。不过,著作权合理使用的保险标的有可能被著作权法律费用(或诉讼费用)保险所覆盖。

因此,是否需要单独创设一个"著作权合理使用保险",还是对著作权法律费用保险进行进一步开发,尚需要进行大量的调查研究,有待进一步研究后再得出结论。

---

① 赵加兵:《版权合理使用保险建构的必要性及其制度安排》,《河南财经政法大学学报》2019 年第 5 期。

第八章　中国商标保险产品开发的现状、需求与具体方案

第一节　中国商标保险业务开展情况及其简评

一　商标保险产品概述

商标保险一般是指商标专用权保险，是投保人以特定商品或服务的排他性权利为标的，向保险公司投保，以期在权益受损时，可使得保险公司依照承保范围予以补偿的一种保险模式[1]。

在美国，美国国际集团经营的商标侵权保险是一个典型代表，该险种能为非常广泛的投保主体提供保障，无论是商品制造商、商标使用者，还是商品销售者，均能作为被保险人或受益人，保险公司会依照保险在保险期间内为其提供相关的侵权责任保险。[2] 此外，Cass‐Stephens Insurances Ltd、IGI 等保险公司也推出了商标专用权保险产品，尽管具体产品之间存在着差异。

在我国，2018 年 6 月 22 日，宁波市市场监管局分别与中国平安财产保险股份有限公司宁波分公司、中国人寿财产保险股份有限公司宁波市分公司签订了战略合作书，宣告了我国首创的商标专用权保险项目的诞生[3]，并推出了商标申请费用损失补偿保险和商标被侵权损失这两大保险产品。

---

[1] 杨少奎：《对我国商标专用权保险的适时性反思——以宁波试点为背景》，《湖北经济学院学报（人文社会科学版）》2019 年第 5 期。

[2] See Syrowilc D., Insurance Coverage for Soft are Related Patent and Other Intellectual Property Disputes, Michigan Bar Journal, No. 75 (1996), pp. 502‐512.

[3] 参见康民《全国首创商标专用权保险在宁波落地》，《中国保险报》，http：//xw. sinoins. com/2018‐06/22/content_ 264535. htm，发布时间 2018 年 6 月 22 日，最后访问时间 2021 年 6 月 29 日。

二 中国商标保险试点工作和业务开展情况

2018年6月22日,宁波市举行商标专用权保险战略合作启动仪式,商标申请费用损失补偿保险和商标被侵权损失补偿保险正式落地。

作为全国首创的保险项目,"宁波模式"商标专用权保险采用"商标保险+维权+服务"的创新模式,包括商标申请费用损失补偿保险和商标被侵权损失补偿保险两大创新产品,匹配了普惠服务和增值服务,致力于实现经济补偿、维权援助和法律咨询三大功能。商标申请费用损失补偿保险的主要保障对象是拟申请马德里国际商标注册的宁波企业,对于申请注册的商标因近似原因被驳回,导致未能注册成功的,保险公司将负责赔偿申请过程中产生的注册费、代理费和规费①。宁波试点推出的保险方案中,企业投保的保费分为三档,分别是1万元、1.2万元和1.5万元。②

据媒体报道,2018年8月,宁波市富盾制式服装有限公司为"富盾"商标投保了商标专用权侵权损失补偿保险,若"富盾"商标被侵权,最高可获赔50万元的赔偿额。③ 富盾制式服装有限公司是注册商标专用权保险的第一家企业。企业遭受损失时,若获赔,每次赔偿额分别可达到10万元、15万元和20万元,一年累计赔偿最多分别可达30万元、40万元和50万元。④ 2019年4月16日,由中国平安财产保险股份有限公司宁波分公司、中国人寿财产保险股份有限公司宁波市分公司共同承保的得力集团商标专用权保险首次赔偿顺利完成,赔偿款39456.5元支付到位。这是自全国首创"宁波模式"商标专用权保险以来,完成的全国首例商标专用权保险赔偿。⑤

据报道,2022年5月24日下午,浙江省知识产权保险工作推进会在

---

① 参见文轩《宁波完成全国首例商标专用权保险赔偿:得力集团收到3.9万余元赔偿款》,《中国市场监管报》,2019年4月19日,第002版。
② 参见张燕、孙佳丽《宁波在全国首创商标专用权保险》,《宁波日报》,2018年6月23日,第A3版。
③ 《快看,商标也能买保险!注册不成功、被侵权最高可获赔50万》,来源:http://wemedia.ifeng.com/69095449/wemedia.shtml,最后访问时间2018年11月24日。
④ 杨少奎:《对我国商标专用权保险的适时性反思——以宁波试点为背景》,《湖北经济学院学报(人文社会科学版)》2019年第5期。
⑤ 参见康民《全国首创商标专用权保险在宁波落地》,《中国保险报》,http://xw.sinoins.com/2018-06/22/content_264535.htm,发布时间2018年6月22日,最后访问时间2021年6月29日。

杭召开，会上发布了《浙江省知识产权保险创新试点改革方案》（以下简称《方案》）和 5 个知识产权保险创新产品。《方案》由浙江省市场监管局联合中国银保监会浙江监管局、中国银保监会宁波监管局共同印发。《方案》明确，到 2022 年底，全省知识产权保险政策支撑体系和公共服务体系有效建立，各级配套激励政策有效落地；全省知识产权保险供给水平显著提升，保险产品覆盖商标、专利、地理标志等主要门类，服务专利技术研发、国际贸易、电商网络交易、区域公用品牌运营等重点领域更加突出，投保企业力争突破 2000 家，保额同比增长 20% 以上。此次推进会上发布了 5 个知识产权保险创新产品，都是着眼于推动基于国际贸易场景的综合保险产品创新，包括 PCT 国际专利申请费用补偿保险、马德里商标国际注册申请费用补偿保险、海牙工业品外观设计国际注册申请费用补偿保险这 3 款助力企业"走出去"的保险产品，以及专利实施失败费用损失保险和区域公用品牌综合保险。据报道，目前浙江省首批 6 家保险机构已入驻"浙江知识产权在线"[①]。

三 中国商标权保险的推行状况及其原因

目前，我国商标权保险产品的推广工作依然面临着较大的困难。

我国大多数企业对商标权保险这一新险种的了解程度不够、购买意愿不足、认可度不高，有的甚至没有听说过这种保险产品。尽管在国家和地方政府的大力推动下，我国商标权保险的发展呈现出上升态势，但仍未达到预期效果。以宁波为例，宁波的试点经验和实际调研结果显示，大部分企业在申请马德里国际商标时，由于商标申请费用不高、保险理赔程序较为复杂，它们往往不会选择购买保险。[②]

商标权保险产品的推行受阻，主要原因是商标权保险产品设计本身的问题，现有的保险产品尚不能满足中小企业对商标保险的差异性需求，无法及时地提供相关保障。同时，商标质量问题也是其发展道路上的一个障碍。因为，只有商标的价值和质量经得住考验、具有较高的商业价值，为这样的商标投保才有意义。尽管市场主体往往会申请多个商标，但商标质量是存在差异的。质量不高的商标往往容易在激烈的市场竞争中被淘汰。所以，商标质

[①] 参见"浙江知识产权在线"官方网站中的"知识产权保险"专区，https://zscqyjs.zjamr.zj.gov.cn/api/othing/cms/zscqbx.html，科技金融时报，记者：林洁，通讯员：市闻。

[②] 杨勤：《我国专利保险的困境与对策》，《科技促进发展》2018 年第 C1 期。

量的差异性是造成商标专用权保险产品发展困境的又一原因。[①]

四 商标保险产品尚未获得有力支持

当前,国家大力推行知识产权保险,但在施行中专利保险起步较早,为推动科技创新,多地相关部门出台了针对专利保险的资助规定。例如,深圳市市场监管局发布《深圳市知识产权运营服务体系建设专项资金操作规程》,以支持专利保险,深圳市企业向保险公司投保专利保险且该专利保险险种已向市知识产权主管部门备案的,给予实际支付保费金额的60%的资助,同一家企业专利保险保费资助总额最多不超过20万元。

又如成都。2019年7月,成都市科技局、市金融监管局、市市场监管局联合印发《成都市关于鼓励知识产权成果进场交易的若干措施》,支持企业购买科技与专利保险,促进知识产权成果转化。对于进场交易成交后实施产业化并购买科技与专利保险的科技型企业,按实际发生保险费用的最高60%,给予每户每年最高不超过20万元的补助。[②]

目前在我国,商标权保险领域总体上并没有普遍性资助政策,不少中小企业对于高昂的保费望而却步。正如有学者指出的那样,和其他新兴险种一样,商标权保险在发展初期难免会遭遇挫折或困难,成本问题很难在短时间内解决,为了发展新险种,保险公司需要政府支持,因而在初始阶段,商标保险仍需政府提供一定的扶持,提供补贴或补助。保险公司可以帮助被保险人向政府申请财政补助、获得优惠或补偿,这样既满足了被保险人的投保需求,又能帮助保险公司开展业务。[③]

第二节 商标保险产品的需求分析

一 商标市场体量巨大

国家知识产权局商标局公布的数据显示,在全球最具价值品牌排行榜100强中,中国上榜品牌从2012年的1家增加到2017年的13家。截至

[①] 杨少奎:《对我国商标专用权保险的适时性反思——以宁波试点为背景》,《湖北经济学院学报(人文社会科学版)》2019年第5期。

[②] 蔡欣:《ZT产业园营销策略研究》,博士学位论文,电子科技大学,2020年,第51页。

[③] 田亚楠:《从"加多宝诉王老吉案"谈我国商标权保险》,硕士学位论文,辽宁大学,2014年,第23页。

2018年底，我国国内有效商标注册量（不含国外在华注册和马德里注册）达到1804.9万件，每万户市场主体商标拥有量达到1724件。2018年，马德里商标国际注册申请量为6594件。截至2018年底，我国申请人马德里商标国际注册有效量为3.1万件，同比增23.5%。截至6月底，我国有效商标注册量为2274.3万件，同比增长35.3%，平均每5.2个市场主体拥有一件有效商标。①

从庞大的商标申请和持有数字，可见商标保险的潜在市场体量巨大。商标确权纠纷及侵权纠纷案件的数量也在逐年增长。

二 商标确权存在风险

在我国，商标权方面的行政判决大多是商标的确权争议，对该项诉讼数据的分析可得出商标申请和商标效力的风险性大小。商标评审部门审理的商标确权案件行政诉讼的案件相关数据如表8-1、表8-2和表8-3所示②。

表8-1　　商标评审部门一审败诉率同比

年度	一审判决		
	判决总量（件）	败诉量（件）	败诉率
2018	10633	2840	26.7%
2017	6330	1334	25.2%
2016	6051	1334	22%

表8-2　　商标评审部门一审各类型案件败诉比

案件类型	判决总量（件）	败诉量（件）		败诉率	
		败诉总量	除情势变更外败诉量	总败诉率	除情势变更外败诉率
驳回复审	5870	1625	439	27.7%	7.5%
无效宣告	3274	828	814	25.3%	24.9%
撤销复审	1186	354	354	29.8%	29.8%

---

① 资料来源：http://www.gov.cn/xinwen/2019-07/09/content_5407634.htm，发布时间2019年7月9日，最后访问时间2020年6月29日。

② 本部分的数据与资料来源（含表格），参见孙明娟《2018年商标评审案件行政诉讼情况汇总分析（一）》，《中华商标》2019年第10期。

续表

案件类型	判决总量（件）	败诉量（件）		败诉率	
		败诉总量	除情势变更外败诉量	总败诉率	除情势变更外败诉率
不予注册复审（含异议复审）	303	33	28	10.9%	9.2%

表8-3　商标评审部门一审败诉原因分析

一审败诉原因分析	2018年	2017年	2016年
情势变更	42.4%	28.4%	8%
商标近似	16.2%	21.1%	20.5%
连续三年停止使用问题	13%	12.6%	12.6%
商品类似	6.2%	5.4%	14.2%
驰名商标	3.9%	2.3%	4.8%
以欺骗手段或者其他不正当手段取得注册	3.3%	1.7%	2.6%
在先权利	2.6%	2.4%	3.4%
显著性	2.5%	6.8%	9.7%
第十条一款（七）项	1.8%	1.9%	4.2%
抢注在先使用并有一定影响的商标	1.1%	1.2%	1.4%
第十条一款（八）项"不良影响"	1%	5.4%	2.1%

由商标评审部门的一审败诉率可知，进入行政诉讼进行确权的案件中，约25%的商标会被驳回申请或无效。

如表8-2所示，商标被无效宣告的比例在25%左右。也就是说，即使商标成功注册，陷入纠纷后还存在超过两成的被宣告无效的风险，使得商标失去价值。从表8-3的分析可以看出，2016—2018年商标行政诉讼败诉的原因是多样化的，而因为"情势变更"这一项而败诉的比例在逐年增加。这说明，情势变更因素使得商标后续被宣告无效的风险越来越大，需要防范。

三　商标权侵权状况分析

根据最高人民法院司法统计公报显示，2017年商标行政案件受理量为7931件，知识产权纠纷立案量约为21万件。在我国当前知识产权执法和保护力度还不能完全满足市场需要的大环境下，商标侵权纠纷频发，商标权被侵害的风险较大。因此，总体来看，商标相关保险的市场需求是存在的。

第三节 商标保险产品设计

根据申请、商标效力维持、诉讼维权、侵权行为风险防御等环节的需求，笔者认为，可以相应地设计以下几款商标保险：商标申请费用损失补偿保险、商标效力维持险、商标执行保险、商标营业中断险等基本保险方案。

同时，鉴于在商标的类型和特性方面，与普通商标相比，驰名商标、证明商标、防御性商标等均存在着特殊性，基本的商标保险类型无法满足其特殊需求。因此，在设计几款基本的商标保险产品的基础上，笔者建议保险公司还可以考虑设计几款定制保险，以提升对保险标的的针对性以及对目标客户的吸引力。

一 通用（基本）保险产品设计

（一）商标申请保险（商标申请费用损失补偿保险）

不少企业都希望在商标注册申请未获批准授权的情况下，能得到商标注册申请时自己已支付的费用的退还或补偿。商标申请保险即是紧密贴合该需求而生的保险产品。

商标申请保险的保险范围是，当申请注册的商标因某种原因被驳回、未能成功注册时，保险人将负责给付其在商标申请过程中支出的申请费、代理费和其他费用。作为试点地区的宁波在推行商标保险产品时，其保障对象为申请费用较高的申请马德里国际商标。

1. 投保人：限定为注册商标申请人。

2. 赔偿范围：申请过程中产生的注册费、代理费和规费，还包括申请商标评审委员会对商标进行复审时的申请费。

3. 理赔条件：对于申请注册的商标因近似原因被驳回的，其中包括：一是核定使用的商品与类似及注册商标核定使用的商品类似；二是与驰名商标类似；三是与在先权利冲突导致未能注册成功的，以欺骗手段或者其他不正当手段取得注册的应当被排除（以商标局或商评委的驳回理由为准）。

(二) 商标效力维持险

据统计，从商标评审部门的诉讼数据资料可知，商标被无效宣告后提起行政诉讼的，仍会有 25%的败诉率。即使获准注册的注册商标专用权人，其商标权在有效期内仍然有被无效的风险，因此，市场上可以考虑推出商标效力维持方面的保险。

1. 投保人：限定为注册商标申请人。

2. 赔偿范围：申请过程中产生的注册费、代理费和规费，无效宣告提起复审的申请费、提起行政诉讼的诉讼费。

3. 理赔条件：行政诉讼中注册商标被由于如下理由宣告无效：a. 核定使用的商品与类似及注册商标核定使用的商品类似；b. 与驰名商标类似；c. 与在先权利冲突导致未能注册成功的；d. 情势变更。而若是以欺骗手段或者其他不正当手段取得注册的，应当被排除在保险责任之外，保险人将免责。

4. 保险期间：从商标核准注册之日到续展期间届满为止。有效期满后至续展申请是否被核准的期间会有一段特殊时期，在此期间，注册商标专用权处于不确定的状态。若续展申请被驳回，则商标权自有效期届满时消灭。因此，对于该段特殊期间的具体保险范围和条件，须另行约定。

(三) 商标执行保险

商标权执行保险与专利执行保险相类似，只不过承保的是投保人或被保险人对侵权人起诉时支出的必要诉讼费用，当有创新能力但实力较弱的中小公司遭遇来自第三方的侵权时，面对高昂的法律费用，这种保险也能为被保险人提供经济支持。

1. 承保责任范围：a. 被保险人在保险期间内起诉侵权人所支出的必要法律费用，包括律师费、和解费、鉴定费、证人费用等。b. 侵权人主张被保险人的商标无效，被保险人提起反诉的费用。c. 被保险人在应对侵权人宣告其商标权无效而向商标局提起再审的支出或费用。d. 除外责任不承保。[1]

2. 投保人及被保险人：独占使用许可合同的被许可人可以单独对许可使用期限和地域内的商标侵权行为向法院提起诉讼；排他使用许可合同的被许可人可以和商标注册人共同提起诉讼，也可以在商标注册人

---

[1] 参见孙宏涛《美国知识产权保险制度研究》，《华北水利水电学院学报》（社科版）2006 年第 4 期。

(一) 证明商标①的被保险人

根据我国现行《商标法》的相关规定，证明商标是指"由对某种商品或者服务具有监督能力的组织所控制，而由该组织以外的单位或者个人使用于其商品或者服务，用以证明该商品或者服务的原产地、原料、制造方法、质量或者其他特定品质的标志"②。

显然，证明商标的注册主体具有特殊性。就普通商标的注册主体而言，商标法未作出严格限制，凡是生产经营活动中的自然人、法人或其他组织，若对自身的商品或服务有注册需求的，均可向商标局申请商标注册。而证明商标的注册主体，不仅被限定为"组织"，还必须是具备相应监督该证明商标所证明的特定商品品质的能力的组织③。同时，证明商标的权利人与使用权人相分离，具有特殊性，只能由注册组织以外的单位或个人使用，注册组织不得将其使用于自己提供的商品上。因此，当证明商标被侵权时，原则上只有证明商标的注册人才能主张权利、作为被保险人获得理赔。

我国《商标法》关于注册商标专用权法律纠纷的规定，对普通商标侵权纠纷适用起来没有问题，但对于具有特殊性的证明商标的法律纠纷，针对性不太强，尚需进一步完善。

有学者指出，证明商标注册人因享有证明商标权而当然享有请求权，但证明商标的有权使用人，其请求权可能无法得到保障。一方面，证明商标的使用人并非真正意义上的商标权人；另一方面，与普通商标不同，证明商标的使用权的获得是开放的，只要符合特定质量要求、履行特定程序的人，就都可使用证明商标。④ 笔者对此表示赞同。

---

① 证明商标与集体商标最重要的区别在于，集体商标针对该集体成员内部均可使用而组织外的成员不得使用，而证明商标的使用不是该组织的成员为限，只要其经营的商品或服务达到规定的特定品质就可要求使用证明商标。参见吴珍菊、巽建中《集体商标与证明商标注册讲座（二）》，《工商行政管理》1995年第9期。我国《商标法》第3条规定："本法所称集体商标，是指以团体、协会或者其他组织名义注册，供该组织成员在商事活动中使用，以表明使用者在该组织中的成员资格的标志"；"本法所称证明商标，是指由对某种商品或者服务具有监督能力的组织所控制，而由该组织以外的单位或者个人使用于其商品或者服务，用以证明该商品或者服务的原产地、原料、制造方法、质量或者其他特定品质的标志"。
② 参见我国《商标法》第3条的规定。
③ 参见我国《集体商标证明商标管理办法》第5、6条。
④ 穆逸歌：《从"葡萄酒酒庄酒"证明商标探究我国证明商标法律制度》，硕士学位论文，西北大学，2016年，第17页。

一方面，依照我国现行《商标法》的规定，当证明商标权发生法律纠纷时，证明商标使用人因为并非商标注册人而不具备起诉资格，使得其欲通过法律救济手段进行维权的愿望无法落实，因为根据我国证明商标的管理规则，证明商标使用人并非通过商标许可合同方式获得商标使用权的，严格说来其并不属于所谓的"利害关系人"或者被许可人；另一方面，尽管其合法享有对证明商标的使用权，但由于证明商标管理体制之下偏松散的组织结构，管理人对证明商标的控制力相对较弱，因此希望依靠或借助管理人帮助维权的愿望也会落空。因此，我国更应当切实地赋予使用人直接以自身名义或者以证明商标的名义行使其请求权的权利。笔者认为，我们可以借鉴加拿大的相关规定，在特定条件下赋予使用人相应的诉权。[①]

由上可见，因为证明商标的使用人对保险标的（商标）具有事实上的保险利益，应当具备成为投保人或被保险人的主体资格。而证明商标的注册人当然地享有保险利益、可以成为被保险人。当然，作为一个团体，在证明商标相关保险产品的保险费率设定问题上，可以考虑适当对其降低保费标准。

（二）驰名商标等特殊知名商标的保险费率

一般认为，驰名商标是指在某市场范围内（或者某个法域内）被公众广泛知悉的、在市场上享有较高声誉的商标。市场上既有已注册的驰名商标，也有未注册的驰名商标。对于驰名商标，商标法通常会赋予其比普通非驰名商标更高的保护水平和保护程度，可以说，驰名商标能享受更好的待遇。

对于上述特殊商标的投保，需要注意以下几个方面：

（1）驰名商标的认定方式与途径。

在我国，驰名商标的认定主要可通过两种方式，即行政认定和司法认定。行政认定是指商标权人可以向国家商标行政主管部门（商标局）提出申请，并提交能证明商标具有高知名度、应认定为"驰名"的相关材料，请求将自己的商标认定为驰名商标；我国商标局和商标评审委员会在工作中有权进行驰名商标的认定；司法认定是指参加商标民事、行政案件的当事人，向具备认定驰名商标资格的审判法院提出申请，将某商标在司法审判中认定为驰名商标，仅有法律规定的部分法院具有认定驰名商标的资格。

---

① 参见加拿大《商标和反不正当竞争法》第 23（4）条的规定。

因此，对保险人而言，在审核投保商标的知名度、驰名与否时，可以向相关工商行政管理部门、商标局、商标评审委员会等部门申请查阅相关材料、检索司法认定的相关案例。值得注意的是，根据《商标法》的规定，人民法院对某商标是否驰名所作的司法认定，仅限于在案件审理中确有必要的情形，且所作的认定仅具有个案效力，不具有普遍效力。因此在保险公司审查、评估时仅具有有限的参考价值。

（2）保险客体可包括未注册商标。

驰名商标的认定不以该商标的注册为前提，也即是说在商标享有知名度但未注册的情况下，商标持有人仍有自身利益受损的风险，有提起诉讼及获得相关赔偿的权利。在商标未注册情况下，其不存在申请费用问题，但诉讼中相关诉讼费、鉴定费等相关费用也可确定、可纳入保险范围。但针对未注册的驰名商标投保，需要提交其具备一定知名度的证明材料或通过上述四项认定方式驰名商标的材料。同时，获奖或荣誉证明也可作为佐证，如市知名商标、省著名商标、名牌产品等。

（3）针对知名商标可制定较高费率，实行区别性费率。

一般而言，驰名商标和著名商标由于知名度高，享有较高的市场认可度，更易受侵害，发生保险事故的概率较大。从这点看，知名商标属于高风险的保险标的。同时，驰名商标的所有权人一般拥有良好的经营状况，对于知识产权的管理也具备更充分的条件，通常会有较高的投保意愿，因此可以适当制定较高的保险费率。另外，还可以针对商标知名度的认知范围划分保险范围，如对于著名商标而言，只在认定的行政区域内的侵权事件风险远远高于该认定区域外的风险，因此针对认定区域内及认定区域外的不同被侵权风险，可以制定不同的保险费率。

（三）建立联合平台，与服务平台联合提供保险服务

我国在推行商标权保险产品时，也应当考虑建立起知识产权保险综合服务的产业链条，借助平台和服务机构的支撑，进行评估、风险审查、维权服务等，许多困难将会迎刃而解。

就商标保险而言，对被保险人投保资格的审查和对保险标的的审查，我国保险公司可以考虑与专业机构合作，聘请外部的律师、会计师、评估师等，共同对承保风险进行评估，并能在承保地域范围、保险责任限额、保险费率的确定或制定方面，提供参考意见甚至依据。结合"宁波模式"商标专用权保险的经验，采用"商标保险+维权+服务"的创新模式建立起三方的连接，可以预见将会大力提升保险设计的针对性，有助于保险产品设计的优化。

事实上，我国目前已有类似的成功范例，如"知果果"，可谓商标保险联合服务平台的成功试验。不久前，互联网知识产权服务商"知果果"正式发布了一站式知识产权保险服务平台"知蓓蓓"，"知蓓蓓"已与中国平安达成战略合作关系，解决客户注册不成功退费的问题。当前"知果果"的服务正在从商标注册拓展到知识产权保险等领域，为客户提供知识产权保险个性化定制服务、一站式投保服务平台、知识产权保险数据支持等服务。此外，早在 2016 年末，"知果果"就尝试推出了商标注册盲查保险服务，即当被保险人的商标注册不成功时、将予以赔付，以支持和帮助企业进行知识产权确权。①

（四）防御商标保险

所谓防御商标，是指企业将自己的已注册商标申请延伸至涵盖更多种类（领域）的商品或服务。联合商标，是指商标权人将与自身拥有的商标的图案或文字相近似的商标全都作为联合商标予以注册，形成好几个商标联合作战，用以有效对抗或预防他人仿冒、山寨、蹭热度等不正当竞争行为。在防御商标或联合商标的布局完成以后，商标权人往往主要使用其中的某一个商标，作为主商标，其他商标并不使用、仅作防御之用，被作为维权的武器。

防御商标或联合商标已成为企业的常见策略。对于拥有防御商标或联合商标的企业来说，一般倾向于将系列商标一起打包进行投保，保险公司可以对这些防御商标或联合商标单独确定其保费，并给予一定的保险折扣优惠，建议在条款中明确区分主商标与其他防御性的从商标。

三　保险申请单的条款设计

参考美国 IPISC 公司的 abatement-application 保险申请单，笔者认为在投保申请阶段，保险申请单的设计，建议包括以下几部分重要内容。

（一）等待期

在保险合同在生效的指定等待期内，即使发生保险事故，受益人也不能获得保险赔偿，防止投保人明知道将发生保险事故，而马上投保以获得保险金，这段等待期可视被保险注册商标的有效期及保险事故发生风险而定，建议等待期大于 30 天、小于 1 年。

---

① 资料来源：https://www.iyiou.com/p/44672.html，发布时间 2017 年 5 月 4 日，最后访问时间 2019 年 11 月 10 日。

（二）保费与保险额预估

1. 了解被保险人相应的财务数据，可以估计发生保险事故后被保险人的损失，以此确定保费和保险金额度；
2. 投保前被保险人在某时间段内的生产经营活动的总销售额；
3. 投保前被保险人在某时间段内的经营状况；
4. 估算公司在被保险人注册商标有关的产品交易中获得的平均净利润百分比；
5. 被保险人平均的商标执行费用。

（三）保险标的的确认

对被保险人名下的注册商标情况查明对于保险内容的确定具有重要意义。如果商标所有权人享有多件相近似的商标的注册商标专用权（比如注册了一系列防御性商标），那么必须指明哪一个商标是主要用于生产经营用途、具有最重要的 IP 价值的。不建议将一个被保险人的所有投保商标约定相同的保险额度。因此，调查的信息包括商标所有人名下的商标注册情况。

1. 被保险人拥有或注册的美国和外国 IP 的数量；
2. 被保险人拥有的商标名称；
3. 拥有被保险人商标的所有公司或个人的名称；
4. 列出重要商标[①]。

（四）"骗保"防范条款

这项条款要确认被保险人近期没有已发生或很可能发生的高风险保险事故，防止被保险人在明知存在理赔事由或很可能出现理赔事由的情况下骗取保险金。

1. 被保险人是否了解任何纠纷情况（包括现有或受到律师函警示的诉讼等合理预期会引发针对申请人的知识产权诉讼）；
2. 被保险人是否曾经或现在与任何被许可人或产品供应商有任何纠纷；
3. 被保险人在本申请书中未另行披露的任何事实或情况，可能会合

[①] 重要商标是指符合以下条件的被保险商标：在（1）当前产生收益占公司总收入的5%或以上；或（2）目前产生的总收入（与其他知识产权的总收入或单独收入相比），比其他大多数被保险商标要高；或（3）预计将来会产生收入，属于上述类别1或2；或（4）目前产生的收入很少或几乎没有，但属于过去5—10年中的大范围研发、经营的成果。

理地增加被保险人指控另一方侵犯您的商标的可专用权的可能性；

4. 本国、外国或在互联网上是否存在现有侵权方。例如，某主体当前未经允许正在使用被保险人的商标或相似商标，并指出保险申请人首次了解此侵权事实的日期；

5. 被保险人是否已向任何人发送警告信或以其他方式警告他们停止侵犯其商标专用权；

6. 您是否收到任何人关于专利，商标或版权所涵盖的产品/过程，商标，或作品的任何侵权通知，暗示它们侵犯了他人的专利、商标或版权，或者是被保险人是否有怀疑或预期的侵权方。

（五）风险分析

风险分析条款蕴含众多条目，是确定保险风险的重要信息。保险公司可以将以下若干方面作为考量因素。

1. 被保险人过去3年内提起或应诉的任何类型的诉讼；

2. 被保险人正在进行或过去3年内经历的其他授权后的程序（驳回申请，宣告无效等）；

3. 被保险人被保险的任何IP是否许可给他人；

4. 被保险人是否从他人处获得了被保险商标的许可使用权；

5. 被保险人目前是否在生产、销售被保险的商标权保护范围内的产品；

6. 是否有第三方为被保险人制造、印刷或发布商标权保护范围内的产品；

7. 被保险人是否在产品上常规应用"专利""商标"或"版权"标记；

8. 被保险的商标是否知名，列出商标并描述其声誉；

9. 被保险人是否知道任何与被保险商标相似的著名商标（即使它们在不同的商业领域）；

10. 被保险人是否收到了被保险人的任何商标下的许可请求；

11. 是否有人在不同的类别中注册了与被保险商标相同或相似的商标；

12. 被保险人是否拥有负责专职负责专利申请的员工或为商标或版权提供有关潜在侵权和其他知识产权的建议的知识产权律师；

13. 是否有外部的独立律师事务所定期为被保险人提供知识产权法律咨询；

14. 被保险人是否在所有IP谈判中都使用保密或非竞争协议；

15. 被保险人公司的主要客户；

16. 被保险人的主要业务；

17. 估计在市场上直接与被保险人的 IP 竞争的公司数量；

18. 标明被保险人关联最密切的 5 个竞争对手的名称及其地理市场。

（六）警告条款及授权条款

警告条款及授权条款是保险中的常规条款，针对商标注册及诉讼中的特性，可以进行以下确认：

1. 申请人保证不知道任何不利于其有效性的事实或情况；

2. 除了在起诉期间对 PATENT 申请的修改（以及在母申请中的延续），不得行任何修订、修改、延续、部分延续、分部、扩展、续订；

3. 在完成本申请时，申请人提供的信息并非特权。在诉讼过程中或由于法定要求，可能需要披露本文件和/或其内容；

4. 针对可能存在的赔付率偏高的情况，可以进行企业信用监督，保险公司有权调查及要求被保险人披露该企业的信用状况。

第四节　商标保险是否适合被纳入知识产权综合保险产品

笔者认为，在是否将商标权保护纳入知识产权综合保险产品的问题上，可以根据客户的具体需求来进行提供差异化服务。

1. 针对高端客户，可推出将商标权保险纳入知识产权综合保险产品。

我国的商标拥有总量居世界第一位，且每年仍在不断增长，其中就有广泛的大型企业客户群体。大型企业具有更大的生产经营规模和市场占有率，通常相应的知识产权持有量也较为可观，也有更多的资本进行知识产权管理。对于该类客户而言，知识产权的管理是有体系的，知识产权保险也应当是整体而综合的，才便于全面防范、应对知识产权风险。

因此，对于大型企业和高端客户群体，笔者建议推出知识产权综合险种，将专利、商标、版权甚至其他种类的知识产权囊括在一份知识产权保险产品的保险标的中，也可以为其量身定制知识产权综合保险产品。

2. 针对普通客户，不建议提供将商标权保险纳入综合险的综合保险服务。

在我国，虽然商标数量很大，但商标的质量存在明显差异、参差不齐，尤其在中型企业中此种现象更为突出，有不少商标后续被无效或者被撤销。因此，对多数注册商标所有权人而言，保费费率适当放低更有利于

第八章 中国商标保险产品开发的现状、需求与具体方案 153

该险种的推广。

当然，为了早日实现商标保险的盈利，保险人应当尽可能扩大投保主体的范围，适当扩大保险责任（理赔）的范围，增加商标权保险项下的小险种种类，才能从总体上实现降低保费的目标。

第九章　中国地理标志保险产品开发的必要性、具体方案与发展前景

基于地理标志的特殊性，在申请主体、有权使用主体、授权方式等方面，均有不同于一般商业标识（如商标）的特点；加上另一类特殊标志——地理标志证明商标的存在，笔者认为，有必要就地理标志相关权利的保险需求与可保性等重要问题进行专门讨论。

第一节　地理标志的含义及中国授权情况简介

地理标志是一种依托于产品来源地区的自然或人文因素形成的一种特殊商业标志。《与贸易有关的知识产权协定》对地理标志的定义是"识别某一商品来源于某一成员领土或该领土内某地区或地方的标识，该商品的特定质量、声誉或其他特点主要归因于其地理来源"。[①] 我国现行《商标法》第 16 条的规定为："商标中有商品的地理标志，而该商品并非来源于该标志所标示的地区，误导公众的，不予注册并禁止使用；前款所称地理标志，是指标示某商品来源于某地区，该商品的特定质量、信誉或者其他特征，主要由该地区的自然因素或者人文因素所决定的标志。"可见，地理标志依托自然和人文两大因素而形成，作为一项独立且重要的知识产权，地理标志保护以产地生态为基础，以当地文化为纽带，具有非凡的经济价值与文化意义。

据国家官方权威统计显示：2019 年 1—10 月，国家知识产权局核准注册地理标志商标 369 件，批准保护地理标志产品 5 个，核准使用地理标

[①] 《与贸易有关的知识产权协定》第 22 条，中华人民共和国商务部与世界贸易组织司，http://sms.mofcom.gov.cn/article/wtofile/201703/20170302538505.shtml，最后访问时间 2019 年 11 月 16 日。

志产品专用标志企业 166 家。截至 2019 年 10 月，累计注册地理标志商标 5231 件，累计批准地理标志产品 2385 个，核准专用标志使用企业 8484 家。① 据国家知识产权局商标局公布的数据显示：2019 年上半年，新增地理标志注册商标 231 件，增量前十的省份分别为福建省（27②）、四川省（16）、西藏自治区（16）、河北省（14）、山东省（14）、安徽省（14 件）、湖北省（13）、内蒙古自治区（11）、江苏省（10）、甘肃省（10），合计占新增总量的 62.77%；中西部省份新增 126 件，占 54.55%。

据国家官方权威统计显示：2021 年 1—10 月，国家知识产权局核准注册地理标志商标 321 件，批准保护地理标志产品 96 个，核准使用地理标志专用标志市场主体 6400 家。截至 2021 年 8 月，累计注册地理标志商标 6381 件，累计批准地理标志产品 2482 个，核准使用专用标志市场主体 14315 家，建设 74 个国家地理标志产品保护示范区。

以上数据说明，近年来商标局加强指导中西部地区地理标志商标工作取得显著成效，地方政府更加重视地理标志精准扶贫工作，运用农业品牌推进扶贫脱困成为市场经济发展的有力抓手。截至 2019 年 6 月，商标局共核准注册 5093 件地理标志商标，其中国外地理标志商标 191 件。全国地理标志累计注册量最多的前五个省依次为山东省（692）、福建省（470）、湖北省（429）、四川省（347）和江苏省（308），合计占全国的 44.1%。国外地理标志商标申请量排名前三位的国家依次为法国（134），意大利（22）、美国（14）。③

第二节 中国地理标志的保护现状

一 中国地理标志行政管理机制概况

地理标志产品所具有的良好品质、特色及其知名度，是基于产品来源

---

① 数据来源：《知识产权统计简报》第 22 期，国家知识产权局战略规划司，http://www.sipo.gov.cn/docs/20191114154529619467.pdf，最后访问时间 2019 年 11 月 16 日。参见李春《专利商标质押融资总额达 1515 亿元》，《中国市场监管报》，2020 年 1 月 15 日第 001 版。

② 此处括号中的数字为件数，省略了单位"件"，下同。

③ 数据来源：参见《国家知识产权局发布 2019 年上半年主要工作统计数据并答问》，国家知识产权局网站，https://www.gov.cn/xinwen/2019-07/09/content_5407634.htm，发布时间 2019 年 7 月 9 日，最后访问时间 2024 年 6 月 2 日。

地的特殊地理环境或文化环境形成的。因此，作为一种能给使用者带来财富、提升价值的无形资产（标志本身），它既不能归个人所有，也不归国家所有，而应当属于地理标志产品产地的居民共同所有，简言之，其性质根本上是一种集体财产。① 作为一种特殊的团体性知识产权，地理标志的使用与保护对我国经济发展具有重要意义和积极作用。在我国，地理标志相关权利的申请、登记、管理、保护等工作主要由我国原工商行政管理部门、原质检部门以及原农业部三大部门负责。不过，正是由于存在着上述三种对地理标志的不同管理部门、授权和管理模式，我国现存地理标志的保护状况和程度不一，尚未实现统一管理②。

二 中国相关法律法规等对地理标志的保护

（一）《商标法》对地理标志的保护

根据《商标法》及其实施条例、《集体商标、证明商标注册和管理办法》等的规定，地理标志还可以作为证明商标或者集体商标申请注册。具体的注册与管理方式，国家工商行政管理总局在《集体商标、证明商标注册和管理办法》中作出了详细规定。在实践中，将地理标志作为证明商标或集体商标进行注册、监督管理，是我国对地理标志进行保护的一种重要形式。需要注意的是，如上文所述，被注册的地理标志必须是已经存在的，而不是申请人新创设的，才能真正实现对符合条件的地理标志的合理保护。

（二）《地理标志产品保护规定》对地理标志的保护

国家质量监督检疫总局于2006年颁布的《地理标志产品保护规定》，可以说是对地理标志产品采用专门法保护模式的一种探索。《地理标志产品保护规定》给予通过审核的地理称谓或产品名称以地理标志的法律地位，对其进行保护。事实上，该规定对地理标志的认定有双重含义，一是给予通过审核的称谓以地理标志的法律地位，二是给予能够生产该种产品的生产者在产品标签或包装物上使用该地理标志和地理标志专用标志的权利。③ 但这也导致了申请程序的重复，申请人既要提出地理标志认定的申请，又要提出使用地理标志及地理标志专用标志的申请。其后，国家知识

---

① 参见张玉敏《地理标志的性质和保护模式选择》，《法学杂志》2007年第6期。
② 当然，这一状况有望后续得到改善。
③ 《地理标志专用标志使用管理办法（试行）》规定，地理标志保护产品使用地理标志专用标志的，应同时使用地理标志专用标志和地理标志名称。

产权局对原《地理标志产品保护规定》进行了修订，将两种申请程序合二为一，并更名为《地理标志保护规定》，修订后的该规定（"征求意见稿"）已于 2020 年向社会公众发布并征求意见。

（三）其他法律法规规章中的相关规定

除上述列举的法律、法规或规章外，我国现行法律体系对地理标志的保护还体现在其他法律法规或规章中，保护方式大致可分为两类：一是从地理标志本身出发，针对不同类型地理标志的特点，实行直接的精细化保护，如农业部 2007 年颁布的《农产品地理标志管理办法》；二是从公众角度出发，打击可能造成公众混淆的非法地理标志使用，实现间接式保护，如《消费者权益保护法》《反不正当竞争法》等的相关规定。

例如，《农产品地理标志管理办法》有明确规定，针对擅自使用地理标志和专用标志的行为、不符合地理标志和专用标志使用条件而使用的行为、使用与地理标志和专用标志相近的标志，容易造成公众混淆的行为，有关机关有权进行查处、给予行政处罚。这就是通过行政管理手段对已发生的非法使用地理标志行为进行规制，以行政手段实现对受侵害地理标志的救济。该办法的出台，主要是因为，在我国地理标志产品中，有较大一部分属于初级农产品，为促进农业发展、实现农民增收，由农业部统一负责全国农产品地理标志的登记工作，专门为农产品地理标志提供保护。

相比之下，与地理标志专用权保护模式相比，《商标法》能提供的保护力度被公认为是最强的，因此，众多地理标志均以申请获得地理标志集体商标或证明商标为目标，以期实现更强有力的保护。

第三节 地理标志保护的现实意义

一 宏观角度——于国家和地方政府的意义

我国幅员辽阔，地理标志资源丰富。加强对地理标志的保护，对促进我国经济发展，提高农产品在国际市场上的竞争力具有重要作用。作为一个农业大国，我国政府高度重视农业发展，特别是涉农地理标志的申请与保护。2016 年国务院印发的《"十三五"国家知识产权保护和运用规划》中明确指出："开展知识产权富民工作，推进实施商标富农工程，充分发挥农产品商标和地理标志在农业产业化中的作用，培育一批知识产权扶贫精品项目"。① 2021年国务院印发的《"十四五"国家知识产权保护和运用规划》中明确指出："加强涉农知识产权运用，助力乡村振兴。推动地方建立地理标志产品产值统计制度，健全地理标志产业发展利益联结机制，发挥龙头企业带动作用，吸引更多市场主体参与地理标志产业融合发展"。

在2019年7月举办的世界知识产权组织地理标志研讨会上，中国代表就中国地理标志的发展情况作出了详细说明。根据中国代表公布的数据可知：一件相同的产品在注册地理标志后其售价平均可以增长50.11%，这使得地理标志产品的销售成为一些地区农民的主要收入来源，成为一些贫困地区发展相关产业以及区域经济的重要动力，地理标志产品也逐渐成为当地经济发展的支柱性产业。例如在2017年，中国的地理标志产品出口产值突破了1万亿元人民币，有力地支撑了特色产业的发展以及精准扶贫工作的实施。②

2019年国家知识产权局《推动知识产权高质量发展年度工作指引（2019）》提出，"完善地理标志、特殊标志和官方标志保护体系，实施地理标志保护工程，开展国家地理标志产品保护示范区建设工作。加强对地理特征明显、人文特色鲜明、质量特性突出的地理标志重点产品实施保护"。③ 特别值得注意的是，2021年国家知识产权局《推动知识产权高质量发展年度工作指引（2021）》提出，"大力实施商标品牌战略和地理标志运用促进工程。做好商标法进一步修改准备和地理标志法律制度论证，加快《商标代理管理办法》等规章的制修订。深入实施地理标志运用促进工程，启动地理标志助力乡村振兴行动，着力打造区域品牌和特色地理标志产品"。

可见，无论是从国家层面还是地方政府层面，开发地理标志产品已经

---

① 《"十三五"国家知识产权保护和运用规划》，中华人民共和国中央人民政府，http://www.gov.cn/xinwen/2017-01/13/content_5159586.htm，最后访问时间2021年3月16日。

② Mr. Liu Jian, Protection and Development of Geographical Indication in China, https://www.wipo.int/edocs/mdocs/sct/en/wipo_geo_lis_19/wipo_geo_lis_19_4.pdf, 2019-11-17.

③ 《国家知识产权局关于印发〈推动知识产权高质量发展年度工作指引（2019）〉的通知》，国务院新闻办公室网站，http://www.scio.gov.cn/32344/32345/39620/41113/xg-zc41119/Document/1660252/1660252.htm，发布时间2019年6月11日，最后访问时间2021年6月30日。

成为许多地方政府发展区域特色经济、实现扶贫开发的重要途径之一。另外，由于地理标志本身就与特殊自然环境的地理区域相挂钩，这与我国精准扶贫方略中"针对不同贫困区域环境"的要求十分吻合。地理标志的开发与保护已经成为地方经济发展的新动力，是发展现代农业、打造区域形象名片的重要手段。

二 微观角度——于农民的巨大经济利益

地理标志除了能保护和传承我国丰富的自然和人文资源外，从微观层面讲，对广大农民群体而言，还能大力帮助提升农产品的价值，实现其增值，提高当地的农业发展水平，促进和保障农民增收、农业增效。

以福建省漳州市平和县为例，该县城已从一个贫困小县到今天的"世界柚乡、中国柚都"，"平和琯溪蜜柚"这一地理标志证明商标功不可没。据报道：平和全县61.3万人中有40多万人从事蜜柚相关产业，农民80%的收入来自于此，目前平和蜜柚种植规模达70万亩，2017年产量达120万吨，产值50亿元，涉柚产值超百亿元。① 平和蜜柚已经成为当地的致富名果，这要归功于地理标志能提升产品附加值的优势。

可见，利用地理标志提升产品附加值，帮助广大农民创收，实现乡村振兴战略，关系着农业发展与广大农民切身利益，意义重大。

第四节 地理标志司法维权的特点（基于案例样本分析）

一 对2014年12月—2018年3月6日50个案例样本的分析结论

经过在"北大法宝"等权威网站、平台的检索，笔者对50份与地理标志产品相关的侵权纠纷案件民事案件的判决书进行了整理，以此为依据制作完成了相关统计表格②。这50件案例的时间跨度为2014年12月26日—2018年12月，通过对这些样本的分析研究，不难得出以下结论。

从审理结果看，在这50件案例中，有38件一审案件均为原告败诉，12件上诉案件，二审法院均驳回上诉维持原判；从裁判文书的来源地区

---

① 福建平和：蜜柚成"扶贫常青树"，来源：https://www.fjph.com.cn/ShowInfo.aspx?id=166585，最后访问时间2019年11月17日。
② 详见附件三中的"案例统计表格一"，涉及与地理标志相关的50个案例样本。

来看，涉及浙江地区的案例 17 件，涉及上海地区的案例 12 件，涉及山东地区的案例 12 件，涉及北京地区的案例 4 件，涉及黑龙江、辽宁以及广东地区的案例各一件；从判决书分布的法院层级来看：基层法院共 25 份判决，中级法院 22 份判决，高级法院 3 份判决。

从法院支持的判赔金额看，在这 50 件案例中，最高判赔额为 8 万元，最低判赔额为 3000 元，平均判赔额为 20873.76 元。这些判赔额中绝大多数都包含原告为制止侵权行为合理支出在内的经济损失；从法律费用来看，一审程序的案件受理费一般由原告与被告共同承担，二审案件受理费一般由上诉人承担。其中案件的公告费等其他法律费用一般由败诉的被告方承担，所以原告方承担的法律费用多为案件的受理费。通过对 50 份判决书中的案件受理费进行分析，发现原告在 35 个案件中被要求承担案件受理费（平均值为 741.99 元），其中大部分被要求承担的金额都少于败诉的被告方应承担的金额。

与专利纠纷、著作权纠纷及一般商标侵权纠纷案件不同的是，与地理标志产品相关的侵权纠纷案（以商标侵权纠纷为案由的占绝大多数）的原告，多为注册集体商标或证明商标的团体、协会或其他组织。而且从时间上看，这些团体、协会或其他组织往往会在一段时间内集中起诉市场上多个侵权被告。例如，在这 50 件案例中，杭州市西湖区龙井茶产业协会作为原告的案例高达 35 个；安吉县农业局茶叶站作为原告的案例有 9 个；湖州市南浔区善琏湖笔行业协会作为原告的案例有 3 个；黑龙江省五常市大米协会作为原告的案例有 2 个。

二　基于对 2019 年 10 月—2021 年 10 月 15 日 28 个案例样本的分析结论

通过"中国裁判文书网"等平台的检索，在我国地理标志被侵权损失险推出的前后，笔者随机抽取了 28 份与地理标志产品有关的商标侵权纠纷案民事案件的一审判决书[①]，时间跨度为 2019 年 10 月—2021 年 10 月 15 日。通过对这些案例样本（裁判文书）的分析研究，可得出以下结论。

（1）审理结果方面，在这 28 件案例中，有 1 件一审案件为原告败诉；地域管辖方面，有 7 件案例由上海市各级法院管辖，有 6 件案例由湖南省各级法院管辖，有 2 件案例由广东省各级法院管辖，有 3 件案例由辽宁省各级法院管辖，有 2 件案例由黑龙江省各级法院管辖，有 2 件案例由

---

① 详见附件三中的"案例统计表格二"，涉及与地理标志相关的 28 个案例样本。

江苏省各级法院管辖，有1件案例由山东省各级法院管辖，各有1件案例由广西壮族自治区、河南省、河北省、四川省、湖北省各级法院管辖；级别管辖方面，有14份判决由基层法院作出，有14份判决由中级人民法院作出。

（2）判赔金额方面，法院支持的判赔金额可分为维权支出的合理费用和经济损失赔偿两类。在28件案例中，最高判赔额为100万元，最低判赔额为3000元，去除100万元赔偿额的极端值后，平均判赔额为3225元。为维权支出的合理费用几乎都被最终的赔偿额包含在内，仅有1件案例的合理支出费用与经济损失赔偿是分开计算的；判赔依据方面，地理标志纠纷案件中，原告很难证明因被告的侵权行为而遭受损失的具体数额或被告因侵权行为而获利的具体数额，法院多依据被告的地理位置、经营规模、经营时间、侵权行为的性质、情节、后果、涉案商标的声誉、驰名度以及原告为制止侵权行为所支付的合理支出等具体因素判定赔偿额；法律费用方面，一审程序的案件受理费一般由原告与被告共同承担。

随着地理标志保护制度的完善，近年来注册地理标志商标的协会、集体、组织等都在积极开展维权行动。据笔者检索统计分析得知，在2019年1月—2021年12月期间，成都市郫都区食品工业协会作为原告的地理标志民事纠纷案例有199件，杭州市西湖区龙井茶产业协会作为原告的案例有127件，巴音郭楞蒙古自治州库尔勒香梨协会作为原告的案例有100件，阿克苏地区苹果协会作为原告的案例有82件，信阳市茶叶协会作为原告的案例有24件，无锡市惠山区阳山水蜜桃桃农协会作为原告的案例有8件。

第五节 地理标志相关风险与保险产品的需求分析

我国幅员辽阔、地大物博，至今还有许多地理标志尚未得到充分开发，这些资源都蕴含着巨大的发展潜力。随着国际社会对地理标志的重视程度与日俱增，其作为一项重要无形资产越来越受重视，可能遭受的侵权等风险不容小觑，保险杠杆当仁不让，成为这项知识产权风险管理中不可或缺的重要工具。

一 地理标志权的被侵权风险、维权特点与困难

（一）地理标志易受侵害

地理标志产品因其具有的经济价值与文化效益使得假冒侵权行为时有

发生,这严重侵害了相关权利人以及消费者的合法权益。以 2019 年的福建平和蜜柚为例,福建平和县等著名地理标志拥有区域的农民诉苦称,今年的正宗平和蜜柚、琯溪蜜柚难卖,主要原因在于,在正宗地理标志产品成熟上市之前,已有不少冒充的假货提前上市并且充斥市场,由于假货口味不太好、口碑不佳,直接导致众多消费者对该地理标志的评价差,连累了其后上市的正品,所以今年的正宗柚子反而难卖,相关地理区域的农户可谓深受其害。可见,及时制止、打击假冒地理标志的产品和侵权行为,对于维护地理标志权利人的利益是极其重要的。尤其季节性的地理标志产品(农产品居多),其从上市前准备阶段直到产品完全下市这段时间的风险防控显得尤为重要。

(二)地理标志易被抢注

随着经济全球化的发展,越来越多的产品走出国门,在互联网销售蓬勃发展的背景下,商品的流动性大大增强。由此也产生了知识产权的地域性与商品流动性的矛盾。也就是说,某商品若在国内获得地理标志集体商标或证明商标授权,或者仅享有地理标志专用权,当其售卖到未获授权的市场或区域,却不一定能受到保护。一旦某地理标志被他人在其他市场抢注,原地理标志产品若进入该其他市场,将会面临巨大的被诉侵权等法律风险。例如,"绍兴酒"就曾经在日本被抢注成功并进行使用,使得我国"绍兴酒"的国际市场份额大幅缩水。又如,2010 年"镇江香醋"就曾被一韩国人向韩国特许厅提交了商标注册申请,韩国特许厅已经受理了注册申请并公告。镇江市醋业协会获悉后立即组织力量向韩国特许厅提出异议。同时,我国商标局也高度关注此案,积极与韩方沟通。最终,韩国特许厅于 2010 年 10 月 26 日裁定,驳回了韩国公民镇江香醋的商标申请,支持了镇江市醋业协会的异议请求。①

(三)维权难、周期长

总体而言,与地理标志相关的侵权行为发生较为频繁,风险较大,但因种种原因,例如,监控、发现侵权行为、调查取证、起诉侵权行为等工作成本高昂,须花费大量时间、金钱及人力、物力成本,而行业协会性质属于非营利性组织,经费十分有限,主要来自会员的会费,也无力支持地理标志在国内外的维权行动;加上地理标志产品大多是涉农产业,产品大多为初级农产品,附加值较低、利润空间有限;广大农户的维权意识总体

---

① 参见董民《积极应对海外挑战 镇江香醋成功维权:经济全球一体化下地理标志的海外保护》,《中华商标》2011 年第 10 期。

第九章　中国地理标志保险产品开发的必要性、具体方案与发展前景　163

也不强，当市场上出现侵权假冒行为时，不少农户并未引起足够警惕或重视，也未及时将信息或线索上报给地理标志相关权利人。

网络打假涉及跨省调查取证，维权周期长、成本高、难度大。例如，阳山水蜜桃的销售周期只有2—3个月，有时取完证，侵权网店早已换完马甲跑路了，无从追踪侵权者以及追责。"不少侵权者的工商登记地址与实际生产地址不一致，往往藏在比较隐蔽的地方，光是找到侵权人都很费功夫，最后即使赢了官司，桃农协会反而倒贴钱。"网络侵权给地理标志品牌保护带来了前所未有的困难，一份地理标志保护"名单"已不能解决问题。在这样的背景下，地理标志保险应运而生，通过"知识产权+金融"新模式，进一步破解地理标志保护难、维权成本高等问题。

从风险频发、维权偏少的现状来看，不少地理标志相关权利人选择放弃对侵权行为的追究，也进一步导致了对侵权行为的放任，加剧了其利益受损、相关地理标志口碑下降，陷入了恶性循环；往往只有当侵权行为发展到比较严重时，相关团体、协会或其他组织才会选择走司法程序进行维权。

一方面，对地理标志相关权利人而言，通过行政救济途径欲获得民事赔偿是不太现实的。尽管以《地理标志产品保护规定》为代表的部门规章为被侵权的地理标志提供了行政救济，对违法使用地理标志和地理标志专用标志的行为可以作出行政处罚，兼具惩罚、预防作用，但基于行政行为的相对性，行政机关仅针对行政相对人作出相关行政行为；另一方面，被侵权人属于第三人，一般不会就第三人的损失作出民事赔偿方面的安排或处理，因此对被侵权人而言，其仍需通过提起民事诉讼等方式来寻求民事损害赔偿。况且，民事救济也存在执行难等问题。即使胜诉了，地理标志相关权利人要想真正获得赔偿仍需克服现实中的执行困难。据全国法院切实解决执行难信息网的数据，截至2021年11月30日，我国31个省、自治区、直辖市及新疆生产建设兵团2021年的民事执行案件的平均结案率为85.5%。虽然民事执行案件结案率逐年增加，但仍有一定比例的案件陷入"结案难"困境中。

由此，对普通地理标志（非集体商标或证明商标）权利人而言，在通过民事诉讼索赔十分困难的情况下，就可能遭受的侵权损失向保险公司投保并在保险事故（如因侵权而起诉）发生后，在寻求行政救济的同时直接获得保险金以弥补损失，无疑将成为更有效率、更可靠的预防与化解风险的新方式。依照后一种方式，往往是由保险公司先行赔付，之后由保险人（保险公司）获得代位追偿权，如此能有效降低权利人的维权成本，实现快速获赔，避免出现维权成本高于实际获赔金额的"倒贴钱"情况。

地理标志权利客观上面临的被侵权风险较大，这也是由其固有维权特点所决定的。为地理标志投保十分必要的，是贯彻落实乡村振兴发展战略、服务农业现代化发展、维护农民合法权益的一项重要举措，有利于提升地理标志使用效益，净化市场，降低维权成本，提高地理标志生产维权积极性，助力地理标志品牌做大做强。

（四）维权案件少、成本高

近年来，我国与地理标志相关的维权案件数量总体不足，维权成本高，是第四个特点。本章第四节的实证分析过程与结论已经证实了这一点。

二　地理标志相关保险产品的需求分析

由上可见，从理论上和现实情况看，地理标志保险产品应当会有一定的需求主体。就地理标志相关权的保险产品而言，侵权和被抢注的风险是存在的，可望挖掘市场需求，其发展潜力是较为可观的。从全国范围内的检索数据看，2017年1月—2019年10月，在"北大法宝"中检索有关地理标志的纠纷，发现共有659份已公布的民事判决书；而2019年1月—2021年12月，在"中国裁判文书网"中检索有关地理标志的纠纷，发现共有994份已公布的民事判决书。2022年1月1日—2023年5月30日，则有485件。虽然数量上尚无法与著作权、商标、专利等的案件相比，但案件"中国裁判文书网"中检索有关地理标志的纠纷数量仍然在以较高的比例递增。

随着地理标志保护制度的完善，近年来注册地理标志商标的协会、集体、组织等也均开始积极开展维权行动。据笔者检索统计，在2019年1月—2021年12月期间，成都市郫都区食品工业协会作为原告的地理标志民事纠纷案例有199件，杭州市西湖区龙井茶产业协会作为原告的案例有127件，巴音郭楞蒙古自治州库尔勒香梨协会作为原告的案例有100件，阿克苏地区苹果协会作为原告的案例有82件，信阳市茶叶协会作为原告的案例有24件。这也表明地标权利人的维权意识有所提升。

可见，从理论上和现实情况分析，出于风险防范的需要，潜在的地理标志权利人对地理标志保险产品的需求是客观存在的。就地理标志相关权的保险产品而言，侵权和被抢注的风险是存在的，可挖掘市场需求。可以说地理标志相关保险产品的发展潜力是较为可观的。

然而，目前市场上专门针对地理标志而设计的保险产品比较少，与市场需求形成了鲜明反差，供需两端难以实现良好对接。以浙江宁波推出的商标权保险产品为例，宁波2018年在全国率先推出的商标专用权保险，仅有商标被侵权损失补偿保险①，理赔范围主要是被保险人在商标维权中支出的调查费用、法律费用和法院判定的直接损失。可见，从这款保险产品的保障范围来看，保险公司业已推出的与商标相关的保险产品，保障区域范围仅限于中国国内，而且缺乏特定的、专门针对地理标志专用权或地理标志集体商标、证明商标的保险产品。

2020年3月，江苏盐城为"东台西瓜"投保了全国第一单地理标志被侵权损失保险。理赔范围主要是被保险人在商标维权中支出的调查费用、法律费用和法院判定的直接经济损失。此外，"杨巷大米""镇江金山翠芽""凤凰水蜜桃""阳山水蜜桃""奉化千层饼"等地理标志也陆续投保，其中"阳山水蜜桃"已就被侵权损失获得了理赔款。

可见，在地理标志相关保险产品开发试运营阶段，虽有保险公司向市场推出了与地理标志相关的保险产品，但其保障区域仅限于中国，且仅有寥寥几个地理标志投保了这类保险产品。而阳山水蜜桃已获得理赔款的成功理赔案例，更进一步增强了业界对地理标志保险产品的信心，为地理标志权利人维权困难之化解打开了一扇新的大门。

目前市场上的地理标志类保险产品，尚有较大的进一步开发、完善空间，尤其是不能很好地满足目前覆盖地理标志整个生命周期的风险管理和全球范围内知识产权风险保障的迫切需求，我们需要开发更多的多种保障范围或保障层次的多样化地理标志保险产品，为我国地理标志在国内外的维权之路扫清障碍。

第六节 地理标志保险产品的开发设计与完善建议

一 中国地理标志保险产品的初步探索评介

近几年来，国家知识产权局和地方知识产权局（或市场监管部

---

① 《宁波商标圈"新技能"解锁！"商标保险+维权+服务"模式全国首推》，https://mp.weixin.qq.com/s/wTfRz4jImWEdaFA3GVoopw，最后访问时间2021年6月30日。

门）均致力于加强与保险机构的沟通对接，共同研究开发设计符合市场和投保主体需求的知识产权保险产品，探索"知识产权+金融"新模式，研究推动知识产权保险项目，完善知识产权风险分担机制，充分发挥金融保险的积极作用，帮助权利人降低维权成本。而在地理标志类保险产品方面，值得肯定和关注的是，我国已经在地理标志类保险产品的开发设计、运营方面迈出了步伐，这些初步探索是十分有益的，尽管实践经验尚不丰富，相关保险产品远未成熟。

2020年3月28日，"东台西瓜"成为我国首个设定地理标志被侵权损失保险的地理标志。此后，"杨巷大米""凤凰水蜜桃""阳山水蜜桃""奉化千层饼""镇江金山翠芽"等数个地理标志均设定了此种保险，标志着我国对地理标志的保护进入了一个新阶段。

以我国目前的地理标志类保险产品为例，在保险合同的主体方面，依据政府公开信息和官方新闻报道，现有的地理标志被侵权损失保险的投保人，多为地理标志的法定申请人[1]；而被保险人或受益人，从公开的保单和赔付案例来看，"奉化千层饼""阳山水蜜桃"两单地理标志保险中的投保人与受益人均为同一主体。从保险人来看，我国目前业已推出地理标志类保险产品的保险公司数量较少，投保人对保险人[2]的可选空间不大。在保险范围和保险金的构成与计算方面，地理标志被侵权损失保险的保险金一般可分为三部分，一是地理标志合法使用人遭受的直接经济损失，二是调查取证等为维权支出的必要费用，三是为维权支出的法律费用。这三项费用基本囊括了合法使用人因地理标志遭受侵权以及维权行动可能支出的全部费用或成本。

以下较为系统地梳理了目前我国地理标志保险的若干典型案例（见表9-1），并就其中三个进行介绍，再对我国地理标志保险业务发展现状进行简要评析。

---

[1] "东台西瓜"地理标志的投保人为江苏东台三仓润丰现代农业产业园有限公司，"杨巷大米"地理标志的投保人为宜兴市杨巷镇大米产销技术协会，"凤凰水蜜桃"地理标志的投保人为张家港市凤凰镇农业服务中心，"阳山水蜜桃"地理标志的投保人为阳山水蜜桃桃农协会，"奉化千层饼"地理标志的投保人为奉化区溪口千层饼协会，"镇江金山翠芽"地理标志的投保人为镇江金山翠芽股份有限公司。

[2] "东台西瓜""阳山水蜜桃""凤凰水蜜桃""镇江金山翠芽""杨巷大米"投保的地理标志保险产品均由中国人民财产保险股份有限公司承保，"奉化千层饼"则由中国平安财产保险股份有限公司承保。

第九章 中国地理标志保险产品开发的必要性、具体方案与发展前景　167

表 9-1　　　　　　　　中国地理标志保险典型案例一览

地理标志	时间			保险基本信息				新闻链接
	投保时间	兑付日期	兑付条件	投保人	受益人	保费支付人	保费补贴	
东台西瓜	2020 年 3 月	—	—	江苏东台三个润丰现代农业产业园有限公司	—	—	—	https://baijiahao.baidu.com/a? id = 1663322880014175412 8&wft = spider&for = pc
镇江金山翠芽	2020 年 4 月	—	—	镇江金山翠芽股份有限公司	—	—	—	https://baijiahao.baidu.com/s? id = 1655383065994128 541&wfr = spider&for = pc
阳山水蜜桃	2020 年 5 月	2021 年 3 月	一审法院作出生效判决后	阳山水蜜桃农协会	阳山水蜜桃农协会	阳山水蜜桃农协会	无锡市知识产权局给予协会保费补贴	http://www.wxrb.com/doc/20 21203/17/74145.shtm
凤凰水蜜桃	2020 年 7 月	—	—	张家港市凤凰镇农业服务中心	张家港市凤凰镇农业服务中心	—	市财政资助保险机构 2 万元补贴作为保费	http://jsfzbv5.xhby.net/mp2/pc/c/202007/09/c797587.html
奉化千层饼	2020 年 9 月	—	—	奉化区溪口千层讲协会	奉化区溪口千层讲协会	—	—	https://www.sohu.com/a/418617457_692990
杨巷大米	2020 年 9 月	—	—	宜兴市杨巷镇大米产销技术协会	宜兴市杨巷镇大米产销技术协会	—	无锡市知识产权局给予协会 50%保费补贴	https://xueshu.baidu.com/usercenter/paper/show? paperid = 1p320m 30ny4moea055a 0md0vs285243& site=xueshu_se

1. 东台西瓜：首个投保地理标志被侵权损失保险的地理标志

2020 年 3 月 28 日，"东台西瓜"成为我国首个设定地理标志被侵权损失保险的地理标志。此后，"杨巷大米""凤凰水蜜桃""阳山水蜜桃""奉化千层饼""镇江金山翠芽"等数个地理标志均设定了此种保险，标志着我国对地理标志的保护进入了一个新阶段。

2. 阳山水蜜桃：首个获得实际理赔的地理标志

囿于已公开报道或能查询到的相关信息较为有限，据笔者掌握的有限信息，目前的地理标志保险产品在赔付流程方面，截至2021年12月，仅有"阳山水蜜桃"这一项地理标志，其被保险人在购买地理标志被侵权损失保险后已获得了保险金的实际理赔。

2020年6月，江苏无锡市惠山区阳山水蜜桃桃农协会在无锡市市场监督管理局支持下，花费1.04万元向无锡人保财险投保"地理标志被侵权损失保险"，获得总金额30万元的保险保障，保障内容涵盖桃农协会为维护"阳山水蜜桃"品牌而产生的法律费用、调查费用，以及广大授权企业及个人因侵权而遭受的直接经济损失。实际保费支出后，桃农协会获得了50%的保费补贴。

该桃农协会于2020年末起诉侵权人，2020年12月法院宣判桃农协会获赔12万元。之后，桃农协会于2021年3月15日获得了保险理赔款6.5万余元，有效降低了维权产生的法律成本。在这件理赔案中，保险公司是严格以法院判决书作为保险事故发生的证据，在判决书生效之后进行理赔兑付的。法律费用责任限额最高不能超过6.5万元。但若协会不能给出明确的直接的经济损失证据，保险公司也无法理赔。

3. 宜兴紫砂：首个工艺品类地理标志保险保单[①]

2022年8月，全国第一单工艺品类地理标志保险在江苏宜兴落地。宜兴陶瓷行业协会与中国平安财险宜兴中心支公司签订保险合同，为地理标志证明商标"宜兴紫砂"提供累计60万元的"地理标志维权诉讼费用损失保险"和"地理标志侵权损失补偿保险"。

此前，江苏盐城"东台西瓜""镇江金山翠芽"茶叶、无锡"阳山水蜜桃"等多个品类地理标志也相继达成知识产权保险投保工作。目前江苏已形成492件地理标志，年产值超过2000亿元；2022年8月，已有12个地理标志产品投保地理标志保险，投保共计21单，投保金额2143.15万元。[②]

除上述三个案例外，还有2022年6月16日中国太平洋产险股份有限公司（下称太平洋公司）阳江中心支公司与广东阳江八果圣食品公司签订的地理标志保险合同；同年，太平洋公司还与广东盛泰实业有限公司签订地理标志保险合同，为"海丰油占米"投保。2022年10月，黄山市首

[①] 基于种种原因，部分保单条款具体规定等准确信息难以收集到。

[②] 蒋波：《地理标志保险让打假维权不再难》，《经济日报》，2022年8月18日第12版。

单地理标志保险——安茶"地理标志被侵权损失保险"在祁门县签订，由中国人保财险祁门支公司承保，为祁门县老六安茶厂累计提供50万元风险保障，标志着黄山市知识产权金融产品创新又迈出了新步伐。2023年6月14日，陕西省首单地理标志保险——"略阳乌鸡"地理标志被侵权损失保护在汉中市落地，提供30万元的风险保障。

总体来看，我国地理标志保险产品虽然已开始初步探索，但保险产品的设计看法仍处于初级阶段，缺乏吸引力、运营不足，从目前来看，投保主体总量非常少、市场需求挖掘不足。以我国目前的地理标志类保险产品为例，在保险合同的主体方面，依据政府公开信息与官方新闻报道，现有的地理标志被侵权损失保险的投保人，多为地理标志的法定申请人；而被保险人或受益人，从公开的保单和赔付案例来看，"奉化千层饼""阳山水蜜桃"两单地理标志保险中的投保人与受益人均为同一主体。从保险人来看，我国目前业已推出地理标志保险产品的保险公司数量较少，投保人对保险人的可选空间不大。在保险范围和保险金的构成与计算方面，地理标志被侵权损失保险的保险金一般可分为三部分，一是地理标志合法使用人遭受的直接经济损失，二是调查取证等为维权支出的必要费用，三是为维权支出的法律费用。这三项费用基本囊括了合法使用人因地理标志遭受侵权以及维权行动可能支出的全部费用或成本。

因种种原因，既有地理标志保险产品的市场接受度与普及程度总体不高，产品自身的吸引力有待提升，广大的地理标志权利人并不太了解这款新的保险产品，宣传不足是原因之一；而且，在保障范围方面与理赔流程方面，需简化理赔程序，降低获得保险赔偿金的难度或门槛。此外，部分地理标志在首次投保时，尚有相关部门提供的保费补贴等，但其后大部分原先投保的地理标志在首次投保的保险合同期限届满后未进行续保，部分地区呈现出续保难的不可持续发展状态。未发生赔付时，投保人往往意识不到保险的作用，续保积极性不高。

二　中国地理标志保险产品的开发设计与完善

基于地理标志的特殊性，在申请主体、使用主体、权利授权方式等方面，均有不同于一般商业标志（如商标）的独特性特点，十分有必要就地理标志相关权利的产品设计方案等相关具体问题进行专门讨论。为此，笔者就几个重要问题提出以下建议供参考。

（一）投保主体

地理标志保险产品的投保主体，具有自身的特殊性。由于地理标志具有鲜明的集体性，出于效率、成本等因素的考量，有权针对地理标志提出相关申请的主体，必须是特定的，且须符合法律规定的资格和条件，而非普通商标的注册申请人。因此，往往是由法定的地理标志申请人（多为产业协会、组织或团体）发挥统筹作用，代表所有的地理标志合法使用人来管理、监督该地理标志的使用过程，以及针对侵权行为开展维权行动。因此，与其他知识产权保险产品不同的是，为地理标志证明商标、集体商标或者地理标志专用权等相关权利提供保障的保险产品，其投保人只能限定于地理标志专用权人，即地理标志的原申请人，一般是某团体、协会或其他组织。

同时，在地理标志类保险产品中，被保险人或受益人也应当是地理标志的原申请人（往往也是标志的管理者）。地理标志一旦被侵权，每一位地理标志的合法使用人都会遭受损失，但若在保险合同中将受益人确定为地理标志的所有合法使用人，而每位合法使用人就会因占有的市场份额不同而需要获赔不同的保险金额，就要求保险公司在签订保险合同时需要结合不断变化的市场份额设定合理的分配方案。这无疑将增加保险公司的工作难度，降低保险合同的订立效率，也会为理赔方案的确定增加难度，险种开发工作更加困难，实际可操作性不高。相反，若将地理标志原申请人确立为受益人或被保险人，保险公司就可以绕开分配环节，直接将总保险金给付给原申请人，再由产业协会、组织或团体自行确定分配方案，进行内部分配或拨付，如此，既能简化保险公司的赔付流程，又能使保险金的分配更为合理，更具有可操作性、科学合理性，兼顾效率性。

（二）主要险种及其保障范围

1. 地理标志维权法律费用保险

对地理标志相关权利人而言，维权行动是十分关键的，基于充分维护该地理标志产品的声誉和市场乃至潜在巨大利益的需要。如前所述，权利人往往囿于经费不足、非营利性质、侵权信息滞后等原因，主动出手维权的行动相对较少。因此，将保障范围覆盖至为维权目的进行诉讼所需承担的法律费用，无疑是雪中送炭。此种保险可称为地理标志维权法律费用保险。

2. 地理标志被侵权损失险

如前所述，目前我国已开展的地理标志类保险业务中，主要是地理标志被侵权损失险。此类保险涵盖了法律成本，但设置了保险责任的最高限额，导致投保人投保的积极性不高。事实上，在保险合同条款与内容的设计方面，可以考虑令保险公司在对被保险人履行保险责任、给付保险金之后，赋予保险公司对侵权人的代位追偿权，保险公司可以要求被保险人提供其开展的各项调查证据后形成的证据、费用支出单据等重要材料，便于保险人日后行使代位追偿权。

3. 地理标志海外维权保险

对于想拓展海外市场的投保人而言，保险公司可以提供地理标志海外被抢注后维权的相关费用或损失，以及一揽子综合性保险服务。具体来说，可以通过专业机构建立起外国抢注我国地理标志的信息预警平台，通过预警与通知的联动，及时传达给地理标志的权利人，以便其及时采取相应的应对措施。如果我国地理标志被海外抢注，相关维权费用由保险公司根据保险合同约定进行赔付。

如前所述，地理标志的申请人——行业协会等都属于非营利组织，其运作依靠有限的会员会费，导致其预防知识产权风险的能力较弱。考虑到高昂的维权成本和时间成本，在面对侵权行为特别是海外侵权行为时，相关权利人往往束手无策。具体来说，投保人可选择仅就国内范围的侵权风险或者全球范围内的侵权风险进行投保。保险人再依照合同约定对因维权产生的法律费用和法院判定的损害赔偿金额，在保险责任限额范围内予以赔付。这种海外维权保险的保险期限一般规定为 1 年，可以附加要求，在投保时并无已被投保人知晓的侵权行为。为防止投保人恶意隐瞒，可以根据实际风险情况设置 1—3 个月的等待期，即在等待期内发生的侵权行为不属于保险公司的理赔范围，不构成"保险事故"。

从我国目前已开展的地标保险市场情况看，人保公司提供的地标保险产品主要是地理标志被侵权损失保险，主要保障范围是地理标志权利人因被侵权造成的直接经济损失、调查取证费用、诉讼费用等[1]。

（三）产品定价与理赔限额

知识产权保险产品的定价，十分需要国内外知识产权大数据以及知识产权法律大数据的支持，以增强保险公司识别和承担风险能力，因此对可靠数据的依赖程度很高。一般来说，保费的计算方式为：保险费＝基准费率×保险金额×风险调整系数。

在此，保险金额的设定往往会分为几个档次，投保人可以根据自身需求以及对应的保障范围来进行选择。根据保险学的基本理论和一般原理，

---

[1] 参见卓越 2022《新产权与地标险——保障地理标志产权利益》，中国人民保险公司官网，https://www.picc.com/infocenter/information/xwzx/jrbxpl/202212/30/cms_20221230_173121384.html，最后访问时间 2023 年 10 月 8 日。

基准费率的计算与确定应当严格遵循平衡原理，也就是说，在整个保险期限内，风险水平不同的被保险人所缴纳的保费，应当与保险金的给付总额是相等的，两者才能实现总体上的平衡。

因此，在进行产品定价与理赔额的确定时，要对投保人的整体情况进行综合分析，比如其地理标志产品的市场范围与市场分割，其产品的国内与国际知名度，其以往涉诉案件的维权费用以及赔偿额等。在基本的定价及理赔范围上，根据每位投保主体自身条件的差异以及保险范围需求的不同进行综合评估、量身定制。

如前所述，笔者在对50件地理标志相关的维权案件的整理、分析中得知，个案平均判赔额（包括经济损失与维权费用）为20873.76元，案件受理费的平均值为741.99元。所以针对一般的投保人，国内侵权案件的经济损失与维权费用的理赔额可以2万元为基准进行调整，案件受理费的理赔额，往往为1000元左右。

（四）地理标志保险的保险费承担

如上所述，地理标志的法定申请人应当有资格成为投保人，可以投保，因此，该投保人负有缴纳保险费的义务。不过，作为法定申请人的产业协会、团体、组织等，往往具有非营利性，缴纳保险费对它们而言可能造成较大的经济负担。

因此，在地理标志保险产品的保费承担上，目前多采用先由投保人支付保险费，再由地方知识产权局或地方财政机构给予一定比例的保费补贴，具体比例因地而异，有些地区约为50%。① 随着参保的地理标志的数量的增加和地理标志类保险市场的进一步开发，政府为每个地理标志提供的保费补贴可能后续会有所下降。作为享有地理标志相关专用权的单个主体，在享受保险产品所提供的风险保障服务的同时，理应也可以被要求支付一定的对价。因此，以产业协会为代表的地理标志的原申请人，也可以根据自身实际情况，在会费组成中适当增加或体现部分保险费用，要求作为会员的地理标志合法使用人予以缴纳，以保障投保的顺利进行。

（五）保险事故证明

保险公司兑付理赔保险金的前提是发生保险事故，而保险事故的发生——被保险人因此遭受的损失或付出的成本，需要有充分、确切的证据

---

① "阳山水蜜桃""杨巷大米"均由当地知识产权局给予了50%的保费补贴，"凤凰水蜜桃"由市财政资助了2万元保费补贴。

第九章 中国地理标志保险产品开发的必要性、具体方案与发展前景

加以证明。地理标志保险产品中的"保险金",主要由被侵权人的直接经济损失、调查取证费用、法律费用等三部分组成,但三者在证明方式上可能有所不同。

就调查取证费用、法律费用而言,无论最终是否证明地理标志被侵权,只要投保人、被保险人或受益人在调查取证和寻求司法、行政救济过程中的支出有充分证据加以证明,保险公司就应当核保,并在保险责任限额范围内承兑相应的理赔款。由于保险公司保障的是可能发生的风险,就调查取证费用、法律费用而言,地理标志合法使用人由此承担的并非因侵权行为遭受的直接经济损失与风险,而是因调查取证、寻求司法或行政救济所支出的实际成本,所以此时作为承兑前提的保险事故,应当是投保人、被保险人或受益人为开展调查取证、寻求司法或行政救济所支出的实际费用,须以票据、缴费凭证等有效证据作为证明,保险人据此予以理赔。

就直接经济损失而言,地理标志合法使用人遭受直接经济损失是以地理标志被侵权为前提的,而只有行政机关或司法机关,才有权就地理标志是否被侵权等作出有效力的认定。因此,在直接经济损失的证明方面,应当依据司法机关或行政机关的裁判文书或行政裁定书、决定书等具有法律效力的文件,来认定地理标志是否被侵权。若是司法机关通过裁判文书予以认定的,应依据裁判文书中写明的损失金额或赔偿数额来确定直接经济损失的金额;若是行政机关通过行政决定、裁定等予以认定的,则应依据其中查处侵权产品的数量、金额或作出的罚款金额等确定直接经济损失的金额,在约定的保险责任限额范围内进行核保、理赔。

(六)保险赔付流程

保险人兑付理赔款,须以保险事故的发生和核保为前提。就调查取证费用、法律费用而言,在被保险人或受益人提交证据证明因调查取证、寻求司法或行政救济的实际支出后,保险人可就该部分费用进行理赔、兑付;就直接经济损失而言,在被保险人或受益人提供用于证明直接经济损失发生的法律文书生效之后,保险人可就该部分损失进行理赔、兑付。生效的法律文书是认定保险事故发生以及确认被保险人的经济损失或成本的重要依据,因此,核保与保险理赔通常发生在司法机关作出生效判决或行政机关作出生效决定、裁定之后。保险人在完成理赔后,依法获得对侵权人的代位追偿权,即代位求偿权。

第七节　地理标志保险是否适合被纳入知识产权综合保险产品

对于是否应当考虑将地理标志纳入知识产权综合保险产品的问题，笔者认为，无论是地理标志集体商标、证明商标还是地理标志专用权，鉴于其权利主体的特殊性，其手中往往不享有较多的其他种类的知识产权（如著作权、专利权），因此，不易出现包括地理标志相关权利在内的多种知识产权主体合一的情形，此类主体往往会倾向于选择购买单一的、专门的地理标志保险产品，以涵盖来自地理标志假冒、侵权、抢注等方面的风险，而不太有意选择知识产权综合性保险产品。因此，笔者认为，地理标志不宜被纳入知识产权综合险的范围，无太大必要。

总体而言，地理标志并非普通的商业标志权，其同时具有集体性权利的特点，对提升所在地的知名度、促进当地经济发展甚至在国际贸易交流中也都发挥着重要的公益作用。

在地理标志相关权的知识产权保险产品设计方面，笔者建议：可以对主要发生在我国范围内的地理标志假冒、侵权行为以及主要发生于域外的地理标志抢注行为这两类主要的风险予以保障，相关保险产品的保障范围可以覆盖权利人为打击假冒地理标志产品行为采取相关维权行为需承担的法律费用等、为制止（主要是域外的）抢注行为进行的维权行为所需费用等。

在地理标志相关保险产品的推广方式上，鉴于地理标志的申请人（权利人）是不以营利为目的团体、协会或其他组织，可能无法承担相关的保险费用，因此在初始阶段，建议保险公司与地理标志当地政府进行合作，由政府购买或承担部分保费之方式，为当地地理标志产品投保，以更好地实现投保人、保险公司与社会公共利益的平衡。

鉴于地理标志相关权利主体与绝大部分其他种类的知识产权的权利主体均不相同，有其特殊性，一般不建议将地理标志纳入知识产权综合险的保障范围。

第八节　促进中国地理标志保险事业发展的若干建议

地理标志保险是保障农产品知识产权的新险种。要做好这方面工作，

第九章　中国地理标志保险产品开发的必要性、具体方案与发展前景　175

首先需要多渠道多方式进行宣传与推广，提升地理标志权利人的维权意识，扩大地理标志投保范围，让更多人知晓、参与地理标志保险。其次，各地区各部门要指导保险公司发挥"保险经济助推器"作用，提升知识产权保险产权全链条供给水平，提供更精准的定制服务，并结合不同地理标志产品特性，加强保险产品创新，放大地理标志保险的支农惠农效应，更好地发挥金融保险的经济补偿功能，增强地理标志生产经营的安全感与获得感。适时加强对地理标志保险险种的监管，指导保险公司规范理赔，同时搭建相关法律服务平台，组织专业化维权援助队伍，帮助地理标志相关权利人实现科学、合理维权。

一　适当降低投保负担，适时提供保费补贴

如上所述，地理标志的法定申请人应当有资格成为投保人，可以投保，因此，该投保人负有缴纳保险费的义务。不过，作为法定申请人的产业协会、团体、组织等，往往具有非营利性，缴纳保险费对它们而言可能造成较大的经济负担。

因此，在地理标志保险产品的保费承担上，目前多采用先由投保人支付保险费，再由地方知识产权局或地方财政机构给予一定比例的保费补贴，具体比例因地而异，有些地区约为50%。随着参保的地理标志数量增加和相关保险市场进一步开发，政府提供的保费补贴可能后续会下降。作为享有地理标志相关专用权的单个主体，在享受保险产品所提供的风险保障服务的同时，理应也可被要求支付一定的对价。因此，以产业协会为代表的地理标志的原申请人，也可以根据自身实际情况，在会费组成中适当增加或体现部分保险费用，要求作为会员的地理标志合法使用人予以缴纳，以保障投保的顺利进行。

在提升中小企业知识产权能力、知识产权保险的推广方面，除给予保费补贴这种方式外，也可考虑参考部分国家经验，采用保费优惠政策或手段，促使企业积极主动开展对权利被侵害风险的提前诊断、预估等活动，切实提升企业投保意愿，提高对地理标志权利的风险预防与应对能力。

二　完善与优化产品设计，提高精准保障能力

要提供保险产品的保障能力，首先要在产品开发设计过程中，应在国家和地方政府相关部门的引导下，协同权利人与保险公司等主体来共同推进，不断加强宣传，对地理标志保险的保障作用进行普及，提高相关协会、农民等主体对此类保险的认同感和投保积极性；其次，保险公司要做

好前期市场调研，挖掘投保主体的最迫切需求，开发出保费不高、保障范围较广、符合需求的险种，不断细化、优化保险条款，完善产品体系；提高保险服务的质量与水准，积极参与维权过程，组建具备专业的维权团队，发生侵权事件后，积极为投保人提供法律咨询、调查取证、诉前评估等专业化服务，并对投保人的直接经济损失进行合理评估，简化理赔流程，在帮助投保人维权同时让客户切实地感受到保险的作用。

三 确保尽量多的参保主体，实现"大数法则"

在参保对象方面，保险人可根据投保主体的规模等具体情况来区分大型实体与中小型实体（或协会、组织）等不同层次，针对不同投保主体设计不同的保险方案，例如，对中小型规模的实体或组织，收取在其可接受范围内的较低档次的保费，设计出能适用于大数法则的保险产品；对大型协会或实体，其保险费、保险金额等条款的确定，经充分调研后进行个案分析与单独拟定，更具有针对性，以满足不同层次、种类的保障需求。

为确保尽可能多的参保主体数，可考虑采取的措施有以下三种。

其一，有条件的情况下，相关政府部门可以适度提供相关保费补贴。例如，在推广相关知识产权保险产品的初期（比如前三年），暂时采用由政府或相关部门部分补贴保费的方式，以降低投保人所需缴纳的保费，提升保险产品的吸引力；待时机成熟时，逐渐取消相关保费补贴，过渡到完全由市场主导价格。近几年，韩国、日本等国在推行知识产权保险产品的过程中均不同程度地采用了保费补贴形式，以韩国为例，对部分保险产品、部分投保主体所提供的补贴甚至达到了保险费用的70%—80%。

其二，对于一部分属于基本保障水平的保险产品，可参考韩国等国的做法，考虑试行强制性投保模式。例如，可以考虑在地理标志权的申请过程中，要求申请人强制投保与地理标志相关的险种。可以预见，通过保费补贴等手段，能从一定程度上减轻投保人投保费用方面的负担与顾虑，确保有更多的投保主体加入，便于保险人保险业务的开展，避免市场失败等风险。

总之，无论是地理标志集体商标、证明商标还是地理标志专用权，鉴于权利主体的特殊性，手中往往不享有较多的其他种类的知识产权（如著作权、专利权），因此，不易出现包括地理标志相关权利在内的多种知识产权主体合一的情形，此类主体往往倾向于选择购买单一的、专门的地理标志保险产品，以涵盖来自地理标志假冒、侵权、抢注等方面的风险。

地理标志并非普通的商业标志权，而是同时具有集体性权利的特点，

第九章 中国地理标志保险产品开发的必要性、具体方案与发展前景　177

对提升所在地的知名度、促进当地经济发展甚至在国际贸易交流中发挥着重要的公益作用。在地理标志相关权的知识产权保险产品设计方面，笔者建议考虑对主要发生在我国范围内的地理标志假冒、侵权行为以及主要发生于域外的地理标志抢注行为这两类主要的风险予以保障，相关保险产品的保障范围可以覆盖权利人为打击假冒地理标志产品行为采取相关维权行为需承担的法律费用等、为制止（主要是域外的）抢注行为进行的维权行为所需费用等。

在我国地理标志保险事业的发展与相关新险种的推广方式上，鉴于地理标志申请人（权利人）是不以营利为目的团体、协会或其他组织，可能无法承担相关的保险费用，因此在初始阶段建议保险公司与地理标志权利所属的政府部门进行合作，由政府购买或承担部分保费之方式，以减轻投保人负担，鼓励保险需求主体为地理标志产品投保，将更切实有效地帮助新险种顺利渡过通常须经历的市场瓶颈期，防止新险种推出初期的市场失败。

第十章　中国知识产权综合保险产品的需求、设计方案、障碍与前景

知识产权综合保险，保险业界通常称之为"大知识产权保险综合保障产品"，是指能为投保人提供知识产权综合保障的保险产品，与单一性的商标保险或专利保险相比，其保障对象和范围是十分广泛的。

由于知识产权保险产品最早源自美国，可以说，涵盖范围较广的知识产权综合类保险产品也是产生于美国，此类产品也是应运而生的。1993—1996年，在美国，由于传统的CGL保险产品已经无法为企业的专利侵权等知识产权领域的风险买单，为应对日益复杂、难以预测的，与著作权、专利、商标、地理标志等知识产权（无形财产权）有关的风险之防控，不少企业逐渐萌生了综合类知识产权保险产品的需求。

与我国传统的单一性知识产权保险产品相比，与2013—2018年我国推进的以专利保险为主导的保险产品相比，知识产权综合保险产品的保障范围更广、更大，并不拘泥于某一种知识产权类别，而是较全面地覆盖了商标、专利，甚至地理标志和著作权等方面的风险，因此天然具有更大的吸引力。

第一节　当前科技创新的新形势以及新的风险点

一　科技创新的新形势

随着人工智能（AI）、5G等新技术、新领域、新业态、新产业等的发展，我国"四新"经济发展呈现出鲜明特点。在世界范围内，随着人工智能、大数据、区块链、5G、AR、VR等新技术的发展，在互联网等领域催生了许多新业态，形成了许多新领域、新产业。新技术、新业态、新领域、新产业，改变了人类的创新方式和创新过程，改变了人们的生

活、工作方式等。这些创新与变革对我国知识产权的创造、保护和应用实施均带来了新的机遇和挑战。我国的知识产权保险产品，也必须回应由新技术、新业态、新领域带来的新的风险点，才能满足新的需求，永葆生机与活力。

虽然部分企业通常容易遭遇来自某一种知识产权的风险，比如侵权指控或者需要维权的支出或成本、潜在的侵权损害赔偿责任，但更多的情形是，在知识产权权利种类繁多、经济活动、竞争行为纷繁复杂的当今，有更多企业正面临着各种不确定的、与知识产权相关的风险，使得他们产生了对知识产权综合保险产品的巨大需求。知识产权领域的风险是综合性的，难以预测来自具体哪一方面，有可能基于商标、商号等商业标志，也有可能基于技术、专利或是著作权方面，既有可能被其他商家（包括直接或间接的竞争对手）所抄袭模仿，也可能被其他商事主体指控，被控侵犯了对方的某种权利或者权益。

企业所面临的与知识产权有关的综合性风险的存在及其不确定性，不仅能从当前我国知识产权立法、司法、行政等工作的发展趋势和特点中看出，而且能从我国部分保险公司开发出相关综合类知识产权保险产品的实践中看出来。需求催生产品，风险中酝酿着创新。

二　新的风险点

互联网、人工智能、大数据、区块链、5G 等都在改变我们的生活，颠覆我们的传统认知、消费理念乃至思维方式。我国的网民数量还在持续增加，哔哩哔哩、抖音、快手等新的商业模式、新的网络平台，都在创新我们的娱乐方式。但与此同时，许多风险也相伴而生。

这是个信息大爆炸的时代，也是个作品大爆炸的时代。比如，短视频纠纷也正在上演中。

（一）版权领域的新风险点

1. VR 新业态产业生成的表达以及虚拟空间的作品侵权行为

应当说，VR 新业态产业所生成的表达（也许构成"作品"），是数字经济时代新科技发展的产物。

由此，在美国司法实践中，在网络侵权领域，发展出了"无名氏诉讼"的特有规定：是指在网络民事侵权领域，原告在不知道被告真实身份的情况下，也可向法院提起诉讼。这一制度在美国的运用地相对较为成熟，通常用 Jane Doe（女）和 John Doe（男）来指代不知真实身份的被告，并在 Leatherwood 案等 VR 著作权侵权领域有所运用。

美国是在通过 Simon 案以及后续的 Leatherwood 案和 Ozimals 案等判例之后，确立了网络用户可以就虚拟空间中的作品侵权行为提出损害赔偿的要求。

无独有偶，日本在适应网络技术变革的背景下也专门在其《意匠法》等制定法层面对 VR 知识产品的特性加以考量。

可见，即使在虚拟空间中，即使是在被告身份不明的情况下，依然可能发生诉讼风险，而无论实际侵权人是谁，最终有可能被判令承担侵权损害赔偿责任的主体，也许是某网络服务平台（网络服务提供商），也须是某虚拟空间的管理者等。对于这些主体而言，著作权侵权风险赫然存在。

2. 影视娱乐等行业新类型"作品"之争议、侵权认定等问题折射出的风险

近年来，著作权领域发生了一系列影响广泛的案件，如"琼瑶诉于正案""中超案""音乐喷泉"等，受到广泛关注。

从 2015 年开始，中国的影视行业、游戏行业纷纷掀起"IP 热潮"，其实质就是涉及对作品的改编。对于仍处于著作权保护期内的作品，这股"IP 热潮"给著作权人带来了丰厚的经济利益。然而，市场活跃的背后也暗藏了许多风险。就侵权纠纷的原告而言，如何认定影视作品乃至游戏构成侵权已经是一个复杂的法律问题。如"琼瑶诉于正案"中，认定两部作品中 21 个情节是否构成实质性相似就是一个复杂的过程，法院最终也只认定了原告对其中 9 个情节具有独创性。现实中，文学艺术作品中的"借鉴""致敬"与"抄袭"的界限也常常模糊不清，思想与表达的分界也并不总是明确，原告欲想证明侵权势必要支付一定法律成本。

在文化产业繁荣发展以及互联网技术迅速升级的背景下，各种新型侵权方式层出不穷，侵权人的分布也较为分散。比如当前兴起的很多家私人影院，如果其未经许可播放电影，则有可能侵犯电影制片人的信息网络传播权。又如随着 P2P 技术、网络爬虫技术的发展，侵权行为变得更加便利也更加隐蔽，这为原告发现侵权行为、收集相关证据带来了困难。首先，原告需要购买网络监控软件定位分散在各地的侵权人；其次，原告为了固定证据往往要支付一笔不少的公证费用。这些成本如果再加上律师费用，很可能让权利人望而却步。

此外，一些权利人所主张的"作品"本身是否属于著作权法所保护的作品，属于哪一类作品也并不明确。如"中超案"中，北京知识产权法院最终认定原告主张的"体育赛事直播画面"不具备较高的独创性，不构成电影作品，据此驳回了原告的全部诉讼请求。

第十章　中国知识产权综合保险产品的需求、设计方案、障碍与前景　181

再如，网络游戏作品适用于何种作品类型进行保护也很难认定，尤其一些大型游戏已经具备了一定的故事情节，其本身甚至具备了电影作品的一些因素。现实中也存在对游戏画面、游戏情节的抄袭。权利人若想主张著作权侵权，首先要明确的是涉案作品属于何种类型的作品，而这又要耗费大量成本，最终也可能无法得到原告想要的胜诉判决。

从另一方面讲，作为侵权纠纷中的被告，合理使用制度虽然提供了抗辩事由，但是合理使用的认定也存在模糊性。如在视频分享网站上上传自己制作的影评视频，其中不可避免使用了所涉影视作品的片段，这种使用是否属于合理使用？是否会面临版权侵权的风险。又如《一个馒头引发的血案》之类的"滑稽模仿"，是否属于合理使用的范围，都涉及公共利益与个人权利之间的利益平衡。因此，有学者提出有必要构建版权合理使用保险，即指以作为被保险人的作品利用者在版权侵权诉讼中主张合理使用抗辩所支出的合理费用为保险标的的保险①。笔者认为，这一新险种的必要性和可行性值得进一步研究。

总的来说，面对以上争议和难点，由于存在着模糊之处，在涉及切身利益的问题上，若有著作权执行保险、著作权侵权责任保险等保险产品，至少可以免去权利人的后顾之忧、可以放手一搏，尽力争取自身利益的最大化。

3. 互联网环境下网络服务提供者、参与者面临的高侵权（含间接侵权）风险

互联网环境中主要可能涉及对作品复制权和信息网络传播权的侵犯，而网络中直接侵权人不易寻找，其赔偿能力一般有限，故而权利人企图主张网络服务提供者存在主观过错而构成间接侵权。网络服务提供者为用户提供的服务可以分为三类：网络接入和信息传输通道服务、信息存储空间服务、信息定位服务②。

其中，网络接入和信息传输通道服务提供者，如中国电信，一般不会成为著作权侵权纠纷的被告。而后两者网络服务提供者则容易被起诉构成间接侵权。如信息定位服务提供者设置"深层链接"，直接指向具体的文件，用户可以据此获得相应的音频文件、图片或者作品的 PDF 等格式文件。这种设置"深层链接"的行为能否认定网络服务提供者存在过错尚

---

① 赵加兵：《版权合理使用保险建构的必要性及其制度安排》，《河南财经政法大学学报》2019 年第 5 期。

② 王迁：《网络环境中的著作权保护研究》，法律出版社 2011 年版，第 168 页。

待讨论,但网络服务提供者陷于诉讼的可能性很大,必然要支付一定的法律费用。虽然"避风港"规则为网络服务提供者设置了免责情形,网络服务提供者在收到权利人的"通知"后"移除"相关侵权内容则不承担侵权责任。但是,权利人有时发出的"通知"并不明确,有时甚至错发"通知"。如"泛亚诉百度"案中,权利人仅提供涉案歌曲名称,法院也提出"将歌曲名称作为关键词进行屏蔽或删除,可能损害他人的合法权益"①。现实中网络服务提供者处于被动地位不太可能一一核实,笼统进行移除可能给自身带来经营成本和声誉损失。这种情况下,网络服务提供者可能会面临是否移除的选择,由此带来可能被告上法庭的风险。

4. 人工智能所生"作品"、发明创造成果涉嫌的侵权风险

在人工智能技术领域,尤其是随着生成式人工智能技术的发展,产生了大量由人工智能直接生成或产生的"作品",是否能认定为作品,尚存争议,可能需要具体问题具体分析。基于大数据、运用人工智能所生作品,倘若涉嫌侵权,当如何解决?尽管许多问题,在法律层面尚未得以明确或妥善解决,相关规则尚在形成过程中,然而相关主体所面临的侵权或被侵权的风险,却是实实在在地存在的。

(二)"一带一路"倡议下正在加剧的海外风险

加剧的海外风险,至少是由以下几个方面的重要原因造成的。

1. 我国外向型经济的持续发展背景

迅速构建我国外向型知识产权保险体系是十分有必要的。有学者撰文表达过类似观点。② 如今在国际贸易中,我国外向型企业面临在愈加频繁知识产权调查与诉讼。在美国,我国是接受"337"调查最多、涉案金额最高的国家;在欧盟,随着我国大量产品涌入,欧盟也逐渐加强对我国知识产权侵权产品的执法力度。以海外知识产权诉讼费用保险为研究对象,对包括广东省、江苏、浙江、上海等在内的我国主要出口企业集中地区的外贸型企业海外知识产权诉讼纠纷费用进行的调查结果显示,有超过一半的该类企业在对外贸易中遇到过知识产权纠纷,其中著作权侵权纠纷占18.18%,而纠纷产生费用也偏高,主要集中在10万—500万元之间③。涉外知识产权纠纷巨额的诉讼费用以及频繁的调查,使为数不少的外向型

---

① 参见北京市高级人民法院民事判决书[2007]高民初字第1201号。
② 程德理:《我国外向型企业知识产权保险问题探讨》,《学术界》2017年第4期。
③ 参见陈琳倩《海外知识产权诉讼费用保险制度实证研究》,硕士学位论文,华南理工大学,2017年。

第十章　中国知识产权综合保险产品的需求、设计方案、障碍与前景

中小企业无力负担，也让大型企业疲于应对。

随着我国高科技企业的发展壮大，"走出去"逐渐成为未来趋势。在国际市场上，一些跨国集团、行业巨头企业以知识产权为"武器"，让中国企业屡屡遭受非技术"壁垒"，面临专利侵权的诉讼风险。知识产权综合保险产品的推出，旨在降低中国企业"走出去"的风险，推动企业开拓海外市场，有效规避知识产权相关风险。

可见，对我国而言，适时推出符合企业需求的知识产权综合保险产品，为我国外贸发展、外向型企业提供一定的经济支持或援助，其作用相当于一座"防火墙"，意义是深远的。

2. "一带一路"倡议呼唤更高水平的知识产权保险产品

在"一带一路"的倡议之下，我国的许多企业进一步加大了对国外的出口贸易，这其中有多家高新技术企业。比如，中国的人脸识别技术已经进军到东南亚地区，而东南亚国家对这种面部识别技术的需求也呈上升趋势。

在国际贸易中知识产权的地位大大提升，国际贸易与知识产权保护的联系也越来越紧密。目前全球范围内的知识产权保护主义盛行，知识产权"圈地运动"也愈演愈烈。鉴于知识产权的地域性，对于专利权、商标权这种工业产权而言必须向一国政府申请才能受到该国法律保护。我国的企业在出口国外时也有可能遇到商标被抢注的情形，从而陷入知识产权纠纷之中。另外，虽然大部分国家都已经加入了有关知识产权的国际条约，但各国的知识产权法律仍存在很大差别。而在知识产权保护水平并不高的国家，侵犯我国企业知识产权的可能性也不容忽视。种种因素都使得我国企业涉外时的知识产权风险加剧。在这方面，日本、韩国等国家长期以外向型经济为主，它们为其本国企业推出的海外知识产权法律费用保险（或海外知识产权诉讼费用保险）的经验，就值得我们借鉴。

实际上，海鸥表业集团有限公司[①]的经历就是一个典型的例证。在我国，海鸥表业是老牌的精密机械手表机芯制造基地，在该领域具有重要影响力，其70%以上的产品都是拥有自主知识产权的，包括在国际上享有盛誉的"陀飞轮""万年历"等制造技术，在国内乃至国际上都具有领先水平。海鸥表业每年有大量产品出口国外，而且在国际展会等场合频频展示自身的技术实力，以获得海外订单，来保持竞争中的优势地位。海鸥表业分别在2008年、2011年和2012年在参加境外展览时遭遇到了侵权申

[①] 以下简称"海鸥表业"。

诉或纠纷，并通过努力争取获得了三次维权的胜利，充分意识到了完善本公司海外展会预警机制的重要性。尤其是在国家实施支持企业"走出去""一带一路"倡议等背景下，海鸥表业于2017年申请投保了人保财险公司的境外展会专利纠纷法律费用保险，增强了自身在国际舞台展示实力的信心与勇气，这表明，境外展会专利纠纷法律费用保险在客观上能缓解企业对于"走出去"时引发专利侵权纠纷的法律费用支出的担心，能发挥保险作为企业财务"稳定器"的重要作用，从而能切实地为企业"走出去"、加强海外专利保护、为品牌维权等提供必要的经济补偿或援助，起到重要的助推作用。

3. 难以预测的海外风险

中美贸易摩擦正是这种难以预测的风险的典型例证，也给我国企业进入美国市场带来了巨大风险。其他难于预测的海外风险，如日本政府支持本国技术输出而专设的专利授权许可金保险（专利许可保险）。

（三）新时期、新阶段、新领域风险的增加以及维权、应诉成本的增加

许多数据显示，我国互联网等新兴领域内的风险增加，维权、应诉成本也在急剧上升。以互联网领域为例，随着抖音、快手、快拍等新兴商业模式的涌现，"哔哩哔哩"等网络平台的兴盛，以及其他种种原因，我国的知识产权诉讼数量呈明显增长趋势。

据《国家知识产权局公报》等官方数据均显示，尽管我国在积极探索知识产权诉讼纠纷的非诉讼解决机制，但案件数量还是会随着申请数量的增加而增加。[1]

2018年，我国法院各类知识产权案件立案334951件，较2017年上升41.19%，中国的知识产权案件纠纷诉讼数量首次超越美国，中国成为受理知识产权案件最多的国家。

据统计分析，2014—2018年全国审结知识产权民事案件458046件，案件审结量年度分布情况如下（见图10-1）。在案件审结量的地区分布中可以看出，中国创新聚集地北、上、广、江、浙，产生的案件量也最多。在所有民事案件中，著作权相关民事案件占比最高，占比约为61.25%。

从裁判结果来看，2014—2018年审结知识产权民事案件中，以判决方式结案案件161626件（不区分审级），其中驳回原告诉讼请求的案件

---

[1] 此处部分统计数据和表格来源于徐敏霞《基于法律大数据和人工智能技术，创新千亿级知产保险市场发展之路》，知产保BestLawyers，发布时间2019年9月7日，最后访问时间2021年4月2日。

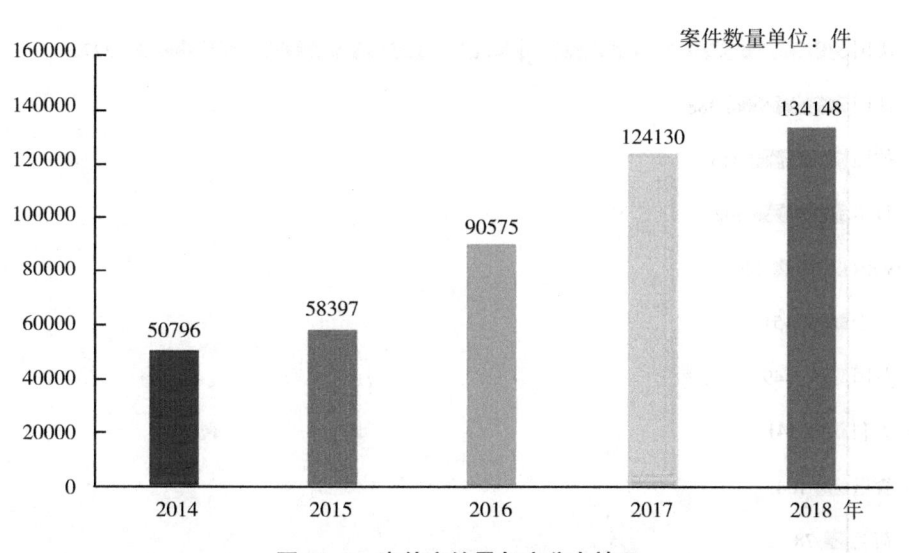

第十章 中国知识产权综合保险产品的需求、设计方案、障碍与前景 185

图 10-1 案件审结量年度分布情况

8009 件，支持原告诉讼请求的案件 24563 件，部分支持原告诉讼请求的案件 97946 件，维持一审判决的案件 31108 件。

从判决金额分布来看，2014—2018 年审结知识产权侵权损害赔偿案件判决金额分布情况如下（见表 10-1）：

表 10-1　　　　　2014—2018 年判决金额分布情况（单位：元，人民币）

统计项	2014 年	2015 年	2016 年	2017 年	2018 年
最大判决金额	1440557184.00	50000000.00	660000000.00	375000000.00	80503000.00
最小判决金额	1.00	1.00	1.00	1.00	1.00
平均判赔金额	145099.23	75084.60	97159.73	81254.28	53368.08
判决金额中位值	7000.00	6519.20	7200.00	6235.80	7050.00

从涉外因素来看，下图（图 10-2）显示，涉美、涉欧案件数量排在前列。

最后，在 2014—2018 年审结的知识产权民事案件中，涉及 259431 个当事人。其中，涉及案件量最多的前 10 个当事人详见图 10-3。

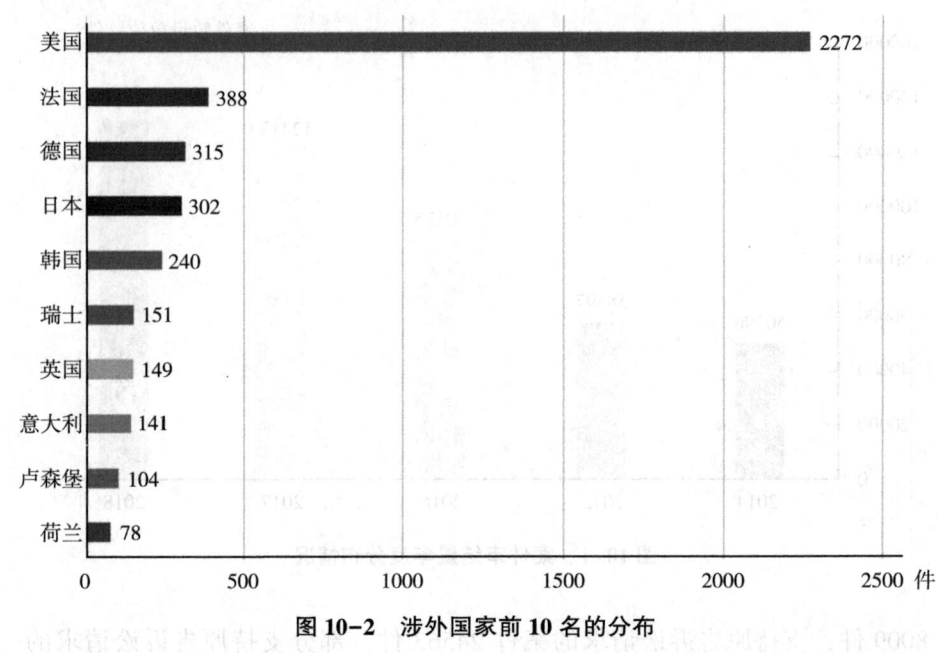

186　中国知识产权保险理论与实务研究

国家	数量
美国	2272
法国	388
德国	315
日本	302
韩国	240
瑞士	151
英国	149
意大利	141
卢森堡	104
荷兰	78

图 10-2　涉外国家前 10 名的分布

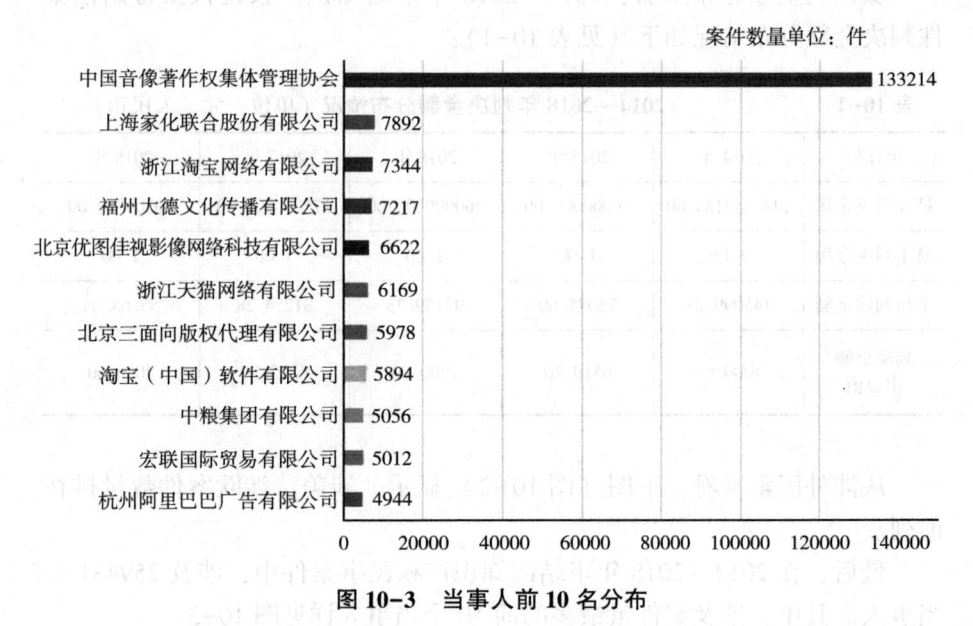

案件数量单位：件

当事人	数量
中国音像著作权集体管理协会	133214
上海家化联合股份有限公司	7892
浙江淘宝网络有限公司	7344
福州大德文化传播有限公司	7217
北京优图佳视影像网络科技有限公司	6622
浙江天猫网络有限公司	6169
北京三面向版权代理有限公司	5978
淘宝（中国）软件有限公司	5894
中粮集团有限公司	5056
宏联国际贸易有限公司	5012
杭州阿里巴巴广告有限公司	4944

图 10-3　当事人前 10 名分布

三 知识产权侵权风险的关联主体（需求分析）

（一）易被侵权的对象

易被侵权的对象在维权时需要支出相关费用或成本，而且维权成本较高；对于保险人而言，它们往往是潜在客户，对其进行深入分析是很有必要的。

1. 专利易被侵权的对象

对于专利而言，容易被侵权的对象往往包括构成标准（主要包括国家标准和行业标准）的专利技术的专利权人以及相关被许可人，当然还有一般的专利权人等。鉴于部分专利本身的特殊性质、重要性以及可能带来的潜在利益，那些构成基础专利、标准中的必要专利或者能为实施者带来巨大商业利益的专利往往容易被他人侵权性实施或使用。

当专利权人遭受被侵权风险时，一个行之有效的解决方法是利用法律武器，通过诉讼等手段以维护自身的权益。但基于诉讼结果的不确定性，专利权人有可能面临败诉或者部分败诉的风险从而须支付相应的诉讼费用等成本或支出。我们通常称之为专利执行成本或者维权成本。

2. 版权领域易被侵权的对象

根据 WIPO 对版权产业的分类，在版权核心产业、版权依赖产业、部分版权产业和非专用产业这四类产业中，被侵权风险最大的首先是版权核心产业内的公司，如唱片公司、电影公司等，他们普遍面临着极大的被侵权风险；其次，是版权依赖产业，其被侵权风险也很大；此外，部分版权产业中的企业虽然其所面临的知识产权风险相对较小，但风险依然存在且是不容忽视的。在我国，目前的热门行业主要是网络游戏、软件等，很显然，那些广受使用者或消费者欢迎、点击率高的版权产品往往会成为侵权者的目标；在传统领域，针对热门小说等文字作品、音乐作品、影视作品的侵权行为也频繁发生。

随着我国现今数字版权产业的蓬勃发展，直播行业、游戏、视频等产业中的版权侵权、商标侵权现象十分频繁，风险日益彰显，所涉及的赔偿金额也是水涨船高。

在版权保险领域，十分缺乏比较成熟的产品和市场，有大量的版权人（包括游戏公司、个人创作者、文创公司等）是等待保险公司挖掘的客户。而且，对保险公司而言，发展版权保险的收益风险比率还是比较理想的，尤其是与存在充分竞争的成熟险种相比。

3. 商标侵权或者被侵权的风险

可以说，只要是使用品牌的企业，均有面临商标被侵权或者被他人侵权的风险。

应当说，任何知识产权的权利人都存在着被侵权的风险，尤其是拥有较多、有价值的商标（包括驰名商标）的公司。在商业活动中，假冒伪劣商品和搭便车行为屡禁不止。因此，在商标方面，最易被侵权的对象往往是具有较高知名度的商标，特别是驰名商标、地方性著名商标和其他广为消费者所熟知的商标。比如，拥有多品牌的大公司，如宝洁、联合利华，由于其商标权所覆盖的行业较广，并且公司旗下拥有的商标数量众多，因而所面临的知识产权侵权风险也就相对更大。

4. 地理标志相关权利中易被侵权的对象

越是知名度高的地理标志产品，就越容易被侵权。对于地理标志，最主要的侵权形态是假冒行为，以假充真、以假乱真。尤其是那些具有季节性、时效性的地理标志产品（农产品居多），其从上市前的准备阶段直到产品完全下市，这段时间的风险防控极其重要。

无论是地理标志专用权，还是地理标志集体商标或证明商标，都容易被他人假冒；其中，最易被假冒、受侵害的是那些地理标志集体商标或证明商标。相应地，易被侵犯的对象是地理标志相关权利人，即有合法、正当的使用地理标志的权利人，以及地理标志的管理者。这些主体因有权使用或管理相关地理标志，从而对地理标志享有一定的权益，一旦发生假冒或抢注行为，直接损害其切身利益。以部分农产品地理标志为例，该地理标志所在区域的有权合法使用该标志的农户即地理标志的使用者，行业协会等往往是该地理标志的管理者。

（二）易遭受侵权指控的主体

1. 易遭受专利侵权指控的主体

近年来，在专利领域出现了所谓的"专利投机"（patent trolls）企业、专利标准化趋势强化等新态势，不仅给原有的专利体系带来了冲击，也给专利权人和专利实施者带来了新的风险。

对于专利实施者而言，"专利投机"企业的出现使他们在实施专利的过程中面临了类似被敲诈勒索的威胁。"专利蟑螂"往往频频发起侵权指控。"专利投机"企业虎视眈眈地盯着专利实施者们，一旦后者实施了其所持有的专利，就不得不在交付高昂的许可费与进行高成本的诉讼之间选择其一。而"技术专利化、专利标准化、标准垄断化"[①]的趋势给专利实施者带来的影响是，在他们生产受标准所规制的产品时，他们绕不过

---

① 丁丽瑛：《知识产权法专论》，科学出版社2008年版，第94页。

被设置为标准的专利，因而必须取得其许可。标准专利的持有者由于拥有类似支配性的垄断地位，因而可能会滥用其权利，强迫专利实施者接受一揽子的专利许可，搭售专利实施者本不需要的技术方案，使其支付更高的许可费。若专利实施者不接受这种安排，那他们不得不冒着侵权或违约的风险，挑战标准权利的持有人，而没有选择其他替代技术方案的机会。

在此背景下，专利易侵权主体包括了几乎所有高科技领域的企业，而且，由于未经授权的对专利的使用、销售均涉嫌构成专利侵权，专利易侵权主体就不仅包括了使用专利技术的主体，还包括侵权产品的进口商或销售商。

2. 易遭受版权侵权指控的主体

当今最容易遭受版权侵权指控的主体往往主要是以非传统方式，包括通过数字技术、网络技术等方式使用作品的使用者。数字技术和网络技术的出现，使得整个版权体系发生了根本的改变，体现在使用方式上的改变是尤为明显的。原先的复制行为成本几乎将为零，向公众传播作品的方式也不再依赖于转移有形载体，原本仅有单方向的一元传播方式，现在则出现了交互式的传播，因此，以这些新的方式使用作品的使用者，尽管他们主观上可能出于善意，但是他们不得不面对法律规则、法律关系不确定、不成熟带来的风险，他们使用作品的行为可能无意中就构成了对版权的侵犯。这些版权易侵权主体包括但绝不仅仅限于以下的列举，他们包括数字图书馆、数据库开发者、开放源代码软件公司、广告公司、网络服务提供商等。

3. 易遭受商标侵权指控的主体

与版权侵权的相关法律关系相比，商标侵权所涉及的法律关系相对简单、明确，因为善意使用他人商标而构成侵权的情况也并不常见，主要构成侵权的行为大都是恶意的。商标的侵权风险同样受到了网络、信息技术进步的影响而有所增加，但增加不如版权那般明显。另外，经济全球化是另一个影响商标侵权风险的重要因素，它导致了产品的生产供应链被安排至全球各个用工成本较低的地区，由特定的贴牌生产商为其进行生产，但是，商标权所具有的地域性特征意味着一个 A 国的商标权人不一定在 B 国也享有相应的商标权，因此，贴牌生产商在生产或海关出口报关时可能侵犯本国企业在本国注册的与代工产品相同的商标。因此，商标易侵权主体包括但不限于广告公司、电子商务平台、涉外贴牌生产商。

4. 易遭受地理标志相关权利侵权指控的主体

就地理标志相关权利而言，最主要的风险是假冒性侵权和抢注行为。因此，那些与地理标志无直接关系，或者无权使用该地理标志的主体，或者对已获得授权的地理标志相关权利实施抢注行为的主体，最容易遭到来自地理标志相关权利人的侵权指控。

第二节 中国知识产权综合保险业务开展情况

在我国，2019年以前由政府主导或参与推动的知识产权保险产品主要是专利保险，包括专利执行保险、专利代理人执业责任保险、专利质押融资保险等，因此我国市场上曾经出现或者现存的知识产权综合保险产品，几乎是由保险公司自行开发设计，市场竞争形成的，取决于供需双方的协商等，属商业行为；其中有少数保单是由地方政府部门推进、给予优惠政策的。

在知识产权风险的综合保障方面，中国人保财险前期做了大量的探索并开发了一系列满足市场需求的知识产权风险综合保障产品，在市场中起到了引领示范作用。人保财险的代表性产品包括：（1）知识产权保险质押融资保证保险，投保人可将专利、商标、地理标志等知识产权进行混合质押，能为科技型企业的融资提供保障；（2）"专利无忧"产品，其保障范围覆盖专利执行险和专利被侵权损失保险，即对被保险人专利权受第三方侵犯后所导致的直接经济损失、调查费用和法律费用等进行综合性保障。此外，据了解，人保财险公司正在策划开发知识产权申请费用补偿等知识产权综合保险产品。[①]

一 有代表性的知识产权综合保险产品

鉴于笔者掌握的信息有限，据不完全检索、统计，现列出若干有代表性的知识产权综附加合保险产品[②]，供参考。

1. 苏州的"知识产权综合责任险"

（1）2013年第一单"知识产权综合责任险"

据报道，早在2013年，全国第一单"知识产权综合责任险"保单即

[①] 本书对此不详细展开，重点将放在对其他保险公司知识产权综合保险产品或业务开展情况的介绍。

[②] 本部分保险产品的排列，主要以签约时间和地域范围为依据，排名不分先后。

由苏州天臣国际医疗科技有限公司①与国泰财产保险有限责任公司签订,其保险范围涵盖海内外。在保险期间内,天臣国际一旦遭遇知识产权侵权或者被其他企业起诉,保险人不仅将在保险限额范围内对相关诉讼费用和律师费进行赔付,还将组织专业律师团队帮助其维权。

(2) 2014年投保的"知识产权综合保险"

据中国太平洋保险(集团)股份有限公司官方网站来源消息,太平洋保险公司与中材科技(苏州)有限公司②双方签订的"知识产权综合保险"保单已于2014年11月1日零时正式生效。"知识产权综合保险"是苏州市知识产权局、苏州工业园区知识产权局"知识产权保险"试点项目。

苏州工业园区企业可以投保该险种。企业在投保后,将获得一定的政策资金扶持,同时可防患未然进行风险评估和控制,加强风险管理,在一定程度上规避知识产权风险。投保企业在遭遇知识产权侵权诉讼时,也将获得专业团队的帮助。

该保单的投保须经过专家评审等特别流程,作为高新技术企业,中材科技(苏州)公司需要通过由苏州凯金知识产权评价咨询有限公司组织的国际专家评审,若公司被国际再保险市场接受,才能开具保单。

该保单将承保投保企业未来一年内可能遭遇的知识产权侵权诉讼风险。保险公司将会赔偿"第一方抗辩"的法律费用以及侵权损害赔偿金,年度累计赔偿限额以及每次事故赔偿限额皆为100万美元。据报道,该保单的保费为5万美元。保单的保险期限届满后还能获得保费补贴。

2. 上海浦东新区的上海自贸区首单知识产权全球复合险和全国首单知识产权运营险

2016年,上海浦东新区召开了知识产权保险工作推进会,正式发布了上海自贸区首单知识产权全球复合险和全国首单知识产权运营险。③

据2016年11月15日报道,在此次推进会上,上海奥普生物医药有

---

① 下称"天臣国际"。参见张梅、毛矛、凌元辰《苏州实施专利保险的实践与探索》,《中国发明与专利》2014年第2期。

② 中材科技(苏州)有限公司是一家以生产和销售车用气瓶、呼吸器气瓶、液化天然气气瓶和工业气瓶为核心产业的高新技术企业,50%的销售在欧亚市场。为进一步开拓北美等海外市场,保护核心技术及竞争力,中材科技(苏州)公司率先参加"知识产权保险"试点项目。

③ 聂莉:《上海浦东:新险种让企业走出去更有底气》,《中国知识产权报》,2016年12月14日,第03版。

限公司、上海数字电视国家工程研究中心分别与国泰财险签署投保协议,成为上海自贸区知识产权改革的首批"尝鲜者"。公司为25项专利和医疗检测设备商标在全球投保,每年投保费52万元,成为自贸区第一单覆盖专利和商标的全球知识产权复合险,也是目前全国保费最高的知识产权保单。上海数字电视国家工程研究中心则为10件核心专利以及14份专利池运营许可协议投保,每年投保费27万元;该保单承保的是数字电视专利池运营中的知识产权风险,是全国第一单知识产权运营险。①

新推出的上述险种,特点在于:一是国际保单,承保全球范围,由美国机构评估风险,英国机构再担保;二是实时保障,采用直赔方式,即签署保单时企业选择一家法律代表单位,涉诉期间由法律代表直接向保险公司索赔,从而实现对企业的全面保障;三是保额较高、保障范围较广。

3. 山东省的知识产权综合保险

(1) 中德生态园

a. 2016年1月推出"知识产权综合保险"

据新华社记者苏万明报道,从中德生态园管理委员会获悉,中德生态园于2016年1月与有关企业签署了"知识产权综合责任保险"合作框架协议,正式开展山东省首例知识产权综合保险。

据中德生态园管委会副主任沈雷介绍,"知识产权综合责任保险"有别于以往的"专利保险"。它结合青岛中德生态园企业特点,开发出个性化菜单式综合保单,即一份保单可以涵盖包括专利权、商标权、著作权、植物新品种权等在内的知识产权"原告险""被告险""运营险"三个模块的保障。从保障范围来看,"原告险"主要是对抗侵权过程中就法律诉讼、反诉等费用进行赔偿的执行保险,也即业内所谓的执行险(enforcement insurance);"被告险"主要用于偿付在应诉知识产权侵权诉讼时须支出的侵权抗辩费用和赔偿费用保险,"运营险"则主要用于偿付在知识产权许可、转让等过程中发生纠纷时的诉讼费用、赔偿费用保险。②

该款保险产品的主要目的是,帮助投保人以较少的代价防范和抵御知识产权风险,节省因知识产权纠纷而付出的调查、人力、物力和财力,使投保人和受益人能更好地进行自主创新和国际合作,促进知识产权产业化

---

① 宋宁华:《100万美金!上海自贸区诞生全国保费最高知识产权保单》,《新民晚报》,2016年11月22日,第A04版。

② 参见王凯《北方首个"知识产权综合保险"合作协议在中德生态园签署》,《青岛日报》,2016年1月14日,第02版。

与市场化。

b.《知识产权综合保险补贴办法》的出台

中德生态园管理委员会除积极探索知识产权保险机制创新、开发综合保险产品外,还为该保险项目的实施制定、出台了配套的扶持政策。2016年10月12日,青岛中德生态园研究制定的《知识产权综合保险保费补贴实施办法》正式出台,成为我国北方地区制定出台的首个知识产权综合保险保费补贴办法。

根据该办法的相关规定,自知识产权综合保险投保人投保首份保险之日起,连续投保2年内,每年度给予投保人按其实际支付保费最高不超过75%的补贴,每年给予每宗保险的补贴资金最高不超过50万元人民币;自投保人连续投保的第3年起,每年度给予投保人按其实际支付保费最高不超过50%的补贴,每年度给予每宗保险的补贴资金最高不超过35万元人民币。

(2) 青岛国际经济合作区

2019年4月,青岛国际经济合作区的德资"隐形冠军"企业曼泽纳公司与太平科技保险公司签署全国首单知识产权综合保险(中国区保单),并立即生效。

据报道,这是该区强化知识产权保护,营造国际化、市场化、法制化营商环境的新举措。近年来,青岛国际经济合作区大力发展实体经济,包含6家世界500强企业在内的近500家企业落户。园区率先探索知识产权综合保险工作,被国家发改委列入国家级新区体制机制创新工作要点。

上述知识产权综合保险,其特点在于保障内容比较全面,保费也有补贴政策。

其一,保障内容较为全面:本保单是菜单式,根据企业的需要量身定制保障内容,做到一份保单保"全家"。包括专利、商标、著作权、商业秘密、数据等在内的权利可以全部由一份保单集中投保,覆盖全部知识产权类型。

其二,保费有补贴或优惠政策:曼泽纳公司总经理介绍,此单总保费人民币10万元,包含原告险、被告险、调查费用、董事高管责任等多项保险责任,再加上园区给予75%的保费补贴,性价比超优。

其三,配备了较强的专业服务:投保前,青岛国际经济合作区邀请太平科技保险公司、苏州凯金知识产权评价公司组成的专家团队走进企业,为企业提供知识产权风险管理专业建议。

该保险产品投保的重要流程包括:保单签发时,即由投保企业选聘

"法律代表",经保险公司审核后,代表企业实施保单项下的维权法律行动。一旦维权行动开始,保险公司就按保单约定向法律代表支付保险金,支持企业维权。

(3) 青岛西海岸新区发布《关于促进知识产权创造、保护和运用的若干政策》

2019年7月,青岛西海岸新区发布了《关于促进知识产权创造、保护和运用的若干政策》,优化整合了专利、商标及地理标志、质量名牌、标准化等相关政策,成为国家机构改革后,山东省出台首部地方性的综合性知识产权政策。①

该政策在知识产权保护方面,引导企业开展防御性知识产权保护,将知识产权综合保险模式覆盖全区,企业购买知识产权综合保险后最高可获得105万元保费补贴;支持知识产权试点运营平台和知识产权保护中心建设,建设运营机构最高可获得100万元的运营补助。②

4. 北京的知识产权质押融资保险"中关村模式"

2019年4月12日,国内首个针对知识产权质押融资项目集中投保的保险模式——"中关村模式"正式发布。北京知识产权运营管理有限公司于2016年底推出了知识产权金融服务创新产品"智融宝",目前已向110多家小微企业提供"纯"知识产权质押贷款服务、授信4.98亿元,盘活企业知识产权近千项。③

"中关村模式"是融宝知识产权质押贷款向企业放款后,由北京知识产权运营管理有限公司就"智融宝"项目的风险处置责任风险向保险公司集中投保并缴纳保费,实行风险封顶,按照保费总额的一定倍数确定保险公司赔偿上限。此外,北京市知识产权局对保费进行了政策支持,重点支持1000万元以下的知识产权质押贷款。在活动现场,北京知识产权运营管理有限公司与人保财险、建信财产保险公司北京分公司、中国人寿财产保险公司北京分公司共同签订了2019年"智融宝"知识产权质押融资保险合作协议。

---

① 参见陈凌馨、李杰《青岛发布山东首个地方知识产权政策:每年单项最高奖补200万元》,《中国经济时报》,2019年7月12日第A07版。

② 参见陆波、李杰《西海岸新区发布知识产权"新政"》,《青岛日报》,2019年7月10日第06版。

③ 参见《知识产权质押融资保险"中关村模式"发布》,《中关村》,2019年5月1日。

5. 平安保险公司推出了"侵权保""维权保"等综合类知识产权保险产品①

据介绍，中国平安保险（集团）股份有限公司近期推出了两项应对知识产权综合风险的保险产品。主要涵盖了专利、商标和著作权这三种知识产权。

（1）侵权保

"侵权保"是指在保险期间内，第三方未取得合法有效许可或授权而实施知识产权，被保险人在保险期间内就该侵权行为向法院提起诉讼，依据最终生效的判决书应由前述侵权第三方承担的赔偿金额和诉讼费用，由保险人先行赔偿。

该产品特点在于：保障范围较全面，全面覆盖专利、商标、著作权以及通过其他方式确权的作品；保多保少自由定，由权利人根据自身知识产权的价值，来选择确定投保金额；侵权认定即可赔，即法院生效判决认定侵权责任成立即可申请获得保险理赔；判决太少保险补；保险期限足够长，发明专利是5年，其他知识产权3年，此外，若是权利申请阶段投保且在保险期限内未报案的可免费延期一年；"多次被抄不再愁"，即保险理赔后将从保险金额中扣除已经理赔的金额，剩余金额可以在下次维权中使用。

据介绍，从"侵权保"的单份保险金额和单份保费来看，保费是比较优惠的，尤其是若投保时间发生在知识产权申请时、获得授权之前；当然，相应地，保险金额也不太高。

（2）维权保

"维权保"是为了保证权利人因维权败诉造成的损失，减轻维权顾虑，让权利人敢于维权。

其特点在于：保障范围够全面，败诉即可获赔，全面降低权利人面临的维权风险；保障程度充分，包括诉讼费用、证据公证费用、财产保全费用、律师费等。保险期限、多次被抄不再愁，这些与"侵权保"相同。

当然，平安保险推出的"侵权保"和"维权保"产品，也规定了相关的限制或例外规定，比如：①保险事故的发生时间以一审法院的案件受理日期为准；②对投保之前已经发生过第三方侵权诉讼或被第三方提起过

---

① 此处对"侵权保""维权保"等产品介绍的相关内容，源于2019年10月25日湖南省知识产权保险工作座谈会上中国平安保险股份有限公司工作人员在保险产品展示、介绍环节。

无效宣告的知识产权，无论其结果如何，保险人对该知识产权后续任何诉讼案件均不承担任何赔偿责任；③为授权后的知识产权投保的，增设一个半年的等待期，即对于保险合同生效的半年内，被保险人向法院提起诉讼的案件，保险人不承担任何赔偿责任；④在保险期间内，若投保标的为发明专利，且依据最终生效的判决书被告侵权责任成立，但应由前述侵权第三方承担的赔偿金额和诉讼费用小于5万元时，被保险人可以选择要求保险人按照总保险金额赔偿，但最高不超过5万元。保险人赔偿后应从总保险金额中扣减已经赔付的金额；⑤在保险期间内，若投保标的为除发明专利之外的其他知识产权，且依据最终生效的判决书被告侵权责任成立，但应由前述侵权第三方承担的赔偿金额和诉讼费用小于5万元时，被保险人可以选择要求保险人按照总保险金额赔偿，但最高不超过5万元。保险人赔偿后应从总保险金额中扣减已经赔付的金额。

6. 北京市保险试点工作中的知识产权海外纠纷法律费用保险

值得特别关注的是，2020—2023年北京市大力推行了为期3年的知识产权保险试点工作，尽管专利执行保险是此次试点工作的重点险种之一，但2022年推出的知识产权海外纠纷法律费用保险，则是一种典型的知识产权综合保险产品。

据介绍，北京市2022年开始首批参保知识产权海外纠纷法律费用保险的有7家公司，而且不久后就有1家公司出险了。据报道，该公司在"出海"过程中遭遇了外国公司提起的侵权诉讼，该公司为了应诉收集了大量不侵权证据，在庭前与对方谈判，之后对方撤诉了。据悉，该公司借助之前投保的海外险，获得了保险公司赔付的80万余元律师费用，大大降低了其应对海外纠纷的应诉成本与压力。

据中关村知识产权促进中心有关负责人介绍，知识产权海外纠纷法律费用保险在投保企业因在海外销售产品遭受到专利或商标侵权指控（诉讼）时，为企业诉讼支出的必要法律费用提供保险保障，并支持多次事故出现。试点期间，北京市按照每家企业一次投保不超过保费80%的比例，且最高不超过80万元的标准给予保费补贴。① 从实施效果来看，有不少企业表达了续保意愿，主要是因为，海外险为海外风险提供的保障范围最高可达600万元，具有一定的吸引力；对出口企业更具吸引力的是该保险高含金量的增值或延伸服务，包括但不限于专利预警、专利布局、竞

---

① 杨柳：《开展知识产权保险试点工作，打造知识产权保险服务样板——北京：巧用保险杠杆撬动发展活力》，《中国知识产权报》，2023年11月22日，第02版。

争对手专利跟踪分析报告、专利侵权风险排查与风险评估报告、自由实施调查报告、商标分析报告等。

因此，从保障风险与保障对象来看，知识产权海外纠纷法律费用保险同时为专利和商标侵权诉讼产生的风险提供了主要将覆盖法律费用方面的保障，显然具有知识产权综合保险的显著特征。

从以上知识产权保险产品的种类、内容和保障范围看，知识产权综合保险产品的保障范围更广泛，往往涵盖了不止一种知识产权，而是至少包括两种以上，有的仅限于专利和商标，有的还包括商业秘密、地理标志等，有的是原告险或者被告险，有的是兼而有之。不过，除了基于特殊目的专设的产品，如知识产权运营险、知识产权质押融资险以外，绝大部分知识产权综合保险险种的保障范围均覆盖了诉讼费用，即投保人为维护、保护或执行知识产权而打击侵权行为的诉讼费用、必要支出等。至于保障范围是否能涵盖投保人遭遇他人的侵权指控，为应诉而支出的诉讼费用，甚至可能为此承担的侵权损害赔偿责任，则要视具体保险产品而定。

二 知识产权综合保险业务的主要承保人

从上述对我国既存或现存的主要的知识产权综合保险产品的介绍可知，目前业已开展或开发知识产权综合保险业务的保险公司，国内主要集中于三家：国泰财产保险有限责任公司、太平科技保险公司、平安保险公司。

国内保险公司在承接此类保单时，往往会与大的外国保险公司或国际保险公司合作，比如由后者提供再保险等服务；同时也会与专业的第三方机构，如知识产权代理机构、律师事务所等合作，在部分模式或险种中，先期的风险评估或评审工作往往借助保险公司以外的第三方力量或专家来完成，而被保险人一旦面临对知识产权侵权赔偿责任予以理赔的状况或可能，则由律师事务所等专业团队或专家介入后续法律行为。

1. 国泰财产保险有限责任公司

国泰财产保险有限责任公司（下称"国泰财险"）于 2008 年 8 月在上海成立，由国泰人寿保险股份有限公司和国泰世纪产物保险股份有限公司共同出资建成，是我国大陆第一家台资保险公司。[①]

[①] 付晓萌：《乔迁新址变更负责人 阿里旗下国泰产险积极走好转型创新之路》，来源：网易新闻，https://www.163.com/ad/article/EDN2UK5J000189DG.html，发表时间 2019年 4 月 29 日，最后访问时间 2019 年 10 月 11 日。

2016年7月，浙江蚂蚁小微金融服务集团股份有限公司成为战略投资人，其增资10亿元入股国泰财险后，成为控股股东。

国泰财险自成立以来，经营范围覆盖东部沿海和中西部地区，目前已在北京、上海、江苏、福建、厦门等11个省市建立分支机构，同时也成立了互联网事业部，大力拓展互联网业务，积极探索包括移动互联网、云计算、大数据等在内的互联网技术在保险中的应用，尤其是探索如何更好地服务于互联网新经济中所产生的场景化、碎片化的保险需求，聚焦于创新和差异化的产品和服务。①

国泰财险的定位和发展目标为：以客户为中心、聚焦小微个体用户需求，成为一家用户体验最佳的科技型保险公司。为此，国泰财险致力于探索传统保险公司互联网转型之路、创新之路，提升产品运营、客户服务等能力，坚持围绕客户需求为中心，积极响应上海市"五个中心"建设，以创新科技手段升级保险风险保障功能，深入探索互联网细分场景，服务更多小微商户，助力实体经济。

国泰财险曾荣获"2019中国保险业科技创新榜：年度优秀保险科技公司"奖。

2. 太平科技保险公司

太平科技保险成立于2018年1月，是一家由中国太平保险集团、浙江省人民政府达成共识，打造的创新型科技保险公司，致力于"用保险助力科技产业发展、服务实体经济"。据悉，太平科技保险公司是我国首家科技保险公司，主要针对的是科技企业知识产权核心风险的保障需求，目标是为这类企业打造知识产权保险的一站式专业服务，广覆盖科技企业知识产权中的核心风险，如运营、侵权、维权以及"董监高"在知识产权纠纷中的连带责任风险，同时，积极跨界，借力外脑，与第三方知识产权机构协同推进。

3. 平安保险公司

中国平安保险（集团）股份有限公司（下称"平安保险"）于1988年诞生于深圳蛇口，是中国第一家股份制保险企业，现已发展成为金融保险、银行、投资等金融业务为一体的整合、紧密、多元的综合金融服务集团。

---

① 李冰：《蚂蚁金服8.33亿元全额认购国泰产险，增资成大股东持股51%》，《证券日报》，2016年7月29日第B2版。

第三节 知识产权综合保险产品设计与推行中的困难

知识产权综合保险产品，因其涵盖的权利客体类型较多，可以覆盖的投保主体范围也就更为广泛。然而，该保险产品在设计上存在较多困难。这主要是因为知识产权属于无形财产，在许多方面均有别于有形财产。因此，"知识产权综合险"在设计上面临更多的技术性、专业性问题。解决这些技术性问题，是推进知识产权综合保险产品的关键环节之一。

一 知识产权本身的价值难以确定

首先，知识产权的客体不同于有形财产，人们只能从观念上感觉其存在。这样一来，许多知识产权产品的价值评估缺少客观标准，使得知识产权的客观价值难以确定。其次，知识产权一般都具有期限性，而随着科学技术的更新换代，知识产权在未来的收益很难预测。再次，知识产权中的著作权、商业秘密等是对创造性成果的保护，不一定有市场价格可以参考。影响知识产权价值和价格的因素太多，种种因素导致人们很难衡量知识产权的具体价值，而且不同的知识产权资产又具备不同的价值。

就专利而言，专利价值兼有技术价值、市场价值和权利价值，仅仅根据所花费的社会必要劳动时间，是无法衡量专利价值的[①]。专利本身的优势不仅能给权利人带来经济利益，权利人对专利具有的垄断地位也使其获得了额外的垄断利益。因此，专利的价值一般都高于其研发成本。此外，随着时间的推移，可能会出现更先进的替代技术，专利市场占有率可能降低，甚至可能出现专利被宣告无效的情况。综上所述，专利的价值具有模糊性，评估者很难对专利的价值得出一个确定性的结论。

与专利相似，商标的价值也具有模糊性。商标的价值主要凝结在商标使用人的商誉之中，并且随着商标吸引力的增加而不断飙升。一个成功的商标不仅要精心设计，还需要长时间的广告与商品或服务的优良品质作保障，由此才能树立起其知名度。与专利所不同的是，商标虽然也有保护期限，但是法律允许商标续展，且没有次数限制。因此，只要权利人愿意，其商标可以获得永久保护。一般而言，商标使用的时间越久，积累的商誉

---

① 万小丽、朱雪忠：《专利价值的评估指标体系及模糊综合评价》，《科研管理》2008年第2期。

就越多，商标的价值也越大。但对商誉的精确计算也存在困难，商标的价值同样不能仅仅以其宣传成本来衡量，所以商标的价值也具有模糊性。

与工业产权相比，著作权所保护的作品的价值就更具有主观性了。对于同一部文学艺术作品，一群人可能认为一文不值，另一群人却可能将其视若珍宝；一段时期内其社会反响可能平平，过一段时间则有可能名声大噪。这其中，涉及如何区分作品的艺术价值与市场价值，二者在很多时候并不等同。另外，市场大众的偏好也在不断变化，同一类型的作品在不同时期的受欢迎程度也不同，其市场价值处于不断变化中。作品的这一特性使得著作权较工业产权而言更难衡量价值。

可见，即使在单一性、专门的专利保险产品中，某一项专利的价值都难以估算或衡量，更何况是要设计一款综合性的知识产权保险产品呢？当不同种类的知识产权被组合或者融合到一款知识产权保险产品中去时，相关权利的价值就更是不容易确定了。

二 "带病投保"等风险不易掌控

一般情况下，财产毁损灭失的风险越高，相应地，保险费用也就越高。这一规则在有形财产中可以很好地得到执行。但是，知识产权客体往往具备很强的专业性，缺乏相应知识的保险公司很难预料该知识产权陷入侵权纠纷的可能性。以专利为例，专利具有极强的专业性，不同领域的专利又会涉及不同学科的专业知识。而在这一方面，投保人显然具有很大的优势。如此一来，保险公司与投保人处于信息不对等的状态，导致的结果就是事先明知自己的知识产权陷入侵权纠纷的可能性较大的主体，投保知识产权保险；而认为陷入纠纷风险较低的，参保意愿就不强烈，容易导致逆向选择。这样将导致保险公司的赔率提高，经营风险加大，遏制知识产权保险的生存和发展。

三 投保需求挖掘与投保意愿提升等

尽管当前"知识产权"被提升到一个很高的地位，权利人的权利意识也大大提高，我国法院受理的相关知识产权侵权案件也越来越多，但对于某些权利人而言，投保意愿却并不强烈。一方面，是我国目前知识产权保险产品不够完善，政策上也没有对投保企业提供相关补贴；另一方面则是可能是权利人自身的原因，如地理标志以及集体商标、证明商标的权利人，一般是当地行业协会，协会则代表了各会员的共同利益。与私人利益相比，权利人为了共同利益而投保的积极性明显下降。因此，保险公司在完善自身产品的同时，可能还需要政府大力推动、宣传甚至保费优惠政策方面的支持等。

四 易被利用或滥用风险之防范较为困难

从形式上看，知识产权综合险可以被分为为原告设计的和为被告设计的保险产品，前者常被业内称为"原告险"或"知识产权执行险"，后者常被业内称为"被告险"或"知识产权侵权责任险"。对于后者，若保险公司进行的风险审查不慎，有可能导致该险种被有心人利用或滥用。

虽然保险公司对投保人可能陷入知识产权侵权纠纷的风险难以预知，但不少投保人是心知肚明的，在明知自己生产的商品或提供的服务非常可能将构成对他人知识产权的侵犯时，此时若有相应保险产品可以规避其法律风险，其实施侵权行为时可能会更加肆无忌惮。因此，在设计知识产权侵权责任险时，须警惕这一点，建议至少在"被告险"中加上关于"因故意或重大过失导致侵权行为发生时保险人免费"这一免责条款，不过，这样一来，重点会变成如何认定、解释所谓的"故意"或"重大过失"等术语了。

第四节 中国知识产权综合保险产品的发展前景

总体而言，在我国，中小企业占所有企业总数的比例可谓相当高，而中小企业无论是企业风险管理能力还是承担风险的能力均是非常有限的。

经调研发现，不少企业都对包括商标、专利、著作权在内的知识产权综合保险产品有一定的客观需求，关键是要看相关保险产品是否具备吸引力、保险费的高低、承保范围是否广泛以及是否符合企业需求等因素；另外，相关知识产权保险产品的宣传、营销与推广也是极其重要的一个方面。此外，企业在面临市场上众多的知识产权保险产品，在作出是否投保、投保哪一项或哪几项的决策之前，需要投入较多的时间或精力，这也是成本。因此，各种知识产权保险产品的介绍、投保的简便易行、便于操作等方面，也是十分重要的。

一 中国知识产权综合保险应涵盖的知识产权类型

如前所述，知识产权领域的综合风险，既可能来自自身拥有的专利权、商标权或著作权被侵犯、也可能源自对地理标志专用权的侵犯，还可能来自被诉侵权的支出和风险。因此，从理论上讲，我国知识产权综合保险产品的设计，可以根据险种的主要目的和作用来进行，如，知识产权诉讼费用保险、知识产权侵权责任保险、知识产权许可保险、知识产权质押融资保险等。在具体险种设计方面，还可以参考或采用其他名称，如知识产权执行保险、知识产权侵权责任（保）险；也可以根据实际需要、划分不同的保障地域（地区），如海外知识产权应诉险（"被告险"）、海外知识产权诉讼费用险、海外知识产权执行险（"原告险"）等；也可以增设知识产权运营险，知识产权申请险等。

然而，目前我国哪些种类的知识产权可以进入保障范围，则是一个值得研究的重要问题。从我国部分保险公司业已推出或者拟定的保险产品来看，有的险种仅覆盖了商标权和专利权，有的险种覆盖了商标权、专利权和著作权，有的则是全面覆盖了商标权、专利权、著作权、地理标志和商业秘密等。

若从尽可能全面扩大保障范围、提升保险产品吸引力、尽力争取更多投保人的角度来看，当然是全面覆盖各种知识产权种类最理想了；我国国家机构改革后，主要的若干知识产权权利种类业已实现统一、集中管理，这也为各种知识产权申请、保护、管理等数据的收集整理工作、相关平台的搭建等提供了良好的基础和先决条件。

（一）总体思路

一般而言，保障范围的大小与保费高低之间是正相关关系（成正比），而保费高低直接影响着投保主体的投保意愿、对保险产品的最终选择、决策，很显然，因市场上投保主体的需求、意愿均存在较大差异，故笔者的建议是多层次、广撒网、有策略。

其一，保险公司应当分门别类地尽力开发设计出各种各样的、能满足各种主体不同需求的保险产品，完善保险产品的体系，做到门类齐全，能向投保人提供险种、保障范围大小等方面的丰富性、多样性选择，从基本保障到高水平保障，从单一门类的专门性知识产权险种到全门类齐全的知识产权综合保险都有。

其二，针对重点领域、重点产业以及国家需要重点布局的领域，要提供能为重点企业提供风险保障、提高对诉讼（或仲裁等法律行动）或其他风险（如美国"337调查"等特别程序方面可能遭遇的风险）应对能力的保险产品，作为重要支撑及后盾。

其三，为某些企业量身定制知识产权保险产品，即个性化定制服务，提供个性化保险方案。

其四，在各种知识产权保险产品的开发设计过程中，须充分利用大数据、人工智能等新技术的海量数据挖掘、分析工具及功能。

（二）中国知识产权综合保险产品应涵盖的知识产权类型

1. 现阶段著作权暂时不宜被纳入知识产权综合保险产品。

我国已有部分保险公司探索性地推出了知识产权综合保险产品，其中既有原告险也有被告险。就原告险而言，这些保险产品覆盖专利、商标的居多，鲜有涉及著作权的。

从各国知识产权保险产品的设计和实践情况来看，其覆盖范围也多为专利和商标。究其原因，可能主要在于企业的经营范围、价值评估、权利人认定等方面。

（1）企业经营范围不同可能导致对知识产权保险产品需求的不同。

知识产权综合保险需要至少涵盖两种知识产权类型，而传统的知识产权包括著作权、专利权和商标权，其中专利权和商标权统称为工业产权。

拥有专利权的企业一般为生产制造业的企业，其中包括很多的高新技术企业。按照我国的国民经济行业分类，这些企业的经营范围主要在于制造业、交通运输业、建筑业、采矿业等类别。这些企业又往往会在依自己专利生产的商品上注册商标，由此又会享有注册商标专用权。

著作权的客体主要是文学艺术作品，拥有大量著作权的企业多为文化、体育和娱乐业企业。而且著作权保护的范围与工业产权保护的范围并不相同，有时还会发生冲突。比如著作权只保护表达而不保护思想，但思想却可以得到专利权的保护。一个好的创意可能不能获得著作权的保护，但是却能够通过申请方法专利获得保护。持有著作权和持有工业产权的企业经营范围差别较大，很少情况下会存在交集。

经营范围的不同导致对保险产品的需求不同，拥有专利权的企业同时也会享有注册商标专用权，其拥有著作权的可能性较低，故而对著作权保险的需求较少。同理，拥有大量著作权的文化娱乐公司也较少会有对专利和商标保险的需求。因此很多国家的知识产权综合保险只涵盖专利与商标，对著作权鲜有涉及。

（2）著作权与工业产权的价值评估存在较大差异。

专利和商标等工业产权的价值可以通过其市场占有份额进行评估，相对而言具有较多的客观依据。对工业产权的价值评估可以采用定性和定量相结合的方法，得到一个比较接近真实值的数据。而对著作权的客体作品，尤其是文学艺术作品而言，其价值是艺术价值与市场价值的综合体现。而作品的艺术价值具有很大的主观性，很难用一个统一的标准进行衡量。很多电影作品前期被投资人看好，投入大量制作成本，最终上映的票房却反响平平。这时就很难仅仅根据投资成本来衡量一部电影的价值高低。由于著作权与工业产权的价值衡量标准上存在一定的差异，如何在一个保险产品中对著作权、专利、商标同时进行估价并确定保费在技术上成为一个难题。简单直接的做法就是将著作权从知识产权综合保险中剔除出去。

（3）著作权与工业产权的产生方式不同。

根据法律规定，著作权的获得采用自动产生原则，不必经任何登记或审查手续；专利权和商标权则必须由申请人提出申请，依法由国家特定的行政机关进行审查后授予合法申请人。当然，著作权人也可以进行版权登记以证明自己享有著作权，但版权登记并非强制程序。

在现实中，一些作品的权利人比较清晰，比如电影作品的制片人可以从国家新闻出版广电总局的有关备案中体现出来。不过，如前所述，这些电影制片公司对知识产权综合保险的需求可能并不高。保险公司对投保人进行审核时都要审核其是否拥有相应的知识产权，而权利产生方式的不同导致审核的难度加大。新加坡的知识产权保险中也明确要求，被保险人必须拥有至少一项专利、商标或者已经注册的外观设计；这是值得借鉴的。

可见，在投保时，被保险人对于投保的标的，其权属证明须清晰，要确保能得到有效且确凿的证明。对于工业产权而言，投保人往往能提供相应的证书（商标注册证或者专利证书），而著作权除了版权登记或电影作品备案登记等文件、材料外，还有不少作品，保险公司是无法或难以确定投保人是否对某作品享有权利或利益的。

实际上，商业秘密也存在类似问题，需要投保人证明某商业秘密为自己所拥有，处于保密状态、具有经济价值等要件。而相比之下，地理标志专用权也是有证书的，这一点与商标权、专利权相类似，因而不存在此种问题。

（4）我国的著作权管理制度尚不太完善，著作权保险产品的研发尚处于初级阶段，市场上专门性的著作权保险产品十分少见，相关实践经验欠缺。

无论是考虑到我国著作权集体管理制度的不够完善，还是我国著作权保险产品尚处于起步阶段，这都说明将著作权保险的内容并入知识产权综合保险产品的时机尚不成熟。即使是在国际经验层面，有关著作权保险产品的运作，也是比较有限的。

2. 在设计知识产权综合保险产品时，建议将"知识产权"的范围涵盖商标权和专利权两种（抑或商标、专利和地理标志三种），较为可行。

3. 在设计专门化的著作权保险产品时，也可采用变通性做法，确保权属认定或权属证明的相关事宜。

虽然建议在综合险中暂缓加入著作权保险的内容，先采用稳妥方案，一步一个脚印，有条不紊地推进；但现阶段我们完全可以设计专门性的、有针对性的一系列著作权保险产品，为后续产品升级、完善积累经验。这样一来，既符合市场需求，也更便于保险公司进行技术操作。

同时，如若投保人强烈要求在知识产权综合保险产品中加入著作权保险内容的情况下，我们也可以采用基本险加上附加险的方式，将著作权保险产品作为附加险，根据客户的意愿进行选择和组合。具体方式还可以进一步研究。

但无论如何，投保人须提供其对著作权的权属证明，比如，要求投保人提供版权登记、与作品权属状态相关的公证书等证明材料，能直接或从侧面证明投保人对相关作品享有某种权利的材料。

4. 商业秘密暂不宜纳入知识产权综合保险产品的覆盖范围。

一方面，商业秘密也存在着类似于著作权的权属证明等问题，实践中对商业秘密权的证明或认定工作较为复杂，需要投保人证明某商业秘密为自己所拥有，处于保密状态、具有经济价值等要件，有一定的困难；另一方面，也不易确定某商业秘密的具体内容，因此连投保对象、标的都不太确定、清晰。因此笔者建议暂时不宜在知识产权综合保险产品中体现对商业秘密权的保护。

相比之下，地理标志专用权也是有证书的，这一点与商标权、专利权相类似，因而不存在此种问题。

二 中国知识产权综合保险产品的保障对象——投保主体

除保障范围外，还有一个重点问题在于，具体的投保主体应包括哪些？合格的投保主体是谁？

一般而言，投保主体应当是享有知识产权的权利人，该权利人有可能是企业、单位或者个人。比较有争议的一个问题在于，那些从权利人处获得了授权许可使用或实施的被许可人，是否有权进行投保，为自己业已获得的一定期限、一定地域范围内对某知识产权的实施权或使用权进行投保呢？笔者认为，于商标权和专利权而言，许可方式比较复杂多样，既有独占性许可使用、排他性许可使用，也有普通许可使用；著作权的许可使用方式就更多了，这与作品使用方式的多样性有直接关联，地理标志专用权则基本不存在所谓的许可使用的情况，鉴于以上情况，被许可人对相关知识产权的权益范围、相关权利义务内容都是有差异的，不宜作出"一刀切"的限定，因此建议投保主体一般应限制于相关知识产权的权利人本身，而暂时不宜扩大至相关的被授权许可使用或实施该知识产权的被许可人。

当然，对专门性的知识产权保险产品而言，如商标权保险产品或专利权保险产品，欲将其投保人范围扩大至排他许可使用或独占许可使用的被许可人，也未尝不可；因为在商标或专利许可实践中，有不少许可合同会明确将针对涉嫌侵权行为的起诉权授予给被许可人，从而使被许可人直接获得针对侵权行为追究法律责任（侵权责任）的权利。

三 中国知识产权综合保险产品设计时的关注重点

鉴于我国知识产权制度日趋完善，对外贸易日益频繁，我国的保险公司也应当推出涵盖范围更广以及有关涉外的知识产权保险。

（一）成立专门的知识产权评估团队

建议邀请专家组建知识产权评估团队，以便对知识产权的价值、风险等方面进行评估。对保险公司而言，可以获取有关知识产权更加准确的信息，从而合理确定投保人的保险费用赔付范围。对投保人而言，也可获得更加适合自己的保险产品，从而使双方都能从中受益。保险人应加强与第三方服务机构、律师事务所、知识产权事务所等的合作。

（二）保险产品的设计应体现针对性、层次性和灵活性

中小型企业与大型企业拥有的知识产权水平不同，经济实力也不同，而更需要知识产权保险救济与补偿的，当是广大中、小型企业。借鉴日本、韩国等国的做法，有必要设计专门针对中、小型企业的保险产品，可以涵盖知识产权侵权纠纷中的法律费用。可以考虑，在包括诉讼过程中法律费用外，还可以包括商标异议、专利异议等行政程序中的法律费用。因为针对中、小型企业的保险产品一般费用较低。因此，将"故意或者重大过失导致侵权"作为赔偿的例外情形，是各国知识产权保险中的普遍做法；我国当然也可以采用。

（三）重视并开展涉外知识产权综合保险产品，基本险别应包括涉外知识产权法律费用保险等

我国企业对外贸易活动越来越频繁，随之带来的陷入知识产权纠纷的风险也越来越多。各国的知识产权制度存在差异，向我国企业提供涵盖各种类型的知识产权保险可以免除我国企业的后顾之忧。这种融合各种权利客体的知识产权综合保险，可以基本涵盖涉外知识产权诉讼的法律费用（诉讼费用），对提升我国企业的竞争力和实力也是十分有利的。

第五节 中国知识产权综合保险产品的框架设计

一 知识产权执行保险

1. 一般框架

保险责任：当被保险人的知识产权遭到他人侵犯时，由保险人向被保险人赔付该维权起诉的程序中发生的诉讼费用。

2. 保险人的保险（赔偿）范围

在侵权诉讼中涉及的知识产权无效的反诉或确认之诉发生时，被保险人为进行抗辩支出的费用，也将由保险人予以赔付。

3. 保险人的除外责任：（1）故意行为；（2）犯罪行为或任何将受法律制裁的行为；（3）战争导致的责任；（4）意外事件造成的损失；（5）违反合同规定造成的责任。

4. 我国知识产权执行保险产品设计时的注意事项

（1）"保险事故"的界定

在知识产权领域引入保险制度，首先需要明确知识产权在何种情况下方具有"可保险性"，即所谓"保险标的必须是可保的某种财产"。

笔者认为，在知识产权侵权纠纷中，于权利人而言，风险主要在于因执行和保护知识产权所须支出的相关费用和成本；而对于涉嫌侵权的主体而言，其风险主要在于应对他人启动的司法程序时所须支出的相关费用和成本以及尤其是在败诉时须承担的损害赔偿责任。从这种意义上讲，执行保险和侵权责任保险的保险标的均体现为一种经济利益或财产利益，且与侵权事故的发生密切相关，因此保险事故应当是侵权事故。

（2）保险与知识产权侵权对接的时间点：侵权行为的指控进入司法程序

知识产权执行保险和知识产权侵权责任保险的可保风险（承保范围）不仅与侵权行为（侵权事故）密切相关，还应当以司法程序（包括诉讼和仲裁等）为基础。司法程序的正式启动意味着潜在的"风险"转化为现实的损失，此为保险与侵权行为相对接的时间点。

从理论上讲，其合理性主要体现在以下两方面。

其一，相关的侵权行为须经由司法程序（诉讼或仲裁等）程序才能转化为可确定的侵权行为。知识产权由于其自身的无形性等特点，其权利人不能像物权所有人那样以占有该物本身来实现自己的权利，相反，其在行使权利时随时可能会遭受到数个不确定的主体所实施的数个不确定的侵权行为。而诸多不确定因素是保险制度所不能容忍的。若不对"侵权行为"本身的认定加以严格限定，必将不能有效预防骗保行为。因此，在知识产权侵权责任保险中，必须要求侵权行为通过权威方式予以判定或确定，而最具有公信力的途径，当然是通过司法程序的认定来确认侵权行为的存在。

其二，相关权利须经由司法程序才能转化为现实的货币或价值。知识产权的价值评估一直是困扰理论界与实务界多年的问题。而在知识产权价值尚未确定之前，都会存在缺乏保险制度适用基础的问题。而在进入司法程序后，相关权利就有可能转化为实实在在的具体的标的与费用，这样原本概念化的合法利益就能够实现货币化的转变。保险制度因此具有了适用的基础，理赔金额才会具备相应的依据。

因此，"侵权行为"和"司法程序"是知识产权执行保险和知识产权侵权责任保险的承保范围和理赔条件中两个最首要的必备要件。

(3) 条款设计

首先，要高度重视保险人的风险防控。在条款设计方面，建议充分体现风险防控意识，高度关注保险人的风险防控条款和风险预防措施。具体包括：其一，关于保险金，建议在合同条款中明确设定保险人的最高责任限额；其二，关于限制和除外条款，对于可能导致保险人的理赔金额增多等风险加大的若干情形，建议在合同条款中明确规定相关的责任限制，并将严重的、导致风险不可控的情形规定为除外条款，即保险人不承担保险责任；其三，对于"故意"侵权、故意或重大过失的信息隐瞒等情形，建议在合同条款中明确规定保险人的责任减免；其四，可以考虑设置一个较短的"等待期"，即保单签订后对于立即发生的保险事故可以不予理赔，等待期届满后的保险事故应依合同约定予以理赔。考虑到保单大部分的有效期限较短，一般为1年左右，建议"等待期"不宜过长，以免影响投保人的投保意愿。

其次，关于基本条款和附加险（附加条款）的设计。在设计过程中，建议充分考虑该种保险产品的灵活性和可适应性。一般性的基本条款主要用于满足一般客户的一般性需求；而对于大企业或其他特殊投保人，为便于提供更具针对性的服务，应当为附加险的增设、合同的差异化定价等变通处理方面预留一定的空间。

再次，关于保单的有效期，可以较灵活，应需求而定，可以是较短的

1年，也可以根据投保人需要，确定较长的期限，比如3年。

(4) 风险评估的时间点

对专利而言，存在着风险评估问题。根据保险人实施风险评估的时间点的不同，可将风险评估分为事前评估和事后评估两种。前者是指保险人将技术风险评估的时间点定为投保人购买保险产品之时或者购买保险后侵权行为发生前；后者是指保险人事先并不进行风险评估，而是等到相关侵权行为实际发生后再进行评估。实际上，主要是专利权涉及的风险评估工作非常重要。

事前评估和事后评估这2种方式各有优劣：事前评估的方式成本较高，可能会导致保费提高，但有利于保险人事先对相关风险情况有基本了解，做到心中有数，甚至可以提前预计到较大的风险从而拒绝承保；事后评估的方式，由于侵权行为和诉讼行为的发生概率总体不算高，能节省一笔可观的风险评估成本，但不利于保险人对风险程度的了解和心理预知，有时可能导致保险人承担较大的风险或责任。

笔者倾向于，将全面的、具有针对性的严格审查和风险评估时点放在实际的侵权行为或侵权诉讼发生之前，将其评估结果作为是否理赔的重要决策依据或参考。

二　知识产权侵权责任保险

1. 知识产权侵权责任保险的一般框架

知识产权侵权责任保险是为产品生产商、销售商等主体所提供的为应对他人对其侵犯知识产权的指控而设的一种责任保险。

2. 保险责任：被保险人侵犯他人知识产权或者被诉侵犯他人知识产权时，保险事故发生，保险人的赔偿范围一般既包括应对诉讼的费用、也包括侵权成立时被保险人的损害赔偿金额。

3. 保险人的赔偿范围：(1) 被保险人为应对诉讼支出的诉讼费用；(2) 被保险人在应诉过程中主张知识产权无效而提起反诉所支出的费用；(3) 被保险人启动再审程序作为诉讼应对所产生的答辩费用；(4) 被保险人被判定应付的侵权损害赔偿责任。

4. 保险人的除外责任：(1) 故意侵权或重大过失行为；(2) 未列入保险合同的法律费用；(3) 罚金、罚款、惩罚性款项，对第三方造成的间接损失；(4) 犯罪行为；(5) 与技术有关的责任。

涉嫌侵犯知识产权的行为主体，其主观上存在两种可能性：善意或恶意。尽管善意或恶意均有可能构成侵权行为并导致损害赔偿责任的承担，但不同之处在于，侵犯知识产权的行为在善意时仅仅是偶然出现，而在恶意时却可能是频繁、反复、普遍地出现。

显然，在一定程度上，恶意实施知识产权所导致的风险已然不能被称之为"风险"了，而是变成了一种确定的、必然的损失。因为，"风险"本身意味着结果不确定的一种可能性，而恶意实施的结果在很大程度上是确定的。因此，在知识产权侵权责任保险中，明知自己的行为可能构成侵权却故意为之，且又购买此种保险，这种投保人应当被排除在承保对象（投保人）之外。

从理论或立法角度分析，我们也可以在部分国家的立法中找到相关证据来论证。以日本商法为例，日本商法明确规定："损害保险的基本原则是当偶然事故发生时对其造成的损失进行补偿。而知识产权侵权行为是否属于'偶然事故'值得商榷。在保险项目的设计上，列入保险对象的'事故'的界定，'损失'的发生情形，以及损失额的计算都由保险公司加以认定。"可见，某种风险是否能被纳入保险所考虑的范畴，非常关键的一点在于其是否属于"偶然事故"。

虽然因善意实施知识产权而构成侵权的情形能否被认定为"偶然事故"尚有待讨论、存疑，但毋庸置疑的是，恶意实施和故意侵权行为肯定不属于"偶然事故"，因此无法成为知识产权侵权责任保险的承保对象。由此我们可以得出结论，善意（非故意）侵权乃是知识产权侵权责任保险产品的保障范围中十分重要的主观要件；而故意侵权，则应被排除在承保范围之外。

进一步分析，善意实施而被认定为侵权的情形能否被视为"偶然事故"从而获得保险赔偿，当然还需进一步研究。举例来说，当某企业掌握尖端技术并取得良好的市场效益时，竞争企业会进行效仿。尽管竞争企业在进入同一市场之前已经尽力调查了前者所持有的专利技术以避免自己构成侵权，但仍存在因对前者的专利权保护范围判断不当等原因所导致的构成侵权的可能性。竞争企业已经努力避免但仍然发生的知识产权侵权行为，大部分学者认为还是可被视为"偶然事故"的。毕竟，权利人所持专利权的保护范围、侵权行为是否构成、有无造成损失以及损失额的确定等问题均需要借助专业知识和专业人士来判定，有的甚至通过诉讼等司法程序尚且难以确定，可被视为一种不确定的可能性。

5. 我国知识产权侵权责任保险产品设计中的注意事项

笔者认为，我国的知识产权侵权责任保险应当定位于为中小企业服务，尽量吸引中小企业作为投保人。

三 知识产权申请保险

1. 知识产权申请保险的含义

该保险是针对知识产权申请过程中的风险为申请人而设计的一种双重保险，包括申请商标权、专利权或者地理标志专用权。

2. 关于商标申请保险的部分

如前所述，澳大利亚的商标保护保险是近两年由 BMS Risk Solutions 公司提供的保险产品，涵盖在商标注册之前以及注册之后发生争议的法律费用[1]，保障范围涵盖两个方面。

而商标申请保险仅仅强调被保险人在商标注册过程中的风险，当第三人认为被保险人的商标与自己的商标过于相似而提起商标异议，该保险将帮助被保险人支付相关法律费用，帮助被保险人尽最大可能获得商标的注册、授权。

值得注意的是，该款保险产品正在进行更新，以便完善保险购买之便利性、降低成本并提高覆盖率[2]。我国可积极关注其动态和进展，观察该保险产品在他国的实施效果。

3. 关于专利申请保险的部分

专利申请保险的代表性国家是英国，因此，关于专利申请保险的部分，英国专利申请保险产品的相关信息可以作为一定的参考。

不过，英国专利申请保险的特点是，由专利申请人投保，主要就专利申请阶段的两种风险进行承保，一是该发明创造不能获得专利授权，二是遭受侵权的风险或损失。而且，英国的专利申请保险，其主要目的是吸引获得授权的潜在的专利权人，如若申请人在专利申请阶段即为专利投保，则在其后若获得专利授权后又再继续投保的，申请人能获得一定的保费减免等优惠。

在我国，2018 年 12 月 21 日在江苏常州市诞生的 "首款专利申请费用补偿保险"，应当可以算是我国专利申请保险产品较具代表性的产品了。据报道，江苏中科朗恩斯车辆科技有限公司成为首家受益企业，保险

---

[1] 资料来源：https://www.ipaustralia.gov.au/ip-infringement/more-about-ip-infringement/ip-insurance/trade-mark-protect（澳大利亚知识产权局官方网站），2019 年 6 月 21 日，最后访问时间 2019 年 11 月 8 日。

[2] 资料来源：https://www.trademarkprotect.com.au/（BMS Risk Solutions 公司官方网站），最后访问时间 2019 年 11 月 8 日。

人是太平洋财产保险股份有限公司。该投保公司为自己正在申请发明专利的汽车后视镜及其镜面姿态调节装置的核心技术进行了投保，保费为2400元，若该发明专利未获得授权，保险公司将向被保险人支付8000元的赔偿，作为对其专利申请费用的补偿。

由上可见，专利申请保险相关产品，主要防范的是投保人在专利申请阶段的潜在风险，绝大部分产品的内容是就专利申请费用予以补偿。

在该产品的主要条款方面，除了一般知识产权保险产品的通用条款外，至少还须列明投保的标的——具体技术方案，如正在申请中的某一项或某几项专利。投保人应就该项或这几项技术方案，提供相关的申请材料，供保险人进行风险评估，进而具体确定保费。在理赔时，要求被保险人提供已缴纳、支出的专利申请费用的相关单据或其他证明材料。

笔者认为，对于保险公司来说，鉴于我国目前部分专利（比如，尤其是部分实用新型专利）的授权较以前更为严格的趋势，以及总体专利申请数量较多的现状，总体来看，不予授权的风险还是比较大的。因此，在没有做好较为充分、深入的市场调研、风险调查、风险评估等工作之前，笔者倾向于不赞成贸然力推单一（专门）的专利申请保险这一保险产品。

当然，若是将专利申请保险作为附加险，那么在施加相关限制条款的情况下，保险人的风险会大大降低，因此可以考虑纳入。

四 知识产权许可保险

1. 设立目的：知识产权许可保险的主要目的和功能是支持知识产权许可贸易的发展，解决许可使用费的按时收取、履约问题。

2. 保险对象：主要保险对象是知识产权许可合同。

3. 运作流程：当发生保险合同规定的保险事故时，要求被保险人在规定的期限内向保险公司提交损害发生通知书，由保险公司审查后进行理赔。

4. 承保范围：日本主推的是专利许可保险，该险种的承保风险范围一般包括两类：一类是紧急风险，如外汇限制、进口限制、国外发生战争、革命或内战等、因政府间协定取消债务或暂停支付等；另一类是信用风险，如：被许可人破产、延期付款超过三个月。一旦被授权许可实施知识产权的外国企业因上述情形导致被保险人的许可合同相关许可费用无法收回、导致损失时，由保险人补偿被保险人所受到的损失。

第十章 中国知识产权综合保险产品的需求、设计方案、障碍与前景 213

五 知识产权法律费用保险（或诉讼费用保险）

知识产权法律费用保险是一种很实用的属于基本保障类别的知识产权综合保险产品。事实上，北京市于2022年推出的知识产权海外纠纷法律费用保险，即可归入知识产权法律费用保险中，只不过其保障的地域范围较为特殊——仅限于海外风险。

北京市2022年开始首批参保知识产权海外纠纷法律费用保险的有7家公司。据中关村知识产权促进中心有关负责人介绍，知识产权海外纠纷法律费用保险在投保企业因在海外销售产品遭受到专利或商标侵权指控（诉讼）时，为企业诉讼支出的必要法律费用提供保险保障，并支持多次事故出现。试点期间，北京市按照每家企业一次投保不超过保费80%的比例，且最高不超过80万元的标准给予保费补贴。从实施效果来看，有不少企业表达了续保意愿，主要是因为，海外险为海外风险提供的保障范围最高可达600万元，具有一定的吸引力；对出口企业更具吸引力的是该保险高含金量的增值或延伸服务，包括但不限于专利预警、专利布局、竞争对手专利跟踪分析报告、专利侵权风险排查与风险评估报告、自由实施调查报告、商标分析报告等。

从保障风险与保障对象来看，知识产权海外纠纷法律费用保险同时为专利和商标侵权诉讼产生的风险提供了覆盖法律费用方面的保障，具有知识产权综合保险的显著特征。笔者认为，只要产品设计合理，能满足大部分投保主体的急迫需求，知识产权法律费用保险应当有潜力成为普及程度最广、广受欢迎的一款知识产权综合保险产品，而且，专业性的增值服务可能会成为吸引广大市场主体投保的重要亮点，值得进一步研究，与潜在投保主体的需求实现良好对接。无论是原告还是被告，只要是中小企业，都可能面临着为维权而起诉或者被动应诉的风险与可能，可以预见，广大市场主体，尤其是出口企业，对此种保险产品的需求还是十分可观的。

六 特殊产品：涵盖商标侵权的商业责任综合险

为预防因商标侵权行为导致的赔偿责任这类风险，保险人在设计类似保险产品时，建议设计出一揽子式的"商业综合责任险"（comprehensive general liability insurance），并将商标侵权行为作为该商业综合责任险中的可选项之一，由客户自主选择。商业综合责任险是一种综合覆盖企业的潜在风险，涵盖设施所有人或管理人赔偿责任、承揽业者赔偿责任、产品赔偿责任等保险范围；另外，还可根据客户的个性化需求订制特别险种的保险产品。

对于非技术型企业而言,商标的使用行为往往发生在企业的经营活动中,而经营活动中的风险往往是来自多方面的。这类企业往往希望保险公司能开发设计出一种能预防各种潜在风险、提供综合性解决方案的保险产品,因此,可以预见,只要保费合理,可能会有部分企业愿意购买这种全面的综合险。

第六节 中国知识产权综合保险产品的设计与推广建议

总的来说,我国在设计与推行知识产权综合保险产品时,笔者有以下几点建议:

其一,知识产权综合保险产品的种类应当尽可能丰富,保障范围和保障水平尽可能提高;在风险可控情况下,保险人应平衡成本、自身风险与保费水平三者间的关系。

其二,在知识产权综合保险产品的具体类型上,我国应以知识产权许可保险、海外知识产权综合保险产品、知识产权法律费用保险等为重点推进对象。

1. 知识产权许可保险

对我国而言,知识产权许可保险的特殊重要意义体现于以下三方面:

(1) 在"一带一路"倡议背景下,我国近年来鼓励科技创新已取得了卓越成效,专利无论是数量或是质量方面,均有突破性进步,在对"一带一路"沿线国家进行技术输出时,需要一批勇于探索、有探险精神的企业走出去,笔者认为,知识产权许可保险应当走在第一线,为相关的专利许可交易中存在的风险防范提供一定的保障。

(2) 我国创新成果的转化率普遍偏低,尤其是部分高校、科研机构,手中虽持有大量专利技术,但没有足够的动力进行授权许可使用,因此,知识产权许可保险能为部分专利权人解除后顾之忧,提供一定的保障。

(3) 知识产权保险许可的保障范围,除了专利权的授权许可过程中的风险外,还涵盖了商标、著作权等知识产权的授权许可事项,是一项较为理想的风险规避方案。

2. 海外知识产权综合保险产品

我国企业面临的海外风险上文已多次提及,而且近几年好几个国家不约而同地将海外知识产权诉讼费用或法律费用保险作为重点推进项目,国家层面会提供大约33%、50%、70%、80%不等的保费补助，作为支持。我国应引起高度重视。

事实上，许多外向型企业、进军海外市场或者将外国市场视为主要市场的企业确有此需求，因此，我国保险公司理应开发、设计出符合其需求的保险产品。相应地，美国等外国地域范围内发生的知识产权侵权诉讼，尤其是专利或商标侵权，无论是诉讼费用还是侵权赔偿责任判定的金额，都是高昂的，因此保险责任也较重；与之相适应的即保障范围大、保险人责任重，因此，保费也会水涨船高。

3. 知识产权法律费用保险

知识产权法律费用保险能为被保险人提供最基本的经济支援，因而备受各国重视，无论是原告或被告，都可以投保。值得注意的是，我国一直以来比较倾向于重视将诉讼费用包括在内，甚少提及仲裁程序所产生的法律费用。考虑到以后知识产权纠纷解决机制的多元化和多元性，笔者建议可用"法律费用保险"取代之前的"诉讼费用保险"，将相关条款内容予以延伸、扩展。

其三，在推行知识产权综合保险、考虑基于补助等优惠政策时，应以中小企业为主体。通用型产品设计也应以中小企业为投保主体，以其需求为主。

其四，知识产权综合保险产品中"知识产权"种类的涵盖问题，可以而且应当有所不同，取决于保险产品的核心内容和保险范围。

一般而言，笔者倾向于将知识产权综合保险产品中的知识产权种类局限于商标和专利这两种（或可再加上地理标志），而不包括著作权、商业秘密等。但在部分保险产品的设计中，具体范围可以有所不同。具体说来，若是知识产权侵权责任险，有可能涉及各种类型的知识产权，但对于不熟悉风险状况的知识产权种类，建议保险人暂不涉足；若是被告投保的知识产权诉讼费用保险（"被告险"的一种），则可以包括版权、商标权、专利权、地理标志权等，其涵盖的"知识产权"的种类可以比较丰富。若是其他种类的知识产权综合保险，建议主要将商标、专利等工业产权作为核心组成部分；可以考虑将商标和专利的组合作为基本险，由投保主体的意愿确定是否配合附加险（如著作权等其他知识产权种类）。

其五，保费补助、优惠等政策倾斜方面：在国家特别重视或重点扶持的重要领域、重要行业，可以给予较大幅度的保费补贴或优惠，要有所侧重、有所区别。

其六，可以针对不同的保障范围（某国或者全球范围）设计多层次、保费不同的知识产权综合保险产品。

事实上，不同的海外市场（美国、欧洲或亚洲）、大小不一的保障范围（某国或全球范围），其风险、费用是不同的，有些差异还很大。相应的，保费和赔偿限额等方面也应有所区别。在这一方面，韩国 2015 年至今推出的知识产权保险产品，其产品设计思路是很好的参考，值得我国研究借鉴。

其七，在保险产品营销推广中增强知识产权代理人和律师等知识产权服务业人员的作用，加强协作。

律师事务所、代理机构与保险公司的联动特别重要。国外保险公司往往与固定的律师事务所合作，对投保前的风险审查、投保后的维权法律行动均给予支持，成为保险公司确保风险可控的重要一环。因此，我们应充分发挥知识产权代理机构、服务机构在参与拓展保险业务中的作用。知识产权代理人是与广大企业尤其是技术型企业交往十分密切的一职业群体，对知识产权保险产品的宣传和推广能够发挥出不可替代的重要作用。目前，知识产权保险的参保人数较少，宣传力度不够、知名度不高是重要原因。一旦该保险产品的知名度提高、参保人数增加后，保险公司能掌握更全面的统计数据，从而有可能调整理赔上限、扩大保险范围、降低保费至合理水平，继而吸引更多参保主体加入，形成良性循环。

在此过程中，知识产权代理人和 IP 律师无疑扮演着重要角色。作为站在专业咨询服务第一线、时常倾听客户想法、了解企业潜在需求的知识产权服务业，必定能为保险产品的开发和设计提供不少建设性意见，能起到牵线搭桥的作用。

最后，充分利用大数据（数据库）、人工智能等技术，开发设计产品。

建议保险公司积极与第三方法律服务机构开展深度合作，包括部分专业性知识产权服务机构，如律师事务所等。以我国 Best Lawyer（佳律）公司为例，据该公司微信公众号发文介绍，2019 年 6 月，佳律公司在北京发布了"知产保"（IPI）子品牌和子产品，声称将利用自身拥有的 30 万以上的律师和亿级裁判文书数据库，利用大数据和 AI 技术建立了知识产权保险精算模型，为直保和再保公司提供保险产品定价、核保、核赔和控费等管理服务。

第十一章 中国推行知识产权保险的障碍及建议

近年来，在发达国家或地区的知识产权战略中，知识产权保险尤其是专利保险占据了重要地位。美国和英国这两个已经证实知识产权保险可盈利性的国家自不必说，欧盟则于2007年欧盟专利战略中突显了专利诉讼保险制度的建设与完善，并强调专门提供企业咨询服务公司和专利诉讼保险中介机构，培养知识产权保险经纪人，建立良好市场的知识产权保险信息平台；[①] 在日本，不仅早在1994年就开发了知识产权诉讼费用保险，而且，日本政府知识产权战略总部与日本政府知识产权政策总部分别于2004年5月和2005年6月的日本知识产权战略计划中2次涉及知识产权保险的内容，继续推进知识产权许可保险。应当承认，知识产权保险业务的开展和推进对于一国知识产权（尤其是专利权）的实施、运用和保护、对于企业应对知识产权以及一国知识产权战略的实施均有特殊重要的意义。我国也应当将知识产权保险作为国家知识产权战略的重要组成部分和战略实施状况的一大重要指标，给予应有的重视。

从既有的部分国家和地方开展知识产权保险业务的经验来看，主要的险种集中在专利执行保险和专利侵权责任保险这两种专利诉讼费用保险产品上，少数国家开展了具有特色的知识产权许可保险、专利申请保险、专利诉讼相互保险制度等，但不同国家和地区的保险产品在运作模式等方面又呈现出不同的特点。

第一类国家以美国和英国为代表，完全采用保险市场自由发展、政府仅限监管职责的市场化运行模式，各种产品均由保险公司自主开发、自负盈亏，未采用强制性保险方式，风险评估的时间点也都是在保险合同签订之前，因此，为严格控制风险和支付运营的高成本，其所收取的保费也相

[①] 参见林小爱、林小利《欧盟知识产权战略新进展及其对我国的启示》，《电子知识产权》2008年第9期。

对偏高。

第二类国家是以欧盟为代表的国家主导制，欧盟的专利申请保险、专利执行保险、专利侵权责任保险和专利诉讼相互保险都是由官方创设的，且在初期都由官方提供公共财政资助，除专利诉讼相互保险外，均是强制性保险模式；在风险评估时点上，除专利申请保险是在专利申请时进行风险评估外，其他专利保险均是在专利诉讼启动时才进行评估；保费方面，诉讼相互保险采用的是会费制，其他专利保险产品的保费相对较低。

第三类国家是日本，日本兼有市场化运作和政府提供后盾的知识产权保险产品。其中，知识产权许可保险是由政府发起和主导的一种非强制保险，值得注意的是，政府还提供了再保险，这一有力的支撑和保障机制为该保险产品的发展提供了坚实基础；而知识产权诉讼费用保险则是保险公司自由发展产生的，政府仅负责监督管理，也是非强制保险；这两种保险的风险评估均在保险合同签订之前，保费则要视不同国家等具体因素而定。

笔者认为，结合我国的具体国情和现状，我国应当有步骤地推进我国知识产权保险市场的发展，适时推出符合市场需求、企业需求的知识产权保险产品。目前已推出的专利执行保险是个良好的开端，专利侵权责任保险也处于初步尝试和摸索阶段；部分保险公司还适时推出了更多的保险产品，包括知识产权综合保险、海外知识产权保险等。

值得注意的是，新的保险产品的营销和推广需要我国相关部门在初期给予一定的财政资助等扶持政策，以帮助保险公司度过"阵痛期"和市场适应期，为新的保险产品进入企业的视野提供良好的基础和环境，在必要时，可谨慎考虑由政府等相关部门提供再保险的方式提供更强有力的保障。因此，对我国而言，欧盟地区的专利诉讼保险计划的相关方案、思路和模式极具参考和借鉴意义。

第一节　中国推行知识产权保险的主要障碍和困难

尽管具备上述条件和基础，我国推行知识产权保险仍可能面临较多障碍和困难，尤其是处于知识产权保险产品发展的初始阶段。以专利保险产品为例，影响产品设计和推行的因素非常多。既有法律方面的因素和合法性问题，又有推向市场后避免市场失败风险的问题，企业对新保险产品的认知水平和接纳程度、企业对专利侵权等风险的认识度和保护知识产权的意识、政府的推动作用、相关数据资料的完备程度等各个方面的因素，也都会直接或间接影响到知识产权保险产品的设计和推广。

一　知识产权保险产品的设计困难

知识产权保险产品的设计难度是第一重障碍。虽然有欧美等国家或地区的专利保险运作经验可供参考，但我国法律制度规范、企业产业结构和保险需求、保险市场环境、诉讼风险和诉讼成本等方面均与他国存在不同之处，保险产品的设计仍需较多地考虑本国具体情况。

（一）保险对象的认定等专业问题

在保险项目的设计上，列入保险对象的"侵权事故"损失额的计算都由保险公司加以认定。而对于该被侵权人享有的专利权的保护范围、侵权是否成立、有无造成损失以及损失额的确定都需要很高的专业知识，有时候即便通过诉讼程序也难以确定，由保险公司这样的第三人去判断比较困难，因此需要保险公司借助独立、公正、权威的专业机构对保险对象进行评估。

（二）事故数据等重要数据的缺乏或不完备

对侵权责任保险的设计而言，需要基于合理的统计数据对事故的发生概率和规模进行预测。而对知识产权侵权而言，同交通事故等一般侵权事故相比数据量较少，对当事人私下和解等未进入到诉讼阶段的侵权案件就更难把握，使得侵权事故的数据收集变得更加困难。

（三）大数法则以及尽可能增加参保人数

根据保险学中的大数法则，保险合同订立数量越多，一定期限内保险事故实际发生的数量越接近于理论上的数值，即风险单位数量愈多，实际损失的结果会越发接近从无限单位数量得出的预期可能损失的结果。据此，保险人就可以比较精确地预测危险、厘定合理的保险费率，在保险期间内收取的保费与赔偿金及其他费用开支相平衡，从而确保该保险的持续发展。

然而，知识产权侵权责任保险的开发和设计则受到前述事故数据信息不足的局限，在理论上计算保险事故发生的概率时较为困难，对于侵权风险的保险需求也不甚明确，能够满足大数法则的参保人数可以说是个未知数。对专利侵权责任保险而言，大企业的需求要比小企业高，而中小企业虽然侵权事故的发生率低，但一旦发生侵权事故就有可能受到致命打击。

（四）须防范逆向选择问题

在保险制度的设计上，以相同条件加入保险的参保人之间保险事故发生的可能性应该是相同的。换句话说，尽管个别被保险人在参保后实际的事故发生率较高，但参保前对事故发生率及损失额的大小是不了解的。只有在此前提下，才能对以相同条件参保的所有被保险人收取统一而合理的保险费。若这一前提条件不能满足，事前知道自己事故发生率比平均概率要高的人就会选择参保，而事故发生率比平均低的人又缺乏参保意愿、选择不参保就会出现所谓的"逆向选择"问题，造成参保人数减少、理赔比率上升、保险公司负担的风险增加，进而使保险制度自身不可持续发展。

对于知识产权侵权风险而言，一般的侵权发生概率等统计数据并不充分。另一方面，确定侵权实际成立后有无发生诉讼或损害赔偿，会受到参保人在具体产品领域内的专利权保有状况和许可合同的实际交易内容等个别因素的较大影响。这类个别信息参保人易掌握而保险人不易把握，由此产生信息不对称的问题。因此，对出于逆向选择的考虑想要参保的企业，保险公司容易过小估计事故发生的概率从而放纵这类企业的参保。

（五）保险费率的确定困难

基于上述种种原因，合理的保险费率的确定也变得相对困难。实际上，对新推出的保险产品而言，如何设计出合理的保险费率至关重要。保险费的高低在很大程度上会影响到投保人的投保意愿。

（六）易陷入恶性循环

对保险公司而言，知识产权保险是难以充分把握其风险性的险种。至今未得到普及，是因为不少保险人难以避免陷入了无法预知侵权风险程度，从而影响和制约保险产品的设计，因此无法推出具有吸引力的保险产品，产品得不到普及，事故数据等相关数据和信息收集困难，导致无法预知风险，进入这样的恶性循环之中。

二 知识产权保险产品推行中的主要障碍

（一）企业的知识产权保护意识不足

应当说，虽然我国国民的知识产权保护意识已有了较大幅度的提高，但大部分企业的知识产权风险管理水平十分有限，也尚未真正意识到知识产权侵权风险防范的重要性。大部分企业均倾向于回避诉讼或者认为专利保险昂贵而缺乏投保动力和热情，不少企业认为诉讼费时、费事、费钱，宁愿放弃诉讼方式而采取和解方式以解决专利侵权相关纠纷。

（二）企业对知识产权保险的认识度和认可度不高

知识产权保险在我国市场上属于新的保险产品，国内企业缺乏对该类产品的了解，甚至部分企业闻所未闻，完全不知道其存在。这就需要加大宣传力度，向社会公众普及此类保险产品的优势和特点。

（三）各种因素导致的保费过高使知识产权保险缺乏吸引力

由于知识产权领域的风险较大，加上实务操作方面的经验不足，风险评估的成本高且不易操作，保险人不得不通过各种手段加强对相关风险和保险责任的严格防控，其中包括直接导致保费较高以及保险人责任减免情形、最高赔偿限额、除外情形等条款的出现。当然，保费过高在许多推行知识产权保险的国家是一个较为普遍的问题，我国中小企业普遍存在融资需求、较难负担此种程度的保费，这一点可能在我国显得更为突出，须引起高度重视。

（四）承保范围的限制是导致企业投保意愿低下的又一重要原因

以专利侵权责任保险为例，实际上，在面临的风险大小以及利润情况均不明确的情况下，保险人是不太可能将承保范围轻易扩大到包括地域范围涉外或者主体涉外的诉讼的。笔者也并不建议保险公司将此类保险产品的承保范围进行此种扩张。原因在于，与美国等外国的地域范围内进行的诉讼相比，我国国内进行的知识产权侵权诉讼（不包括主体涉外的情形）的赔偿金额的大致幅度和总体水平还是不可同日而语的，后者比前者要低的多；诉讼成本方面，我国的知识产权案件的诉讼费用也比美国等国要低得多。由于缺乏可比性，许多国外经验在我国借鉴或参考时须作出一定的保留；国家间诉讼费用的较大差异也不利于保险成本的计算和标准保险金额的确定。因此，一般而言，目前开发出的知识产权保险产品基本仅能接受我国国内企业作为投保人，侵权责任保险的保险对象所涉及的侵权事故也只能是在我国国内进行的、适用我国法律的侵权诉讼。这样一来，至少对那些有出口产品、可能涉嫌侵犯外国企业知识产权，或者需要应对美国"337调查"且有保险需求的企业而言，该保险产品的吸引力必然是大打折扣了。

第二节 中国推行知识产权保险的若干建议

无论是从国际背景看，还是出于维护我国知识产权领域的国家安全战略、创新驱动发展战略等战略高度的考虑，以及国内市场主体的强烈需求，我国均应适时推出综合类知识产权保险产品及方案。事实上，我国专利保险的发展已为知识产权综合保险产品的开发设计等工作奠定了良好的前期基础。就国际经验借鉴而言，世界上主要的知识产权保险市场推出的保险产品各有特色，其中不乏好的参考，尤其是日、韩、新加坡等亚洲国家，近几年知识产权保险的发展多有国家政策扶持等强大推力，呈现出积极扩展的强劲发展势头，不容忽略。

不少国家的经验有若干方面值得我国重视。有些代表性保险产品着眼于提升企业的海外维权能力，如韩国，针对不同领域、不同行业或产业、不同企业，逐年推进，开发出了若干种不同层次、类别、保障水平的知识产权保险产品；并通过特殊的推行模式和强有力的保费补贴、优惠等政策，使参保范围得以有效扩大，形成了一定规模，有利于实现"大数法则"，推进工作取得了明显成效；险种设计方面比较完善齐全，紧密贴合企业需求，政府援助力度大，以中小企业、一人企业等为投保主体。日本重视专利许可保险，近年来又力推海外诉讼费用保险。在我国"一带一路"倡议的背景下，海外风险剧增，因此发展知识产权许可保险、高度重视并积极推行海外知识产权法律费用保险产品，对我国而言，可谓一场"及时雨"。

在投保模式方面，我国应积极探索部分保险产品的强制投保模式，如英国、韩国等。借鉴英国的专利申请保险等模式，我国可以积极探索要求申请人在专利申请的费用中涵盖基本保障型专利保险的基本保费；韩国对部分保险产品也实行了强制投保模式，如普通知识产权保险（GIPI）。

我国的知识产权综合保险方案，理应着眼于中小企业、骨干（中坚）企业等，以及重点行业、重点产业、重点领域等。在涵盖的知识产权种类上，应主要集中于专利权、商标权等工业产权，但在时机成熟之前建议暂不涉足著作权或商业秘密；主要原因在于，著作权、商业秘密相关权利与工业产权在诸多方面存在较大差异。若贸然将著作权、商业秘密纳入知识产权综合保险产品的承保范围，不但会导致保险人的风险剧增，还会大大增加保险产品在实际操作层面的难度，甚至影响到已有较为成熟经验的其他部分的知识产权保险产品，影响该保险产品的整体实施效果，影响大局。地理标志相关权利，也不宜纳入知识产权综合保险产品中，而以单列为宜，设计专门的地理标志知识产权保险产品，皆因其权利主体特殊，并非普通的注册商标专用权人。

在产品设计方面，知识产权综合保险产品应当尽可能涵盖较全面、较广泛的保障范围，可以分区域，也可以承保全球范围内或海外的风险，应当门类齐全，有多种方案可供选择（可搭配各种附加险），各门类各层次的都有，以满足不同投保主体的不同需求。

第十一章 中国推行知识产权保险的障碍及建议 223

由于各个类别的知识产权均有自身的独特性，尤其是权利主体，很多场合下并非将多项权利集于一身，因此，无论是著作权、商标权，抑或专利权、地理标志专用权等，保险公司完全可以根据市场的需求，设计出各自的专门性的知识产权保险产品，试水启航，以便为日后知识产权综合保险产品的设计、升级、完善等工作奠定良好的基础。

为避免知识产权保险产品遭受市场失败的风险，笔者提出以下几点具体建议，供我国知识产权局、市场监督管理局等知识产权相关行政部门、保险公司、企业等投保主体等方面参考。

一 确保尽量多的参保主体

在参保对象方面，应该区分大企业与中小企业两个层次的市场和参保主体，对中小企业收取其可以接受的较低的保费，设计出能够应用于大数法则的保险产品。对于大企业，则须对其保险费、保险金额等具体条款的制定在进行充分调研后进行个案分析、单独拟定，更具针对性。

为了确保尽可能多的参保主体数，可以考虑采取以下三种措施。

1. 相关政府部门的保费补贴。例如，在推广相关知识产权保险产品的初期（比如前三年），暂时采用由政府或相关部门部分补贴保费的方式，以降低投保人须缴纳的保费，提升保险产品的吸引力；待时机成熟时，逐渐取消相关保费补贴，过渡到完全由市场主导价格。近几年，韩国、日本等国在推行知识产权保险产品的过程中均不同程度地采用了保费补贴形式，以韩国为例，对部分保险产品、部分投保主体所提供的补贴甚至达到了保险费用的70%—80%。

2. 明确实行税收抵免等税收优惠政策。通过税收优惠等措施，激发广大企业购买知识产权类保险的投保意愿。

3. 对于一部分属于基本保障水平的保险产品，可参考韩国等国的做法，考虑试行强制性投保模式。例如，可以考虑在专利申请过程中，要求专利申请人强制投保与专利相关的险种。

二 采取有效措施防范逆向选择

从理论上讲，从保险市场的良性运作、避免市场失败的角度看，防范逆向选择在预防保险公司自身经营风险方面有望发挥十分重要的作用，但从业务开展的实践操作层面看，总体来说还是较困难的。因为相关的关键重要信息，几乎都掌握在投保企业手中，在投保人与保险人之间明显存在着较严重的信息不对称现象。

因此，对保险人而言，为防范逆向选择，保险公司需要在投保审查环节，对被保险人附加严格的信息提供义务与信息如实披露义务。

如果投保主体在投保阶段并未如实陈述与保险合同中相关风险密切相关的重要信息，违反了信息披露义务，那么，在保险事故发生后，若核查出投保主体存在重大过失或者故意地隐瞒关键信息等类似情形时，保险人可以依据保险合同中明确规定的除外责任条款等规定，主张免除其保险责任。

可见，尤其是对知识产权侵权责任保险和以应诉法律费用为保障对象的知识产权法律费用保险等险种而言，投保主体的信息披露义务十分重要，务必要在标准保单中预先设定，予以明确。

三 加强相关数据收集和建设工作

如前所述，由于事故数据等资料的缺乏，专利保险等知识产权保险产品的经营极有可能陷入"恶性循环"的泥沼，导致不可持续发展。为此，将风险分散化无疑是个有效方法。

倘若我国能部分借鉴或参考欧盟专利诉讼相互保险制度中的合理部分，在逐渐完善我国企业行会制度的前提下，以大多数企业参加的行业协会等业内团体作为被保险人，即以行业协会等为单位整体性加入保险，就覆盖了作为协会成员的每一个企业潜在的知识产权侵权风险，同时由于参保人的大幅增加也更接近于"大数法则"的应用，从而使风险得到分散。况且，由于参保人都是业内人士，也提高了业内风险信息收集的精确性。此外，若将行会在业内进行有关知识产权侵权风险的教育培训作为参保条件的话，也会降低企业的侵权风险。行会还可以对参保企业的风险管控能力进行担保进而获得更加优惠的保险费用。

四 保险人的风险分散机制的建立与健全

国外知识产权保险的实践表明，再保险模式是一种有效的分散保险人经营风险的举措。

对我国而言，在数据等资料相对缺乏等既有状况一时间无法改善的情况下，保险人通过寻求与国际再保险市场的合作，从而将部分风险予以分散或分离出去，不失为一个值得考虑的降低自身经营风险的好办法。实践证明，寻求国际再保险市场的合作与支持，能避免直保公司过高经营风险的集聚，从而在保障范围、保障水平等方面减少或免除后顾之忧，实现可持续发展。如此，方能实现良性循环，并有利于在较为宽松的环境下设计出更符合市场需求、保障范围较广、保障水平较高、受投保人欢迎的保险产品。

五 专利诉讼费用保险应以中小企业为主体

虽然随着保险公司对统计数据的进一步收集，以大企业为客户对象的设定高额保险金的保险产品也有可能会推向市场，但当前的保险产品还是应当以中小企业为主要对象。

对中小企业而言，购买知识产权侵权责任保险的好处是显而易见的。与业务范围较为广泛的大企业相比，知识产权侵权风险对中小企业的打击相对会更大，而且，中小企业往往更缺乏完善的侵权风险预警系统以及侵权风险防范制度，其风险管理能力相对更弱。因此，对面向市场积极推出新产品的中小企业来说，为避免最糟糕的情况、将自身的损失抑制在最小程度范围内以及为转移风险，购买知识产权保险的好处还是较为明显的。此外，对已有技术的调查能力较弱、应对纠纷的资金能力不足的中小企业而言，其参保的必要性也较高。而且，与大企业相比，专利执行保险对中小企业同样是相对更具吸引力的，因为中小企业更缺乏主动提起诉讼的勇气和经济实力，更缺乏支付诉讼费用成本和承担相关风险的能力。

具体来说，参保利益较大的中小企业有以下几种：竞争企业开发与本公司所持技术相近的有关技术并积极申请专利；本公司所属行业的竞争企业积极申请和实施知识产权，使本公司有被诉侵权的潜在风险；创意产业中的中小企业不得不雇佣很多派遣工或兼职工，与正式职员相比，其知识产权保护和守法意识比较淡薄。可见，这些参保利益较大的中小企业应当成为保险人重点推介的目标群体。

六 在产品营销推广中增强专利代理人的参与度

(一) 专利代理人参与推广知识产权保险产品的积极性

实际上，知识产权侵权责任保险的普及对专利代理人而言具有积极意义。

首先，若通过保险来转移知识产权侵权风险，企业对新产品、新功能的开发意愿会更大，会更安心地专注于技术研发和产品创新，这当然会促使更多知识产权的创造和诞生。而且，侵权责任保险的市场宣传也将使更多企业进一步认识到知识产权的重要性，专利申请数量也会增加，对专利代理人而言这就意味着业务量的增长。

其次，知识产权执行保险和侵权责任保险将侵权纠纷所生法律费用作为保险对象，中小企业的经济负担若能通过保险得以转移，就能在没有如此大的经济压力的情况下轻松上阵，以较低的成本来维护自己的知识产权、正面对抗对方发起的诉讼攻击。一旦知识产权保险成为上述情况中中小企业维权的坚强后盾，知识产权的保护效率必将得到提高，自然会涌现更多的主体愿意申请专利和商标、愿意以法律武器来维权。这对专利代理人而言自然是有益的，会直接导致社会对专利申请咨询服务、技术鉴定等业务需求量的增加。

（二）专利代理人参与拓展保险业务、推动保险产品普及的激励机制

知识产权相关保险产品的普及和推广对专利代理人来说大有裨益，专利代理人应当积极向客户宣传此类保险产品。为激励专利代理人参与保险业务的拓展与推广，可以考虑建立保险公司与专利代理人互利共赢的合作机制。比如，笔者建议可以考虑以下方案：与某专利代理人订立合同的企业在购买保险时可获得保费优惠，同时，在保险合同中，将"企业在新产品开发时向该专利代理人咨询"规定为该企业的义务。

（三）专利代理人在参与拓展保险业务中的独特作用

专利代理人是与广大企业尤其是技术型企业交往特别密切的一个职业群体，对知识产权保险产品的宣传和推广能够发挥出不可替代的重要作用。目前，知识产权保险的参保人数较少，宣传力度不够、知名度不高是重要原因。一旦该保险产品的知名度提高、参保人数增加后，保险公司能掌握更全面的统计数据，从而有可能调整理赔上限、扩大保险范围、降低保费至合理水平，继而吸引更多参保主体加入，形成良性循环。

在此过程中，专利代理人无疑扮演着重要角色。作为站在专利咨询服务第一线、时常倾听客户想法、了解企业潜在需求的专利代理人，必定能为保险产品的开发和设计提供不少建设性意见。

七 切实加强专利配套服务机制和机构的建设

目前，我国的专利评估机构、专利转让平台等知识产权中介服务机构、配套服务和配套机制远未完善，这不仅给相关数据的统计工作、相关权利的价值评估造成了困难，更进一步减缓了我国知识产权保险业务的发展速度和进度。数据统计和信息收集等相关资料库也需加大力气进行建设，诸如保险费率、保险审查期限、保险承保赔偿情况、保单量、知识产权诉讼案件数量、诉讼频率、诉讼费用或成本、侵权损害赔偿额等重要信息和资料，均尚未系统化，未形成常规性统计制度。知识产权转让、许可等中介平台和专门人才的建设也需大力加强。

八 避免因大企业拖延诉讼出现保险失效问题

从美国知识产权保险市场的发展经验和业界实践运作情况看，存在一些要尽量避免的教训，例如，大企业往往容易利用其优势资源拖延诉讼进程，对中小企业或其他弱势群体造成无形的威胁，因为诉讼拖延的结果很有可能给被保险人造成保险失效、保险合同过期等不利后果。

总之，在中国这个广大的市场上，无论是综合性的知识产权保险产品，还是专门性的知识产权保险产品，都有着广泛的市场需求和巨大的发展潜力，大有作为。可以预见，假以时日，中国的知识产权保险市场必将呈现出勃勃生机！

九 实行适当的保费补贴等优惠政策

以北京市 2020—2023 年的知识产权保险试点工作为例，在为期三年的试点工作实施过程中，北京市知识产权局积累了若干经验，总结了若干有效做法。

一是坚持政府引导与市场主导推进原则，确立知识产权保险"政府引导、市场主导"原则，为保障投保人的利益，政府对知识产权保险工作进行政策上的适度限定，即限定知识产权保险最低的累计赔偿限额倍数，经公开招标确定保险公司并在保险主管部门备案，其后设置知识产权保险产品，由企业自愿投保，双方协商签订保险合同；政府将对符合规定条件的投保企业提供保费补贴，以形成可持续发展的良性模式。

二是在保费补贴模式上，采取了较为灵活的保费补贴标准，即所谓的"退坡补贴机制与风险补偿联动"[1]。具体说来，保费补贴的比例实行逐年投保退坡（降低），第一次投保按照较高比例提供保费补贴，但第二次、第三次投保均按照一定的比例降低保费补贴的标准和幅度，扣除补贴之外的保费部分，则由投保企业自行承担，通过此种方式，由政府引导鼓励式投保逐步过渡到实现完全的市场化投保方式。与此同时，为了弥补保险公司可能发生的超出一定承受能力的、过高的理赔风险，北京市还建立了对保险公司的风险补偿机制。

应当承认，此种退坡补贴机制与模式为知识产权保险试点工作的顺利开展，尤其是较为困难的起步阶段减轻了投保人压力，同时又通过风险补

---

[1] 杨柳：《开展知识产权保险试点工作，打造知识产权保险服务样板——北京：巧用保险杠杆 撬动发展活力》，《中国知识产权报》，2023 年 11 月 22 日第 02 版。

偿机制缓解了保险公司的理赔压力，不失为一种值得推荐的做法，可以推广至我国其他地区。

十 部分保险产品设计中可突显保险保障与增值服务并重的特色或优势以增强吸引力

这同样是从近三年北京市知识产权保险试点工作的实践中总结出来的良好经验与做法。增值服务的加盟，使得知识产权保险产品增色不少，吸引力大大提升。北京市知识产权局通过合作的专业律师事务所为投保企业提供优质法律服务，并指导试点保险公司针对企业所投保的专利开展了"全方位、多层次的专利体检服务"①，形成了专利体检报告；除专利诊断活动外，还为投保企业提供知识产权保护等方面的教育培训服务，帮助企业了解自身专利的潜在风险与同业竞争态势。这些有力举措，都在较大程度上提高了相关企业对知识产权保险产品的认可度和好感，对提升产品吸引力、吸引投保主体大有裨益。

---

① 杨柳：《开展知识产权保险试点工作，打造知识产权保险服务样板——北京：巧用保险杠杆 撬动发展活力》，《中国知识产权报》，2023年11月22日第02版。

参考文献

一 著作

丁丽瑛：《知识产权法专论》，科学出版社 2008 年版。

张军：《知识产权侵权行为领域研究》，经济科学出版社 2005 年版。

尹新天：《专利权的保护》（第 2 版），知识产权出版社 2005 年版。

温世扬主编、武亦文副主编：《保险法》，法律出版社 2016 年 8 月第 3 版。

郑成思：《知识产权论》（第 3 版），法律出版社 2005 年版。

王利明、杨立新、王轶、程啸：《民法学》（第三版），法律出版社 2011 年版。

王迁：《网络环境中的著作权保护研究》，法律出版社 2011 年版。

二 论文

（一）期刊论文

曹臻：《版权保险制度与数字出版产业协同发展问题研究》，《中国出版》2017 年第 20 期。

程德理：《我国外向型企业知识产权保险问题探讨》，《学术界》2017 年第 4 期。

董民：《积极应对海外挑战 镇江香醋成功维权——经济全球一体化下地理标志的海外保护》，《中华商标》2011 年第 10 期。

马中华、焦元珠：《具有风险偏好的企业购买营业中断险的保险赔偿期问题》，《财经理论研究》2016 年第 6 期。

毛小玉：《中外营业中断保险（BIC）扩展责任的比较》，《上海保险》2003 年第 1 期。

金泳锋、余翔：《专利风险的特征及其影响研究》，《知识产权》2008 年第 6 期。

林小爱、林小利：《欧盟知识产权战略新进展及其对我国的启示》，《电子知识产权》2008年第9期。

刘媛：《欧洲专利保险制度：发展、困境及启示》，《科技进步与对策》2014年第6期。

刘心雨、胡飙：《知识产权保险发展的现实障碍与路径探讨》，《上海保险》2021年第10期。

卢海君、王飞：《"走出去"企业知识产权风险研究》，《南京理工大学学报（社会科学版）》2014年第3期。

宋健：《知识产权损害赔偿问题探讨——以实证分析为视角》，《知识产权》2016年第5期。

孙宏涛：《美国知识产权保险制度研究》，《华北水利水电学院学报》（社科版）2006年第4期。

孙明娟：《2018年商标评审案件行政诉讼情况汇总分析（一）》，《中华商标》2019年第10期。

万小丽、朱雪忠：《专利价值的评估指标体系及模糊综合评价》，《科研管理》2008年第2期。

王文静：《促进我国专利保险发展的若干建议》，《中国发明与专利》2014年第9期。

文家春、乔永忠、朱雪忠：《专利侵权诉讼攻防策略研究》，《科学学与科学技术管理》2008年第7期。

吴汉东：《知识产权保护论》，《法学研究》2000年第1期。

武宏亮、浦立丛：《英国法律诉讼费用保险及其启示》，《上海保险》2001年第7期。

谢奉君、孙蓉：《专利保险促进科技创新的国际经验比较及借鉴》，《西南金融》2018年第3期。

杨宝华：《营业中断险：业务持续管理与保险产品创新的契合》，《华东经济管理》2011年第2期。

杨帆、李鋆：《我国著作权保险的发展模式与制度构建研究》，《私法》2016年第1期。

杨少奎：《对我国商标专用权保险的适时性反思——以宁波试点为背景》，《湖北经济学院学报（人文社会科学版）》2019年第5期。

杨勤：《我国专利保险的困境与对策》，《科技促进发展》2018年第C1期。

张梅、毛矛、凌元辰：《苏州实施专利保险的实践与探索》，《中国发明与专利》2014 年第 2 期。

张艳红：《华为、中兴再遇 337 调查》，《电子知识产权》2014 年第 1 期。

张之峰、庄玉洁、白诚虎：《韩国知识产权保险制度及启示》，《电子知识产权》2018 年第 6 期。

张玉敏：《地理标志的性质和保护模式选择》，《法学杂志》2007 年第 6 期。

赵加兵：《版权合理使用保险建构的必要性及其制度安排》，《河南财经政法大学学报》2019 年第 5 期。

周立权：《知识产权金融与企业创新价值实现》，《中国金融》2023 年第 15 期。

Syrowilc D. , 1996, "Insurance Coverage for Soft are Related Patent and Other Intellectual Property Disputes", *Michigan Bar Journal*, No. 75.

(二) 学位论文

蔡欣：《ZT 产业园营销策略研究》，博士学位论文，电子科技大学，2020 年。

陈琳倩：《海外知识产权诉讼费用保险制度实证研究》，硕士学位论文，华南理工大学，2017 年。

林小爱：《知识产权保险研究》，博士学位论文，华中科技大学，2009 年。

穆逸歌：《从"葡萄酒酒庄酒"证明商标探究我国证明商标法律制度》，硕士学位论文，西北大学，2016 年。

宋来仕：《我国专利保险制度构建研究》，硕士学位论文，华东政法大学，2010 年。

孙珮绫：《专利诉讼费用保险之研析——从我国如何筛选国外专利保险制度观察起》，硕士学位论文，(台湾) 交通大学科技法律研究所，2006 年。

田亚楠：《从"加多宝诉王老吉案"谈我国商标权保险》，硕士学位论文，辽宁大学，2014 年。

王泽君：《论比较法视阀下我国知识产权保险法律制度》，硕士学位论文，兰州大学，2015 年。

吴凤芝：《我国知识产权诉讼保险法律制度研究》，硕士学位论文，湖南师范大学，2011 年。

姚洋：《论我国著作权交易保证保险的完善：以信达财险为例》，硕士学位论文，辽宁大学，2013年。

三 报纸

陈凌馨、李杰：《青岛发布山东首个地方知识产权政策：每年单项最高奖补200万元》，《中国经济时报》2019年7月12日第A07版。

蒋波：《地理标志保险让打假维权不再难》，《经济日报》2022年8月18日第12版。

康民：《知识产权保险服务体系框架初具》，《中国保险报》2014年7月23日第001版。

李冰：《蚂蚁金服8.33亿元全额认购国泰产险，增资成大股东持股51%》，《证券日报》2016年7月29日第B2版。

李春：《专利商标质押融资总额达1515亿元》，《中国市场监管报》2020年1月15日第001版。

李立：《专家解读制胜秘诀》，《法制日报》2010年12月23日第06版。

陆波、李杰：《西海岸新区发布知识产权"新政"》，《青岛日报》2019年7月10日第06版。

马晓芳、丁灵平：《中兴、华为美国"337调查"初裁获胜》，《第一财经日报》2013年9月12日第B04版。

聂莉：《上海浦东：新险种让企业走出去更有底气》，《中国知识产权报》2016年12月14日第03版。

宋宁华：《100万美金！上海自贸区诞生全国保费最高知识产权保单》，《新民晚报》2016年11月22日第A04版。

王晶：《打造知识产权"保险+维权+服务"模式 宁波：保险托底"甬"企逐浪》，《中国知识产权报》2024年3月22日第A2版。

王凯：《北方首个"知识产权综合保险"合作协议在中德生态园签署》，《青岛日报》2016年1月14日第02版。

王宇：《专利保险：筑起创新创业保护围墙》，《中国知识产权报》2015年12月2日第06版。

文轩：《宁波完成全国首例商标专用权保险赔偿：得力集团收到3.9万余元赔偿款》，《中国市场监管报》2019年4月19日第002版。

杨柳：《开展知识产权保险试点工作，打造知识产权保险服务样板——北京：巧用保险杠杆 撬动发展活力》，《中国知识产权报》2023年11月22日第02版。

张维：《97%专利侵权案判决采取法定赔偿：平均赔偿额只有8万元》，《法制日报》2013年4月16日第06版。

张燕、孙佳丽：《宁波在全国首创商标专用权保险》，《宁波日报》2018年6月23日第A3版。

赵建国：《"337"调查倒逼中国企业提高维权能力》，《中国知识产权报》2013年1月23日第08版。

四　网络文献

《二〇二〇年中国知识产权保险状况》，http：//www.gov.cn/xinwen/2021-04/25/content_5602104.htm，发布时间2021年4月25日，最后访问时间2021年6月30日。

冉瑞雪、黄胜等：《2018年度中国企业应诉美国337调查综述（上）》，https：//www.sohu.com/a/293095058_221481，发布时间2019年2月2日，最后访问时间2021年6月30日。

《2019年全国法院共新收一审知识产权案件420808件》，http：//zgsc.china.com.cn/2020-02/04/content_41046457.html，发布时间2020年2月4日，最后访问时间2023年7月4日。

张偲杰、崔静等：《著作权侵权赔偿金额大数据报告》，https：//www.sohu.com/a/330336285_99928127，发布时间2019年7月30日，最后访问时间2021年6月30日。

李洪江、胡杨：《著作权侵权案件特点及判赔额度大数据分析报告》，https：//www.sohu.com/a/383817012_99928127，发布时间2020年3月28日，最后访问时间2021年6月30日。

革鼎：《中国专利这十年：司法判决赔偿额不再是问题，思维模式落后才是致命伤》，《知产力》，https：//mp.weixin.qq.com/s/8QGxP9HfOhmuH4w1_duJhA，发布时间2023年4月10日，最后访问时间2023年4月17日。

最高人民法院关于人民法院知识产权审判工作情况的报告，http：//www.npc.gov.cn/npc/c30834/202110/2adb18d160c945e989bc20df3641cffc.shtml，发布时间2021年10月21日，最后访问时间2023年7月1日。

《国家海外知识产权纠纷应对指导中心组织发布2019年美国"337调查"研究报告》，http：//cnips.org.cn/a10157.html，发布时间2020年8月19日，最后访问时间2023年7月1日。

卓越：《新产权与地标险——保障地理标志产权利益》，中国人民保险公司官网，https：//www.picc.com/infocenter/information/xwzx/jrbxpl/

202212/30/cms20221230_173121384.html，发布时间 2022 年 12 月 30 日，最后访问时间 2023 年 10 月 8 日。

https：//www.ipaustralia.gov.au/ip-infringement/more-about-ip-infringement/ip-insurance/trade-mark-protect（澳大利亚知识产权局官方网站），发布时间：2019 年 6 月 21 日，最后访问时间 2023 年 7 月 8 日。

康民：《全国首创商标专用权保险在宁波落地》，《中国保险报》，http://xw.sinoins.com/2018-06/22/content_264535.htm，发布时间 2018 年 6 月 22 日，最后访问时间 2021 年 6 月 29 日。

https：//www.imaginginsurance.co.uk/insurance/writers-insurance/（imagining insurance 官方网站），发布时间 2019 年 11 月 12 日，最后访问时间 2021 年 2 月 17 日。

《国家知识产权局发布 2019 年上半年主要工作统计数据并答问》，国家知识产权局网站，https：//www.gov.cn/xinwen/2019-07/09/content_5407634.htm，发布时间 2019 年 7 月 9 日，最后访问时间 2024 年 6 月 2 日。

大河网：《个人法律费用也可以被补偿？赢了网携手平安产险推出创新保险》，http：//q.dahe.cn/2016/11-03/107712432.html，最后访问时间 2019 年 11 月 17 日。

附 件[①]

附件一 外国SRI公司专利侵权赔偿保险产品标准合同（中文版）

SRI公司专利侵权赔偿保险标准合同

（专业保险公司标准保单）

考虑到保金支付以及对被保险人申请和承保信息的依赖，在声明陈述的基础上，受制于保留、赔偿金额限制、共保比例以及专利侵权赔偿保单（以下简称"保单"）中的条款和条件，SR国际商业保险有限公司（以下简称"SRI"）和被保险人达成以下协议：

1. 承保约定

a. 保险赔偿

该保单应当赔偿被保险人如下损害：

（1）在保险期间或可申请延长的报案期间，由任何第一次向被保险人提出的索赔引起的，被保险人有法律上的义务支付且应该已经支付的费用。

（2）在追溯日后保险期结束前，若被保险人未经授权制造、使用、进口、分销、广告、提供销售或出售专利产品，则构成侵权，提出索赔申

[①] 对附件的说明：本书包含3个附件，每个附件相对独立。附件与本书正文部分的关联性在于，附件是对本书正文内容的补充或者对正文部分观点的印证，附件的内容一定程度上反映了我国企业对知识产权保险产品的需求。较为遗憾的是，囿于篇幅所限，本书仅能附3个附件，即：外国SRI公司专利侵权赔偿保险产品标准合同中文版及其英文版。事实上，笔者在研究过程收集并形成了大量的统计分析表格，但大部分均无法被完整呈现，仅能呈现其中一小部分，在此特别作出说明。

请后可获得赔偿。

但是在任何情况下，该保单都不赔付被保险人发生在追溯日前或超出保险期的专利侵权损失。

b. 辩护费用（涵盖在赔偿限额以内）

在以下两种情况下，该保单应赔付被保险人的辩护费用

（1）根据协议条款 1.a 提出的索赔申请，或是

（2）在保险期结束前或可申请延长的报案期间，在向 SRI 递交书面索赔申请中报告的对被保险人涉及专利侵权的禁令要求。

所有赔付辩护费用的资金应算在赔偿金额限制内。

SRI 没有义务在索赔决定或禁令要求最终处置出现前赔付被保险人的辩护费用。SRI 没有义务赔付被保险人超出赔偿金额限制外的辩护费用。

SRI 有权获得可能与该保单相关的所有相关信息，且有权参与可能涉及该保单并与所有索赔及禁令要求相关的法律诉讼程序和调解活动。

在获得 SRI 正式且不会被无理拒绝的书面同意前，被保险人不应承认或解决任何可能涉及该保单的判决或辩护费用的索赔申请。在未获得 SRI 书面同意前，因被保险人承认或解决任何可能涉及该保单的判决或辩护费用的索赔申请，SRI 无赔付被保险人的义务。

c. 确认赔偿请求权方案费用（涵盖在赔偿限额以内）

如果到受保人可能因投保商品受到专利侵权的指控，在推测合理且情况紧急的前提下，一旦情况属实，即可依据本保单，由保险公司进行赔偿。社会责任投资方和受保人中的任何一方，在没有任何一方在不合理的情况下持保留意见的情况下，只需获得另一方的同意，即可享受此项权利，但是不能以受保人的名义启动本项方案。确认赔偿请求方案对于受保人被控侵权权利中的部分或所有负责并提供赔偿。然而如果没有专利律师前期书面意见，方案则不能执行，书面意见中规定了方案开启的部分或完全前提是案件应该针对的是无效的专利、无法执行的专利，或者受保人并没有实质的侵权行为。此外，受保人和社会责任投资方均认为在开启这项方案之前，应该作出合理谨慎的选择，应该优先考虑被起诉可能性较大且情况紧急的受保人，让他们能够做好提前防范。

尽管如此，但若受保人在没有得到社会责任投资方同意的情况下开启此项方案，那么任何专利持有者提出的专利侵权声明或是禁令要求，即使与该项方案有关，也将被认为不符合保险中包含的侵权行为。

2. 定义

a. 索赔是对损害赔偿的要求，不论是否作为禁令索赔的部分组成或

者作为对其的补充；诉求还是宣告救济行动，假如宣告救援行动由社会责任投资开始或者受保人依照保单协议1。

b. 共保比例应该与本保单中的共同保险意义相同。

c. "有关的侵权"是指任何由生产、使用、进口、分配、广告、折扣或者覆盖产品的折扣引起的专利侵权；然而，如果存在下述情况，专利侵权不属于"有关的侵权"。

（1）如果一个理智谨慎的专利代理人熟悉这类受保人参与的商业，应该推荐受保人在首次生产、使用、进口、分配、广告、折扣或者覆盖商品的折扣之前进行侵权调查以及侵权保护，受保人并没有这么做；又或者

（2）如果在第一次生产、使用、进口、分配、广告、折扣或者覆盖产品的折扣之后，以及在索赔或者禁令索赔第一次达成之前，受保人知道某些事实会导致一个理智谨慎的专利律师熟悉这类受保人参与的商业从而推荐受保人进行侵权保护调查，受保人并没有立即这么做。

不论何时，在保险期间，一个赔偿或者禁令赔偿已经达成时，任何作为赔偿或者禁令赔偿主题的侵权行为（即：侵权行为），包括受保人以及同样的专利和覆盖产品以及其他的侵权行为（即：侵权行为）应该被看作单独的侵权行为（即：侵权行为）。

d. 覆盖产品意味着：

（1）任何被生产、使用、进口、分配、广告、促销或者售卖的产品；或者

（2）任何被受保人使用、进口、分配、广告、促销或者售卖的产品中或者在保单起保日期之前，以及被描述或者记录在附录一份申请书并成为函件的一部分。

在保单起保日期之后的首次生产、使用、进口、分配、广告、促销或者售卖附加产品或者过程是经社会责任投资批准的覆盖产品，和附加保险费的支付，如果由社会责任投资要求与新产品或者过程有关。受保人应该提供任何产品或者过程的预告，在此保单中这也包含在覆盖产品中，一道的还有受保人承担与新产品或者过程有关的任何侵权调查和侵权保护的描述，而且应该基于社会责任投资机会去评估此新产品和过程。

e. 损害赔偿金是与按社会责任投资的书面同意，此同意是可适用的，协商，遵从审判或者契约付给原告的货币金额。

（1）对于专利侵权的赔偿按照过去的利润损失以及/或者过去的合理使用费的格式，专利侵权应该在追溯日时或之后发生同时在（a）保险期限结束前或者（b）更早的审判日期之前；

（2）由法院评估的对受保人的以及在追溯日期之后由原告负担的以及在保险期间结束前的合理律师费。

假如损害赔偿金没有包括罚款、惩罚金，处罚性的、惩戒性的、多样性的赔偿金，非财产上的减轻和税额，或者受保人没有财政上有负责的任何数量，或者对于受保人没有法律上的求援的，获得救济的任何数量，或者在法律下遵从保单可解释的不可给予保险的情况。

对于在一定程度上发生在保单期间，以及一定程度上在保单期间结束后，以及/或者在追溯日之前的专利侵权，只有这些数量的一部分可归因于在追溯日之后以及保单期间结束前的由专利侵权引起的利润损失以及/或者合理使用费应该被认定为损害赔偿金。

f. 声明指的是此保单的附属文件，称作"声明——SR 国际商业保险公司和受保人之间的专利侵权赔偿保险单"。

g. 防御费是：

（1）以此保单适用的涉及侵权的指控为基础，为保证索赔或者禁令索赔由受保人引起的合理费用。不同于由受保人因为收入、官员、职员、机构内部律师、主管、职员以及受保人在先前提到的，出租的或者其他必需运营费用的起作用外部律师、咨询员的费用引起的费用以及成本损失；

（2）在任何索赔或者禁令索赔中由社会责任投资引起的费用；

（3）在任何索赔或者禁令索赔中对受保人征收的税款；

（4）对于受保人审判的全部款项利息，在审判登记之后以及在社会责任投资付给或者提出又或者存于法院的那部分没有超过社会责任投资剩余的可适用的赔偿限额之前，利息增长。

（5）上诉付款保证书的保险费以及发行附件的证券，在某一程度上，这些证券的面值不能超过社会责任投资剩余的、可用的赔偿限额，并且被社会责任投资辩护的索赔所要求，然而，如果这条款以及保单中的其他条款都不应该理解为要求社会责任投资开始或者起诉任何上诉，或者申请或提供证券。

h. 延长报告期间应与在本保单部分中的"延长报告期间"意义相同。

i. 最后供述意味着不管是通过协商、审判或者其他方式，对于受保人就索赔或者禁令索赔的解决方案。它不受进一步修订、改进、撤销或者休假的约束，总是申诉进行所有的权利和机会去修订完全和不可逆转地耗尽，过期或有效终止。

j. 侵权调查意味着专利律师或者专利机会认真检验从而决定生产、使用、进口、分配、广告、折扣或者覆盖产品的售卖是否会引起专利侵权，覆盖产品指的是受保人将要首次生产、使用、进口、分配、广告折扣或者售卖的产品。

k. 侵权维护意味着善意的，通过一份由受保人雇佣的专利律师准备的意见书，关于受保人对覆盖产品的预期的生产、使用、进口、分配、广告、折扣以及销售：

（1）不会造成专利侵权；或者

（2）会引起专利侵权，但是专利律师发现这些被侵权的专利无效；或者

（3）会导致专利侵权或者受保人：

（a）围绕专利侵权设计以便防止专利侵权；或者

（b）购买足够的权限，如：专利权，交叉许可权或转让权，从而避免专利侵权。

总结在于信用，依靠受保人任用或者雇佣的专利代理人的书面意见，被保险人的行为依照本项规定 2.k（3）就足够了，已上保险的产品的后续制造、使用、进口、分销、广告、许诺销售或销售都不会构成专利侵权行为。

所有意见信和其他文档的副本应由受保人的专利律师或代理人来准备和审核侵权调查和安全措施的效绩，受保人并应保持永久地将其记录在案，对于 SRI 的要求，受保人应提供相应意见信和文件。

l. 禁令要求意味着要求被保险人限制或停止制造、使用、进口、分销、广告、许诺销售或销售覆盖产品的一种主张，这些行为会导致专利侵权也会成为这种保单下涉及的侵权方式。

m. 投保人是指在声明里被列为被保险人的实体和被保险人在当侵权被承诺或声称已犯索赔（S）或禁制令索赔（S）为基础的其他任何附属公司。

n. 赔偿的限制指在声明中第 4 项表示为金额的每次索赔赔偿及根据本保险单适用于损害赔偿和支出的总金额，这些规定适用于本保险单的"限制赔偿"部分。

o. 国家专利局即是依法建立的以在专利事务享有自主权为目的的官方机构。

p. 专利侵权是指未授权的情况下制造、使用、进口、运输、广告、提供购买被专利保护的产品，从而侵犯了他人的权利。这些权利都是由国家专利局通过对专利的保护所提供的。

q. 保险期是指为期一年的从合同中显示的开始日期到过期日期的时

间或者是有效取消此保险的时间。

r. 扣留是指在保险合同那项所定义的。

s. 追溯日是指在合同中所规定的日期。

t. 子公司是指指定被保险人在开始日期或者先于开始日期拥有或者间接拥有的,对 SRI 关于延伸至新子公司的决定负有义务,那就是在保险期间要收购多于 50% 的股份。

3. 责任免除条款

因下列情形而产生的任何损害赔偿或任何诉讼支出均不在本保单赔偿范围内:

a. 因任何犯罪及故意欺诈行为导致的;

b. 因有意或故意的专利侵权(以专利法所定义的"有意及故意专利侵权"为准);

c. 因制造、使用、进口、分销、广告、要约出售和销售制造任何由被保险者的附属公司所制造,使用、进口、分销、广告、要约出售和销售的受保产品;

d. 因任何个人在任何时间所产生的身体伤害,病痛或疾病,包括死亡,以及任何精神、情绪困扰以及任何形式的精神伤害;

e. 任何有形财产的损失,损坏及破坏,包括由此产生的无法使用状况(包括但不限于由被保险者或其代理人所照管,监护和控制的财产,或在运输过程中的此类财产);

f. 由下列主体导致的或代表:

(1) 一位被保险者对另一位被保险者,或

(2) 任何公司,当:

(a) 该公司现时或曾经是由任何被保险者直接或间接管理、经营或控制,抑或被保险者持有超过百分之十(10%)之该公司股份;或

(b) 该公司现时或曾经直接或间接管理、经营或控制全部或一部分之被保险者;或 (c) 该公司现时或曾经透过共同多数股份之持有而与被保险者有附属关系;或

(3) 任何母公司、子公司、继承公司或任何在 3.f.(2)(a) 至 (c) 所界定的公司;

g. 以被保险者或其代表人为原告对第三方所提起的损害赔偿,唯以保险合同 1.c 条款所界定者除外;

h. 由任何政府实体导致的或代表任何政府实体;然而任何由政府实体所提出的对于其所持有的合同的赔付要求均不为此条款所排除;

i. 由被保险者以任何口头或书面形式合同或约定的责任，或由他人对受保产品之使用、进口、分销、广告、出售或要约出售；

j. 由于对非专利之智慧产权之侵犯，包括但不限于任何商标，商业外观，版权或商业秘密之产权；

k. 由特许权使用费，许可费或其他合约安排而产生的任何金额及时间；

l. 针对被保险者之董事，高级职员或员工的；

m. 在本合约生效前被保险者应合理知道在任何受保产品的生产、使用、进口、分销、广告、要约出售或出售中会产生专利侵权的情形；

n. 因相同或相关的专利，受保产品或受保侵权由被保险者所提出之有疑问或对任何索赔及禁令索赔，或在任何情形下被保险者已提出通知，当本保单为此前任意保单之续保或取代之前任意保单之时；

o. 因任何在本保单生效日时仍未结案之诉讼，或有此类诉讼中之任何相同以及高度相关之事实；

p. 由实施任何裁定或任何不由本保单涵盖范围之法庭裁定所带来的。

4. 赔偿限额

a. 无论投保人数量、索赔条款、拒赔条款或者申请人的具体内容是什么，都将受限于共同保费条款部分。本声明所述的第四项即"赔偿限额"条款适用于各项索赔项目，包括 SRI 对于所有赔付金额的总负债，判决和处理的满意额度，由相同或相关专利引起的防御费用，以及仿冒产品或者仿冒侵权。若额外赔偿条款或者拒赔条款是根据相同或相关专利制定的，则任何被所述条款认定为仿冒产品或者仿冒侵权的情况都将被记录并报告给 SRI。无论何时向保险公司报案，上述所有赔偿条款和拒赔条款均会被认定为在保险理赔期限之内或者在延长报案期限之内（若条件适用的话）。因该专利引起的索赔或者拒赔情况，以及仿冒产品和仿冒侵权情况也均将被记录并报告给 SRI，并且所有诸如此类的赔偿条款、拒赔条款以及相关条款都将受限于"赔偿限额"条款里的每一项声明。

b. 无论投保人数量、索赔条款、拒赔条款或者申请人的具体内容是什么，都将受限于共同保费条款部分。SRI 对于所有赔付金额所承担的总负债，判决或处理的满意额度以及各种开支均不能超过第四项声明"赔偿限额"所述的总计金额。

c. 对于涉及判决和处理的赔偿额，瑞士再保险公司所支付或赔偿的防御费用以及支付的赔偿总额，均受限于第四项即"赔偿限额"条款里的所述声明。

5. 保留金

投保人据此担保，该保留的金额应由投保人评估其自己的风险来承担，并应保持无保险的状态。

该保留应适用每一位索赔或勒令索赔者。根据赔偿协议，任何数量的被转移到投保人的损失或等价值的损失应不会影响到保留金。在相同的可覆盖到的赔偿之外产生的索赔或勒令索赔应仅受限于一个保留金。

SRI 应仅适用于那些因满意判决、和解或开支，却超出了投保人保留金支付适用范围而进行的开支。投保人保留金的金额应在声明中说明。

6. 共同保险

投保人据此担保，在声明所指示的共同保险的百分比应由被投保人评估自己的风险来承担，并应保持无保险的状态。

投保人应负责支付声明中超出投保人保留金金额的损失、辩护费用的共同保险的百分比。这共同保险的百分比是赔偿限额的一部分，而不是它的附属品。

SRI（只限于投保人不是一个联合保险公司）应负责支付损害、辩护费用超出投保人保留金金额的剩余百分比，直到赔偿限额被用尽。

7. 延长报告期限

a. 如果 SRI 以任何理由（除了不支付津贴）取消该政策，或拒绝续约，或者如果投保人取消或拒绝续约本保单，按照下边 7.b 的规定，投保人有权，以在其中发出书面通知权利要求先对在这种期限的延长或之后开始的追溯日期和政策期结束前任何涉嫌专利侵权的投保人提出的社会责任投资期限的延长及以其他方式覆盖本政策。

b. 如果投保人向 SRI 提出书面请求，并且支付保险期间结束后 30 天期限的延长签注所需附加保险费，扩展报告期限将自生效日起 12 个月要取消或不再续约。根据这个政策，额外保险费应为整年保费的 125%，并在协议生效日期应全额付清。扩展报告期限签署不得取消。

8. 条件

a. 承保范围

此保单适用于在世界任何地方发生的所有已投保的侵权行为，但前提是其索赔或强制索赔的发生、诉讼的提起和由法庭或正当的行政仲裁机构产生并执行的判决均发生在该已投保侵权行为发生的国家。

b. 被保险人保证侵权调查质量的义务

在此保单下，任何被判定为已投保的专利侵权行为的先决条件是，被保险人，在保险期间，不可损害该公司侵权调查的质量，并且在本保单生效之前，应随时保证（即使不属于保险范围）侵权调查的标准和实施时保持统一。

c. 新子公司保险范围

在此保单下，若任何公司在保险期限内成为其子公司，享受该保险范围的先决条件是，署名被保险人应在该公司成为子公司之后的60天内通知SRI，同时给予SRI机会评估新子公司带来的风险，SRI将决定是否将新子公司纳入投保范围。如果决定将其纳入投保范围，则需缴纳另外保险费用。新子公司的保险范围建立在被保险人支付所有SRI要求的关于该新子公司的额外保险费用的基础上。

d. 通知/索赔报告条款

以下通知应以书面形式至瑞士苏黎世CH-8022，4288号邮政信箱，SR国际商务保险有限公司联络办公室。若以邮寄形式，该通知的邮寄日期将作为该通知发出时间，同时邮寄证明应足以证明该通知。

(1) 作为该保单下权利有效性的先决条件，在保险期间，对于所有针对被保险人的索赔或强制索赔，被保险人应尽快以书面形式通知SRI，若适用，则在延长报案期间。

(2) 若在保险期间或，若适用，在延长报案期间，依据以上8.e(1)条款，有任何索赔或强制索赔的书面通知交予SRI，则任何后续的针对被保险人的、报告给SRI的索赔或强制索赔宣称、起于、基于或由于已交通知的索赔或强制索赔所宣称的事实，或和已交予通知的索赔或强制索赔宣称的已投保侵权行为相同或相关的任何已投保的侵权行为，应按照通知时间为准考虑。

(3) 若在保险期间或，若适用，在延长报案期间，被保险人知晓任何可能引起的针对被保险人的索赔或强制索赔的情况，并以书面形式将该情况和预测可能引起索赔或强制索赔的理由通知SRI，所有细节应具备，包括日期、人员、公司、产品和有关专利，则任何后续的针对被保险人的、报告给SRI的索赔或强制索赔宣称、起于、基于或由于已交通知的索赔或强制索赔所宣称的情况，或和该情况下包括的或宣称的已投保侵权行为相同或相关的任何已投保的侵权行为，应按照该情况的通知时间为准考虑。

e. 被投保人的协助和合作

被投保人应与SRI全力合作，应SRI要求，提供所有非特权信息，以保证SRI评估被保险人的以下风险。

被保险人应定期向 SRI 报告并更新任何可能包含本保单的潜在索赔或强制索赔的全面事实根据，以及该索赔或强制索赔的状态、进程和解决前景。应 SRI 要求，被保险人应在法律允许情况下提供据称侵权专利或其任何部分的据称侵权产品的完整样品以及复印件。

被保险人应协助 SRI 进行债权移转的实施或进程，并应执行或协助 SRI 执行被保险人针对任何人或组织的任何损害分摊权利或赔偿。被保险人应，应 SRI 要求，但完全由被保险人自己意愿决定，参与听证会、审判和取证以及协助保护和交付证据以及请求证人出席提供该协助。

被保险人不应，除非自负后果同时在此保单下不享受赔偿，自愿地进行任何和解、支付或承担任何责任来赔偿损失。

为了 SRI 参与和解诉讼的目标，被保险人应协助 SRI 在任何适用保护命令或保密协定下证明 SRI 的律师和其他代表合格，以便该律师或代表获得任何辩护索赔或强制索赔相关的文件、材料和诉讼，以便 SRI 在认为必要的情况下，参与该索赔或强制索赔的和解诉讼。

f. 其他保险；赔偿协议

本保单应高于其他被保险人和第三方之间的任何有效地和可偿付的保险或赔偿协议，无论该保险或赔偿协议是否据称首要、按比例、有助于、高于、可能或其他情况；但是，本条款不应适用于其他明示高于赔偿局限性的保险。

g. 债权转移

本合同担保期间，产生的任何费用，SRI 应代为行使被保险人的所有恢复权，或在任何反诉情况下，被保险人反对原告内容有悖于赔偿标准或禁令赔偿规则。被保险人则应执行和交付工具证明并采取任何必要措施保护这些权利。被保险人不应无作为不采取行动而使此类权利受损。

h. 声明陈述

接受本条款说明被保险人同意声明中的所有信息的实施、保险内容、材料以及随时提供的信息均是其表述，此部分材料将被认作材料，本合同的实行以此类表述的真实性为依托，体现所有被保险人和 SRI 的现有协议，或其代理人的有关此保险的协议。

i. 变更

任何机构的通知、任何机构所有的信息或被任何其他人所有的信息都不应使本合同被豁免或合同任何内容被更改，同时也不能阻止 SRI 在本合同条款下再添加其他任何权利。只有组成本合同某部分的背书可豁免或更改本合同条款。

j. 解除；续约

本合同可由登记被保险人随时解除，以递交或邮寄书面通知的形式通知 SRI 后解除即时生效。

如被保险人未付保险费，本合同则可由 SRI 解除，滞留金、共同保险比例金额或者其他金额到截止期时，解除应以书面通知邮寄给登记被保险人，邮寄地址以合同所述为准，至少十天后解除开始生效。

以下情况除外：本合同 1）已被解除 或 2）在登记被保险人和 SRI 达成协议后更新，双方达成共识本合同将在条款注明的有效期当日失效。如合同续约，那么 SRI 应发行新明指明新加入内容以及新合同的有效截止日期。

如被保险人解除合同，滞留金将以比例计算。花费或 SRI 预收保险费不可成为解约的条件，但此类花费应在解约施行后尽快可行。解约的书面通知邮寄证明将会成为书面通知的有效证明；由被保险人或 SRI 递送的此类书面通知将等同于邮寄。

k. 某此特定交易发生后保险的终止

在保单的保险期间内

（1）指定被保险人应该将其财产合并或者卖予任何个人或公司或者合作方的个人以及公司；或者

（2）任何个人或者公司 和/或者合作方的个人以及公司将获得多于 50% 的股份以获取投票选定被保险人董事的表决权，或者收购相应量的股票（上述任何情况都被称为"交易"）。

然后，除非是两方书面协定，在移交成立后双方就应该遵照合同终止付款条例。指定被保险人应该将移交过程以书面报告的形式尽快交给 SRI，最迟不超过移交生效后的 30 天内。

如果在保险期内发生对其参与保险的子公司或者其他财产控制权利的买卖或者转接，那么由专利侵权或者相关专利侵权产生的警告或者禁止将不适用于这种情况。

l. 独家代理

在合同中的指定被保险人需要代表被保险的个各方面在条例影响下行使取消，支付和接受保险费。任何执行和拒绝执行条例会将权利转交入延长报告时期中。

m. 分配

符合条款的利息分配不应与 SRI 绑定，除非提供书面同意书。

n. 仲裁

对以上条例或者相关文件产生异议的，将通过最终绑定仲裁解决，根据条例规定,不允许提起诉讼。除非是另外协调,应遵照英国仲裁条例 1996 在伦敦实行仲裁。仲裁会议上应有三位仲裁者出席。除非由双方商定延长时间,仲裁者们应该在双方交出仲裁材料的 30 天内出台一份书面仲裁裁决解决异议。会议可以对金钱的损失作出仲裁但不包括惩罚行的损失。承诺的裁决不应该有任何改变并且将与在法庭上对峙的双方绑定。双方将平等负责对仲裁的费用以及法官的费用。剩余的仲裁费用将由会议自行分配。

o. 仲裁裁决的执行

符合本条 8. n 的,有权利提起诉讼。双方统一如果 SRI 无法在规定时间内像对方赔偿,将提交给上一级法院。这种行为不能解释为寻求起诉,或者移交案子或者另外合法的法院。本条例进一步规定此类情况要通过法律法规部门,在瑞士的 SR 国际金融保险公司会遵守之前的判决。

此外,根据任何适用的法令规定,SRI 指定主管、专员、或保险总监,为法令目的指定的其他人员,或者其在位的继任者(们),只要是真实合法的代理人,在被保险人或本保险合同项下任何受益人或其代表提起的任何诉讼、起诉或法律程序中,可向其送达任何司法文件,并特此指定上述人员为上述官员授权邮寄该文件或其真实幅本的人。

于×年×月×日起执行

被保险人:____(签字或盖章)

保险人:瑞士苏黎世 SRI 国际商业保险公司(盖章)

附件二 外国 SRI 公司专利侵权赔偿保险产品标准合同(英文版)

MODEL PATENT INFRINGEMENT INDEMNITY INSURANCE POLICY

(Monoline Model Policy)

In consideration of the payment of the premium and in reliance on the application and underwriting information provided by the Insured, on the statements made in the Declarations, and subject to the Retention, Limits of Indemnity, Coinsurance Percentage, and the terms and conditions contained in this Patent Infringement Indemnity Insurance Policy (hereinafter "this Policy"), SR International Business Insurance Co. Ltd (hereinafter "SRI") and the Insured agree as follows:

1. INSURING AGREEMENTS

a. INSURANCE COVERAGE FOR DAMAGES

This Policy shall reimburse the Insured for Damages:

(1) which the Insured shall become legally obligated to pay and shall have paid resulting from any Claim first made against the Insured and reported in writing to SRI during the Policy Period or, if applicable, the Extended Reporting Period;

(2) provided such Claim is for Covered Infringement caused by the manufacture, use, importation, distribution, advertising, offer for sale or sale of a Covered Product, committed by any Insured, and occurring on or after the Retroactive date and before the end of the Policy Period;

but in no event shall this Policy reimburse the Insured for Damages for Patent Infringement that occurs before the Retroactive Date or after the end of the Policy Period.

b. DEFENSEEXPENSES (INCLUDED IN THE LIMITS OF INDEMNITY)

This Policy shall reimburse theInsured for sums which the Insured shall have incurred and paid as Defense Expenses:

(1) with respect to aClaim seeking Damages reimbursable under Insuring Agreement 1. a. above; or

(2) with respect to an Injunction Claim first made against the Insured and reported in writing to SRI during the Policy Period or, if applicable, the Extended Reporting Period, for alleged Patent Infringement first commencing before the end of the Policy Period.

All sums reimbursed as Defense Expenses shall erode and not be in addition to the amount of the Limits of Indemnity.

SRI shall have no obligation to reimburse the Insured for Defense Expenses prior to the Final Disposition of any Claim or Injunction Claim. SRI shall have no obligation to reimburse the Insured for Defense Expenses after the then remaining applicable Limits of Indemnity has been exhausted.

The Insured shall give SRI full access to all information relevant to, and SRI shall have the right to participate in, any legal proceedings and settlement discussions relating to any Claim or Injunction Claim that appears reasonably likely to involve this Policy.

The Insured shall not admit liability for or settle any Claim, stipulate to any judgment or incur any Defense Expenses likely to involve this Policy without SRI's prior written consent, which consent shall not be unreasonably withheld. SRI shall have no obligation under this Policy for any liability so admitted, judgments stipulated to, or sums incurred in settlement of any Claim or payment of Defense Expenses made without such written consent.

c. DECLARATORY RELIEF ACTION EXPENSES (INCLUDED IN THE LIMITS OF INDEMNITY)

In the event of a reasonable apprehension of an imminent suit against the Insured alleging Patent Infringement caused by a Covered Product which if true would be Covered Infringement for which coverage is afforded under this policy, SRI or the Insured, each only with the consent of the other, which consent shall not be unreasonably withheld, shall have the right but not the duty to initiate on behalf and in the name of the Insured a declaratory relief action respecting some or all of the rights alleged to have been or be infringed by the Insured, provided, however, that no such action shall be commenced without a prior written opinion of patent counsel advising that the expected suit would be based, in whole or in substantial part, on a patent that is invalid, unenforceable, or not infringed by the Insured and, provided further that the Insured and SRI agree that the commencement of such an action is a reasonable and prudent strategic option in the preemptive defense of an imminent and reasonably expected suit against the Insured. Notwithstanding the foregoing, if the Insured shall initiate such declaratory relief action without the consent of SRI, then any patent infringement Claim or Injunction Claim that the patentholder files in response to such declaratory relief action shall be deemed not to be for a Covered Infringement.

2. DEFINITIONS

a. Claim means a demand for Damages, whether or not made together with, as part of, or in addition to an Injunction Claim; Claim also means a declaratory relief action, provided the declaratory relief action is initiated by SRI or the Insured pursuant to Insuring Agreement 1. c. above.

b. Coinsurance Percentage shall have meaning as that term is used in the Section of this Policy entitled "coinsurance".

d. Covered Infringement means any Patent Infringement caused by the manufacture, use, importation, distribution, advertising, offer for sale or sale of a Covered Product; provided, however, that no Patent Infringement shall be Covered Infringement

(1) if a reasonably prudent patent attorney familiar with the type of business in which the Insured is engaged would recommend that the Insured conduct an Infringement Search and Infringement Safeguarding prior to the first manufacture, use, importation, distribution, advertising, offer for sale or sale of a Covered Product and the Insured did not do so; or

(2) if, after the first manufacture, use, importation, distribution, advertising, offer for sale or sale of a Covered Product, and before a Claim or Injunction Claim is first made, the Insured learns of facts which would cause a reasonably prudent patent lawyer familiar with the type of business in which the Insured is engaged to recommend that the Insured conduct Infringement Safeguarding, and the Insured did not promptly do so.

Regardless of when, during the Policy Period, a Claim or Injunction Claim is made, any Covered Infringement which is the subject of a Claim or Injunction Claim involving the Insured and the same patent and Covered Product as any other Covered Infringement (s) shall be considered as a single Covered Infringement.

d. Covered Product means:

(1) any product manufactured, used, imported, distributed, advertised, offered for sale or sold; or

(2) any process used, imported, distributed, advertised, offered for sale or sold

by the Insured on or before the Inception date of the Policy Period and which are described or otherwise documented in the application attached hereto and made a part hereof.

Additional products or processes first manufactured, used, imported, distributed, advertised, offered for sale or sold after the Inception date of this Policy will be Covered Products upon approval by SRI and payment of additional premium, if any, required by SRI relating to such new product or process. The Insured shall provide notice of any such product or process it requests to be included as a Covered Product under this policy, along with a description of any

Infringement Search or Infringement Safeguarding which the Insured undertook in connection with such new product or process, and shall afford SRI an opportunity to evaluate such new product or process.

e. Damages means monetary sums paid to a claimant pursuant to either judgments or settlements negotiated with the written consent of SRI, whichever is applicable, as and only as:

(1) damages for Patent Infringement in the form of past lost profits and/ or past reasonable royalties, which Patent Infringement shall have occurred on or after the Retroactive date and before either (a) the end of the Policy Period or (b) before the date of the judgment, whichever is earlier;

(2) reasonable attorneys fees assessed by the court against the Insured and incurred by the claimant after the

Retroactive date and prior to the end of the Policy Period

provided that Damages shall not include fines, penalties, punitive, exemplary, enhanced or multiplied damages, nonpecuniary relief and taxes, or any amount for which the Insured is not financially liable or any amount as to which there is no legal recourse by the person who is awarded such relief against the Insured, or any such matters which are uninsurable under the law pursuant to which this Policy shall be construed.

For Patent Infringement occurring partly within the Policy Period and partly after the end of the Policy Period, and/ or prior to the Retroactive date, only the portion of such sums attributable to lost profits and/ or reasonable royalties for Patent Infringement occurring after the Retroactive date and before the end of the Policy Period shall be considered Damages.

f. Declarations shall refer to the document attached to this Policy and entitled "DECLARATIONS - Patent Infringement Indemnity Insurance Policy between SR International Business Insurance Co. Ltd. and the Named Insured."

g. Defense Expense (s) means:

(1) reasonable expenses incurred by the Insured in defense of a Claim or Injunction Claim based on allegations of Covered Infringement to which this Policy applies, other than loss of earnings, expenses and costs incurred by the Insured for salaries and expenses of its officers, staff, in-house attorneys, directors, employees, and of outside attorneys or consultants who function in the capacity of any of the foregoing, and rent or other necessary operating costs of the

Insured;

(2) expenses incurred by SRI in anyClaim or Injunction Claim;

(3) costs levied against the Insured in any Claim or Injunction Claim;

(4) interest on the entire amount of any judgment against theInsured which interest accrues after entry of the judgment and before SRI has paid or tendered or deposited in court that part of the judgment that does not exceed SRI's then remaining applicable Limits of Indemnity; and

(5) premiums on appeal bonds and bonds to release attachments, to the extent that the face amount of such bonds do not exceed SRI's then remaining applicable Limits of Indemnity and are required in any Claim defended by SRI, provided, however, neither this provision nor any other in this Policy shall be construed as requiring SRI to commence or prosecute any appeal or to apply for or furnish such bonds.

h. Extended Reporting Period shall have meaning as that term is used in the Section of this Policy entitled "Extended Reporting Period".

i. Final Disposition means the resolution, whether by settlement, judgment or otherwise, of a Claim or Injunction Claim against the Insured, which is not subject to further amendment, modification, reversal or vacation, all times for appeal having run and all options and opportunities to modify having been fully and irrevocably exhausted, expired or validly terminated.

j. Infringement Search means the careful review by a patent attorney or patent agent to determine whether or not the manufacture, use, importation, distribution, advertising, offering for sale or sale of a Covered Product that the Insured is about to first manufacture, use, import, distribute, advertise, offer for sale, or sell would result in Patent Infringement.

k. Infringement Safeguarding means concluding in good faith, by means of a written opinion prepared by a patent attorney retained or employed by the Insured, that the Insured's intended manufacture, use, importation, distribution, advertisement, offer for sale or sale of the Covered Product:

(1) will not result in Patent Infringement; or

(2) would result in Patent Infringement but for the fact that said patent attorney found to be invalid the patents (s) that would be infringed; or

(3) would result in Patent Infringement and the Insured either:

(a) designs around thePatent Infringement so as to avoid Patent Infringement; or

(b) purchases sufficient rights to the infringed patent through license, cross-license or assignment, so as to avoid Patent Infringement,

and concludes in good faith, by means of a written opinion prepared by patent attorney retained or employed by the Insured, that the Insured's action pursuant to this sub-paragraph 2. k. (3) is sufficient such that the subsequent manufacture, use, importation, distribution, advertisement, offering for sale or sale by the Insured of the Covered Product will not result in Patent Infringement.

Copies of all opinion letters and other documentation prepared by the Insured's patent attorneys or agents verifying the performance of Infringement Searches and Infringement Safeguarding shall be maintained permanently on file by the Insured and the Insured shall provide such opinion letters or documentation to SRI upon request.

l. Injunction Claim means a demand that the Insured limit or cease the manufacture, use, importation, distribution, advertising, offering for sale or sale of a Covered Product based on an allegation that such acts would result in Patent Infringement which if true would be Covered Infringement under this Policy.

m. Insured means the entity listed as the Named Insured in the Declarations and any Subsidiary Companies which were Insureds at the time that a Covered Infringement was committed or alleged to have been committed upon which the Claim (s) or Injunction Claim (s) are based.

n. Limits of Indemnity means the amounts indicated in Item 4 of the Declarations as the per Claim and Aggregate amounts of indemnity available under this Policy for Damages and Defense Expense for Covered Infringement, which are applicable as provided in the Section of this Policy entitled "Limits of Indemnity".

o. National Patent Office means the official body or agency created by law for the purpose of issuing patents within a given sovereign territory.

p. Patent Infringement means the unauthorized manufacture, use, importation, distribution, advertising, offer for sale or sale by the Insured of any Covered Product in violation of the enforceable and valid rights of another (including rights arising under or enforceable by virtue of an international treaty with one or more foreign governments) which rights arise from the grant by a National Patent Office of a patent which results in a Claim or Injunction Claim against the Insured.

q. Policy Period means the period of one year beginning on the Inception date shown in the applicable Declarations and ending on the earlier of the Expiration date shown in such Declarations or on the effective date of cancellation of this Policy.

r. Retention shall have meaning as that term is used in the Section of this Policy entitled "Retention".

s. Retroactive date means the date indicated as such in the Declarations.

t. Subsidiary Company means a corporation of which the Named Insured on or before the Inception date directly or indirectly owns or, subject to SRI's decision to extend coverage to a new Subsidiary Company as provided herein, during the Policy Period acquires, greater than 50% of the outstanding and issued voting common stock.

3. EXCLUSIONS

This Policy shall not reimburse the Insured for Damages resulting from any Claim, or for Defense Expenses relating to any Claim or Injunction Claim:

a. arising out of the committing in fact of any criminal or deliberate fraudulent act;

b. arising out of willful or intentional Patent Infringement; provided that in this context Patent Infringement is willful or intentional where the Patent Infringement is willful or intentional within the meaning of the applicable patent laws;

c. arising out of the manufacture, use, importation, distribution, advertising, offer for sale or sale of any Covered Product manufactured, used, imported, distributed, advertised, offered for sale or sold by any Subsidiary Company occurring at any time when the Named Insured did not own more than 50% of the issued and outstanding voting stock of such corporation either directly or indirectly through one or more of its Subsidiary Companies;

d. arising out of bodily injury, sickness or disease sustained by any person, including death resulting therefrom at any time, or mental anguish, emotional distress or any other form of mental injury;

e. for loss of, or damage to or destruction of any tangible property from any cause, including the resulting loss of use thereof (including but not limited to property in the care, custody and control of an Insured or its agent, or in transit);

f. brought by or on behalf of:

(1) one Insured against another Insured, or

(2) any business enterprise which:

(a) is or was managed, operated or controlled, directly or indirectly, by any Insured, or in which any

Insured'sownership interest exceeds ten percent (10%); or

(b) at any time owned, managed, operated or controlled, directly or indirectly, in whole or in part, any Insured; or

(c) is or was affiliated with any Insured through common majority ownership or control; or

(3) any parent, subsidiary, successor or assign of any business enterprise described in 3. f. (2) (a) – (c) above;

g. initiated by or on behalf of the Insured as plaintiff against a third party, except as provided in Insuring Agreement 1. c;

h. brought by or on behalf of any government entity; however, this exclusion does not apply to any Claim or

Injunction Claim by any such entity which seeks to enforce its rights in a patent held by that entity;

i. arising out of liability assumed by the Insured under any oral or written contract or agreement, or arising out of another's use, importation, distribution, advertising, sale or offer for sale of a Covered Product;

j. arising from the violation of any right in non-patented intellectual property, including but not limited to any right in trademark, trade dress, copyright or trade secret;

k. arising out of either the amount or timeliness of payment of royalties, licensing fees or other contractual arrangements;

l. brought against any director, officer, or employee of any Insured;

m. arising out of any manufacture, use, importation, distribution, advertising, offer for sale or sale of a Covered Product, which the Insured, prior to the Inception date of this Policy reasonably should have known would result in Patent Infringement;

n. arising out of the same or related patent, Covered Product or Covered Infringement alleged or at issue in any Claim or Injunction Claim which has been reported by the Insured, or in any circumstances of which notice has been given by the Insured, under any policy of which this Policy is a renewal or which this Policy may succeed in time;

o. arising out of any pending or prior litigation as of the Inception date of this Policy, or from the same or substantially related facts as alleged in such prior litigation;

p. brought to enforce any judgment entered or enforced by any court of any state not within the scope of the Policy Territory.

4. LIMITS OF INDEMNITY

a. Regardless of the number of Insureds, Claims, Injunction Claims or claimants, and subject to the Section of this Policy entitled Coinsurance, the Limit of Indemnity stated in Item 4 of the Declarations as applicable "per Claim" is the total liability of SRI for all amounts payable hereunder in satisfaction of judgments, settlements, and Defense Expense arising out of the same or related patent, Covered Product or Covered Infringement. If additional Claims or Injunction Claims are subsequently made which arise out of the same or related patent, Covered Product or Covered Infringement as any Claim or Injunction Claim that already has been made and reported to SRI, all such Claims or Injunction Claims whenever reported shall be considered first made within the applicable Policy Period or the Extended Reporting Period (if applicable) in which the earliest Claim or Injunction Claim arising out of such patent, Covered Product or Covered Infringement was first made and reported to SRI and all such Claims and Injunction Claims collectively shall be subject to one such "per Claim" Limit of Indemnity for all such Claims and Injunction Claims combined.

b. Regardless of the number of Insureds, Claims, Injunction Claims or claimants, and subject to the Section of this Policy entitled Coinsurance, the total liability of SRI for all amounts payable hereunder in satisfaction of judgments, settlements, and Defense Expense shall not exceed the Limit of Indemnity stated in Item 4 of the Declarations as "Aggregate".

c. Defense Expense paid or reimbursable by SRI, as well as amounts paid by SRI in satisfaction of judgments, and settlements, are subject to the applicable Limits of Indemnity in Item 4 of the Declarations.

d. If two or more polices of insurance of any class and issued by SRI or by any other member company of Swiss Re Group covering any Insured (s), as defined in this Policy, is/ are held to apply to and provide any coverage whatsoever for any Claim (s) or Injunction Claim (s) in connection with the same Covered Infringement for which the Insured (s) is/ are jointly or severally liable, then SRI shall not be liable under this Policy for a greater proportion of such loss than the applicable Limits of Indemnity under this Policy bears to the total of the applicable limits of indemnity or liability under all such applicable polices; however, the total amount payable under all such policies held to provide coverage for such Claim (s) or Injunction Claim (s) shall not exceed the highest applicable then remaining limit of indemnity or liability payable under any one policy.

5. RETENTION

The Insured hereby warrants that the amount of the Retention shall be borne by the Insured at its own risk and shall remain uninsured.

The Retention shall apply to each and every Claim or Injunction Claim. Any amount of Damages or equivalent values recovered by or agreed to be transferred to the Insured pursuant to indemnification agreements shall not erode the Retention. Claims or Injunction Claims arising out of the same Covered Infringement shall be subject to only one Retention.

SRI shall be liable only for those amounts payable hereunder in satisfaction of judgments, settlements, or Defense Expense which are in excess of the applicable Insured's Retention. The amount of the Insured's Retention is indicated in the Declarations.

6. COINSURANCE

The Insured hereby warrants that the Coinsurance Percentage indicated in the Declarations is to be borne by the

Insuredat its own risk and shall remain uninsured.

The Insured shall be liable to pay the Coinsurance Percentage of Damages, and Defense Expense indicated in the Declarations in excess of the amount of the Insured's Retention, which Coinsurance Percentage is part of and not in addition to the Limits of Indemnity.

SRI (only to the extent that theInsured is not a Co-Insurer) shall be liable to pay the remaining percentage of Damages, and Defense Expense in excess of the Insured's Retention amount until the Limits of Indemnity are exhausted.

7. EXTENDED REPORTING PERIOD

a. If the SRI cancels this Policy for any reason other than non-payment of premium or refuses to renew it, or if the Named Insured cancels or refuses to renew this Policy, the Named Insured shall have the right, as set forth in 7. b below, to an Extended Reporting Period in which to give written notice to SRI of Claims first made against the Insured during such Extended Reporting Period for any alleged Patent Infringement on or after the Retroactive Date and before the end of the Policy Period and otherwise covered by this Policy.

b. If the Named Insured makes a written request to SRI and pays the additional premium for an Extended Reporting Period Endorsement within thirty (30) days after the end of the Policy Period, the Extended Reporting Period will be twelve (12) months from the effective date of cancellation or nonrenewal. The additional premium shall be 125% of the whole annual premium for this Policy, and shall be fully earned upon the effective date of the Endorsement. The Extended Reporting Period Endorsement shall not be canceled.

8. CONDITIONS

a. POLICY TERRITORY

This Policy applies to any Covered Infringement committed anywhere in the world but only if the Claim or Injunction Claim is made and the action brought in and judgment entered and enforced exclusively by a court or appropriate administrative tribunal of the country in which the Covered Infringement was committed.

b. INSURED'S DUTY TO MAINTAIN QUALITY OF INFRINGMENT SEARCH PRACTICES

It shall be a condition precedent to any Patent Infringement being deemed a Covered Infringement under this Policy that the Insured shall not, at any time during the Policy Period, diminish the quality of its company Infringement Search practices and shall at all times maintain, as though it were not insured, the same Infringement Search standards as were in effect prior to the inception of this Policy.

c. COVERAGE FOR NEW SUBSIDIARY COMPANIES

As a condition precedent to coverage being afforded under this Policy as respects any corporation which during the Policy Period becomes a Subsidiary Company, the Named Insured shall first give notice to SRI of such new Subsidiary Company within sixty (60) days after such corporation becomes a Subsidiary Company and afford SRI an opportunity to evaluate the risk posed by such new Subsidiary Company and to make a decision concerning whether SRI wants to extend coverage for such new Subsidiary Company and, if so, the additional premium to be charged therefor. Coverage for the new Subsidiary Company is conditioned upon the Insured paying when due any additional premium required by SRI relating to such new Subsidiary Company.

d. NOTICE/CLAIM REPORTING PROVISIONS

Notice hereunder shall be given in writing to SR International Business Insurance Company, Ltd., Contact Office,

P. O. Box 4288, CH – 8022 Zurich, Switzerland. If mailed, the date of mailing of such notice shall constitute the date that such notice was given and proof of mailing shall be sufficient proof of notice.

(1) The Insured shall, as a condition precedent to the availability of the rights provided under this Policy, give written notice to SRI as soon as practicable during the Policy Period or, if applicable, during the Extended Reporting Period, of any Claim or Injunction Claim made against the Insured.

(2) If during the Policy Period or, if applicable, during the Extended Reporting Period written notice of a Claim or Injunction Claim has been given to SRI pursuant to clause 8. e (1) above, then any Claim or Injunction Claim which is subsequently made against the Insured and reported to SRI alleging, arising out of, based upon or attributable to the facts alleged in the Claim or Injunction Claim of which such notice has been given, or alleging any Covered Infringement which is the same as or related to any Covered Infringement alleged in the Claim or Injunction Claim of which such notice has been given, shall be considered made at the time such notice was given.

(3) If during the Policy Period or, if applicable, during the Extended Reporting Period the Insured shall become aware of any circumstances which may reasonably be expected to give rise to a Claim or Injunction Claim being made against the Insured and shall give written notice to SRI of the circumstances and the reasons for anticipating such a Claim or Injunction Claim, with full particulars as to the dates, persons, companies, products and patents

involved, then any Claim or Injunction Claim which is subsequently made against the Insured and reported to SRI alleging, arising out of, based upon or attributable to such circumstances or alleging any Covered Infringement which is the same as or related to any Covered Infringement alleged or contained in such circumstances, shall be considered made at the time such notice of circumstances was given.

e. ASSISTANCE AND COOPERATION OF THE INSURED

The Insured shall cooperate fully with SRI in making accessible, on SRI's request, all non-privileged information SRI may require for the purpose of assessing the Insured's exposure hereunder.

The Insured shall periodically report to and update SRI as regards the general factual basis of the dispute underlying any Claim or Injunction Claim likely to involve this Policy, and on the status, progress, and settlement prospects of such Claim or Injunction Claim. At the request of SRI, the Insured shall provide a complete sample of the allegedly infringing product as well as a copy, to the extent permitted by law, of the allegedly infringed patent or any part thereof.

The Insured shall assist SRI in the prosecution of subrogation actions or proceedings and shall enforce, or assist SRI in enforcing, any right of contribution or indemnity the Insured has against any person or organization who may be liable to the Insured. The Insured shall, at the request of SRI, but at the Insured's own and sole expense, attend hearings, trials and depositions and assist in securing and giving evidence and obtaining the attendance of witnesses in providing such assistance.

The Insured shall not, except at its own cost which shall not be reimbursed under this Policy, voluntarily make any settlement, payment, or assume any obligation to pay damages.

For the purpose of SRI's participation in settlement proceedings, the Insured shall assist SRI in qualifying SRI's attorneys and other representatives under any applicable protective orders or confidentiality agreements so that such attorneys or representatives may obtain access to documents, materials and proceedings relevant to the defense of any Claim or Injunction Claim, so that such SRI may participate in settlement proceedings concerning such Claim or Injunction Claim to the extent that SRI shall determine to be necessary.

f. OTHER INSURANCE; INDEMNIFICATION AGREEMENTS

This Policy shall be excess over any other valid and collectible insurance or indemnification agreement between any third party and the Insured, whether such insurance or indemnifcation agreement is stated to be primary, pro-rata, contributory, excess, contigent or otherwise; however, this clause shall not apply to other insurance written specifically as excess over the Limits of Indemnity.

g. SUBROGATION

In the event of any payment under this Policy, SRI shall be subrogated to all the Insured's rights of recovery therefor or on any counterclaim the Insured brings against the claimant in connection with the defense of the Claim or Injunction Claim. The Insured shall execute and deliver instruments and papers and do whatever is necessary to secure such rights. The Insured shall do nothing to prejudice such rights.

h. DECLARATIONS AND REPRESENTATIONS

By acceptance of this Policy the Insured (s) agree (s) that the information in the Declarations and its application and underwriting submission and materials, as well as information provided on an ongoing basis, are its representations, that they shall be deemed material and that this Policy is issued in reliance upon the truth of such representations and that this Policy embodies all agreements existing between the Insured and SRI, or any of its agents, relating to this insurance.

i. CHANGES

Notice to any agent or knowledge possessed by any agent or by any other person shall not effect a waiver or a change in any part of this Policy or estop SRI from asserting any right under the terms of this Policy; nor shall the terms of this Policy be waived or changed, except by endorsement issued to form a part of this Policy.

j. CANCELLATION; RENEWAL

This Policy may be cancelled by the Named Insured at any time by surrender thereof to SRI or by mailing to SRI written notice stating when thereafter the cancellation shall be effective.

This Policy may be cancelled by SRI ifthe Named Insured has failed to pay a premium, Retention amount, Coinsurance Percentage amount, or any other amount, when due, by mailing a written notice of cancellation to the Named

Insured at the address shown in this Policy stating when, not less than ten (10) days thereafter, such cancellation shall be effective.

Unless this Policy (a) has been cancelled or (b) is renewed by written agreement of the Named Insured and SRI, the parties hereby agree that this Policy shall expire on the Expiration date shown in the Declarations. On renewal, SRI shall issue new Declarations indicating the new Inception and Expiration dates for the new Policy Period.

If the Named Insured cancels, earned premium shall be computed pro rata. Payment or tender of unearned premium by SRI shall not be a condition of cancellation, but such payment shall be made as soon as practicable after cancellation becomes effective. A proof of mailing of any notice of cancellation or shall be sufficient proof of notice; a delivery of such written notice either by the Named Insured or by SRI shall be equivalent to mailing.

k. TERMINATION OF COVERAGE AFTER CERTAIN TRANSACTIONS If during the Policy Period:

(1) the Named Insured shall consolidate with or merge into, or sell all its assets to, any other person or entity or group or persons and/ or entities acting in concert; or

(2) any person or entity or group of persons and/ or entities acting in concert shall acquire an amount of the outstanding securities representing morethen 50% of the voting power for the election of directors of the Named Insured, or acquires the voting rights of such an amount of such securities;

(either of the above events herein referred to as the "Transaction")

then, unless otherwise agreed in writing, there shall be no coverage afforded by any provision of this Policy (including but not limited to rights relating to the Extended Reporting Period) for any Patent Infringement occurring or alleged to occur after the effective date of the Transaction.

The Named Insured shall give SRI written notice of the Transaction as soon as practicable, but not later than thirty (30) days after the effective date of the Transactions.

If during the Policy Period a sale or transfer occurs transferring control of a division, Subsidiary Company or other part of the assets of the Insured, then coverage with respect to such sold or transferred entities/ assets shall not apply to Claims or Injunction Claims arising from Patent Infringement or alleged Patent

Infringement occurring subsequent to such Transaction.

l. SOLE AGENT

The Named Insured named in the Declarations shall act on behalf of all the Insureds with respect to giving and receiving notice of cancellation, payment of premiums and the receipt of any return premiums that may become due under this Policy, the acceptance of any endorsement issued to form a part of this Policy, and exercising or declining to exercise any right to an Extended Reporting Period.

m. ASSIGNMENT

Assignment of interest under this Policy shall not bind SRI unless and until its consent is endorsed hereon in writing.

n. ARBITRATION

Any controversy arising out of or relating to this Policy or its breach shall be settled by final and binding arbitration, from which there shall be no appeal, in accordance with the following.

Unless otherwise agreed, the United Kingdom Arbitration Act 1996 shall apply and the arbitration shall be held in London, England unless otherwise agreed to by the parties.

Three arbitrators shall comprise the arbitration panel.

The majority of the three arbitrators shall issue a written award resolving the controversy before them within thirty (30) days of the time both parties are required to submit their case and related documention, unless such time is extended by the consent of the parties. The panel shall make an award of compensatory monetary damages but not of punitive or exemplary or enhanced damages. Said award shall be final and binding upon both parties in a court of competent jurisdiction.

Each party shall bear the expense of its own arbitrator and shall jointly and equally bear with the other party the expense of the chairperson/ umpire. The remaining costs of the arbitration proceedings shall be allocated by the panel.

o. ENFORCEMENT OF ARBITRATION AWARD

Subject to Section 8. n. of this Policy, entitled Arbitration, it is agreed that in the event of failure of SRI to pay an amount claimed to be due hereunder, SRI, at the request of the Insured, will submit to the jurisdiction of a court of competent jurisdiction. Nothing in this condition constitutes or should be understood to constitute a waiver of SRI's rights to commence an action in any court of competent jurisdiction, to remove an action to another court of competent jurisdiction, or to seek a transfer of a case to another court as permitted by applicable law. It is further agreed that service of process in such suit may be made upon Legal and Claims Counsel, SR International Business Insurance Co. Ltd, P. O. Box 4288, CH-8022 Zurich, Switzerland, and that in any suit instituted against SRI upon this contract SRI will abide by the final decision of such court or of any appellate court in the event of any appeal.

Further, pursuant to any applicable statute which makes provision therefor, SRI hereby designates the Superintendent, Commissioner, or Director of Insurance, other officer specified for that purpose in the statute, or his or her successor or successors in office as is true and lawful attorney upon whom may be served any lawful process in any action, suit, or proceeding instituted by or on behalf of the Insured or any beneficiary hereunder arising out of this contract of insurance, and hereby designates the above named Counsel as the person to whom the said officer authorized to mail such process or a true copy thereof.

Executed this th day of, _____ 2000

by the Named Insured:

_____ and

by SR International Business Insurance Co. Ltd.:

_____

in Zurich, Switzerland.

附件三 案例统计表格（地理标志类）

案例统计表格一
（地理标志类，50 个）

序号	案号	案件名称	原告	被告	第三人	审判结果	赔偿金额	法律费用
01	（2014）杨民三(知)初字第422号	西湖龙井地理标志证明商标侵权纠纷案	杭州市西湖区龙井茶产业协会	上海雨前春茶叶有限公司	无	被告败诉	被告赔偿原告经济损失3万元（含合理费用1720元）	本案案件受理费人民币2300元，由原告杭州市西湖区龙井茶产业协会负担人民币805元，被告上海雨前春茶叶有限公司负担人民币1495元
02	一审：（2015）济民三初字第923号，二审：（2016）鲁民终812号	黑龙江省永超米业有限公司与五常市大米协会侵害商标专用权纠纷上诉案	黑龙江省五常市大米协会	黑龙江省永超米业有限公司	无	一审被告败诉，二审维持原判	被告永超公司赔偿原告五常市大米协会经济损失及合理费用共计8万元	二审案件受理费1800元，由黑龙江省永超米业有限公司承担
03	（2017）浙0108民初6710号	湖州市南浔区善琏湖笔行业协会诉周月娇等侵害商标权纠纷案	湖州市南浔区善琏湖笔行业协会	周月娇；杭州阿里巴巴广告有限公司	无	被告败诉	赔偿原告经济损失（含合理费用）共1.5万元	案件受理费2300元，减半收取1150元，由原告湖州市南浔区善琏湖笔行业协会负担490元，由被告周月娇负担660元
04	（2018）鲁民终130号	济南茶叶批发市场绿谷松阳茶叶经销部与杭州市西湖区龙井茶产业协会侵害商标权纠纷上诉案	杭州市西湖区龙井茶产业协会	济南茶叶批发市场绿谷松阳茶叶经销部	无	维持原判	赔偿龙井茶协会经济损失1.5万元	二审案件受理费175元，由上诉人济南茶叶批发市场绿谷松阳茶叶经销部负担
05	（2016）浙0110民初12641号	杭州市西湖区龙井茶产业协会诉杭州余杭区良渚徐福强便利店侵害商标权纠纷案	杭州市西湖区龙井茶产业协会	杭州余杭区良渚徐福强便利店	无	被告败诉	赔偿原告经济损失（含合理费用）1万元	案件受理费2300元，由原告杭州市西湖区龙井茶产业协会负担1035元，被告杭州余杭区良渚徐福强便利店负担1265元

续表

序号	案号	案件名称	原告	被告	第三人	审判结果	赔偿金额	法律费用
06	（2018）黑民终2号	开原市钜富商贸有限公司与五常市大米协会侵害商标权纠纷上诉案	五常市大米协会	开原市钜富商贸有限公司	无	维持原判	赔偿五常市大米协会经济损失及为制止侵权所支付的合理开支合计7万元	二审受理费1550元由开原市钜富商贸有限公司负担
07	（2017）沪73民终329号	上海市嘉定区真新街道博雅茶叶商行与杭州市西湖区龙井茶产业协会侵害商标权纠纷上诉案	杭州市西湖区龙井茶产业协会	上海市嘉定区真新街道博雅茶叶商行	无	维持原判	赔偿西湖龙井协会包括合理费用在内的经济损失1.5万元	二审案件受理费人民币175元由上诉人上海市嘉定区真新街道博雅茶叶商行负担
08	（2017）京73民终2140号	北京琳林长明商贸有限公司与杭州市西湖区龙井茶产业协会侵害商标权纠纷上诉案	杭州市西湖区龙井茶产业协会	北京琳林长明商贸有限公司	无	维持原判	赔偿杭州市西湖区龙井茶产业协会经济损失25000元以及合理开支1298元	二审案件受理费458元由北京琳林长明公司负担
09	（2017）浙8601民初1079号	杭州市西湖区龙井茶产业协会诉姚松娟侵害商标权纠纷案	杭州市西湖区龙井茶产业协会	姚松娟	无	被告败诉	被告赔偿原告经济损失（含合理费用）2.3万元	案件受理费人民币2300元，由原告负担885.5元，被告负担1414.5元。公告费260元，由被告负担
10	（2017）浙8601民初1074号	杭州市西湖区龙井茶产业协会诉洪千球侵害商标权纠纷案	杭州市西湖区龙井茶产业协会	洪千球	无	被告败诉	被告赔偿原告经济损失（含合理费用）2.3万元	案件受理费人民币2300元，由原告负担885.5元，被告负担1414.5元。公告费260元由被告负担
11	（2017）浙8601民初912号	杭州市西湖区龙井茶产业协会诉李兰凤侵害商标权纠纷案	杭州市西湖区龙井茶产业协会	李兰凤	无	被告败诉	赔偿原告经济损失（含合理费用）2.3万元	案件受理费人民币2300元，由原告负担885.5元，被告负担1414.5元。公告费260元由被告负担
12	（2017）浙8601民初1064号	杭州市西湖区龙井茶产业协会诉何苗根侵害商标权纠纷案	杭州市西湖区龙井茶产业协会	何苗根	无	被告败诉	赔偿原告经济损失（含合理费用）2.3万元	案件受理费人民币2300元，由原告负担885.5元，被告负担1414.5元。公告费260元，由被告负担

续表

序号	案号	案件名称	原告	被告	第三人	审判结果	赔偿金额	法律费用
13	（2017）浙0108民初6043号	湖州市南浔区善琏湖笔行业协会诉进贤县文港盛大笔庄等侵害商标权纠纷案	湖州市南浔区善琏湖笔行业协会	进贤县文港盛大笔庄；杭州阿里巴巴广告有限公司	无	被告败诉	被告赔偿原告经济损失（含合理费用）共3.5万元	案件受理费2300元，减半收取1150元，由原告负担374元，由被告负担776元
14	（2017）浙0108民初6044号	湖州市南浔区善琏湖笔行业协会诉湛江市赤坎区君悦文体用品经营部等侵害商标权纠纷案	湖州市南浔区善琏湖笔行业协会	湛江市赤坎区君悦文体用品经营部；杭州阿里巴巴广告有限公司	无	被告败诉	被告赔偿原告经济损失（含合理费用）共3万元	案件受理费2300元，减半收取1150元，由原告负担402元，由被告负担748元
15	（2017）浙8601民初3121号	杭州市西湖区龙井茶产业协会诉桐庐县城南街道金金土特产商店侵害商标权纠纷案	杭州市西湖区龙井茶产业协会	桐庐县城南街道金金土特产商店	无	被告败诉	赔偿原告杭州市西湖区龙井茶产业协会经济损失2.3万元（含合理费用）	本案受理费人民币2300元，由原告负担885元，由被告负担1415元
16	（2017）京0102民初20432号	杭州市西湖龙井茶产业协会诉北京黄村顺祥商贸中心侵害商标权纠纷案	杭州市西湖龙井茶产业协会	北京黄村顺祥商贸中心	无	被告败诉	赔偿原告经济损失1.2万元；赔偿原告合理费用共计3390元	案件受理费1050元由北京黄村顺祥商贸中心负担
17	（2017）鲁17民初212号	安吉县农业局茶叶站诉菏泽市牡丹区飘香茶行侵害商标权纠纷案	安吉县农业局茶叶站	菏泽市牡丹区飘香茶行	无	被告败诉	赔偿原告经济损失及合理开支共计1.5万元	案件受理费1050元，由原告负担315元，由被告负担735元
18	（2017）鲁17民初213号	安吉县农业局茶叶站诉菏泽市牡丹区梦芯茶行等侵害商标权纠纷案	安吉县农业局茶叶站	菏泽市牡丹区梦芯茶行；菏泽市牡丹区泰丰茶叶商行	无	被告败诉	两被告共同赔偿原告经济损失及合理开支共计1.7万元	案件受理费1050元，由原告负担315元，另一被告菏泽市牡丹区泰丰茶叶商行负担335元
19	（2017）鲁17民初215号	安吉县农业局茶叶站诉菏泽市牡丹区源兴茶具销售处侵害商标权纠纷案	安吉县农业局茶叶站	菏泽市牡丹区源兴茶具销售处	无	被告败诉	赔偿原告经济损失及合理开支共计1.5万元	案件受理费1050元，由原告负担315元，由被告负担735元

续表

序号	案号	案件名称	原告	被告	第三人	审判结果	赔偿金额	法律费用
20	（2017）鲁17民初214号	安吉县农业局茶叶站诉菏泽市牡丹区柳氏茶叶门市侵害商标权纠纷案	安吉县农业局茶叶站	菏泽市牡丹区柳氏茶叶门市	无	被告败诉	赔偿原告经济损失及合理开支共计1.5万元	案件受理费1050元，由原告负担315元，由被告负担735元
21	（2017）鲁05民初329号	安吉县农业局茶叶站诉东营区福泽茶庄侵害商标权纠纷案	安吉县农业局茶叶站	东营区福泽茶庄	无	被告败诉	赔偿原告经济损失及维权合理开支共计1.5万元	案件受理费1050元，由原告负担350元，被告负担700元
22	（2017）鲁05民初327号	安吉县农业局茶叶站诉东营区存惠茶行侵害商标权纠纷案	安吉县农业局茶叶站	东营区存惠茶行	无	被告败诉	赔偿原告经济损失及维权合理开支共计1.5万元	案件受理费1050元，由原告负担350元，被告负担700元
23	（2017）鲁09民初222号	安吉县农业局茶叶站诉泰安市泰山区茂源茶叶销售中心侵害商标权纠纷案	安吉县农业局茶叶站	泰安市泰山区茂源茶叶销售中心	无	被告败诉	赔偿原告经济损失及维权合理开支共计1.5万元	案件受理费1050元，由原告负担367元，被告负担683元
24	（2017）鲁09民初223号	安吉县农业局茶叶站诉泰山区五马市场南方茶庄侵害商标权纠纷案	安吉县农业局茶叶站	泰山区五马市场南方茶庄	无	被告败诉	赔偿原告安吉县农业局茶叶站经济损失及维权合理开支共计1.5万元	案件受理费1050元，由原告负担367元，被告负担683元
25	（2017）鲁09民初220号	安吉县农业局茶叶站诉泰安市泰山区浙南浙江综合茶行侵害商标权纠纷案	安吉县农业局茶叶站	泰安市泰山区浙南浙江综合茶行	无	被告败诉	赔偿原告经济损失及维权合理开支共计1.5万元	案件受理费1050元，由原告负担367元，被告负担683元
26	（2017）鲁01民初1363号	杭州市西湖区龙井茶产业协会诉占童丽侵害商标权纠纷案	杭州市西湖区龙井茶产业协会	占童丽	无	被告败诉	赔偿原告经济损失2万元	案件受理费1050元，由原告负担300元，由被告负担750元
27	（2017）辽12民初94号	杭州市西湖区龙井茶产业协会诉铁岭市银州区福鑫食杂批零店侵害商标权纠纷案	杭州市西湖区龙井茶产业协会	铁岭市银州区福鑫食杂批零商店	无	被告败诉	赔偿原告包括合理支出在内的经济损失共计人民币0.3万元	案件受理费2324元，由原告负担1000元，被告负担1324元

续表

序号	案号	案件名称	原告	被告	第三人	审判结果	赔偿金额	法律费用
28	（2017）浙8601民初907号	杭州市西湖区龙井茶产业协会诉杭州富阳区春江街道新缘土特产商行侵害商标权纠纷案	杭州市西湖区龙井茶产业协会	杭州富阳区春江街道新缘土特产商行	无	被告败诉	赔偿原告经济损失（含制止侵权支出的合理费用）2.4万元	案件受理费人民币2300元，由原告负担874元，被告负担1426元
29	（2017）浙0110民初7073号	浙江省农业技术推广中心诉恩施晨光生态农业发展有限公司等侵害商标权纠纷案	浙江省农业技术推广中心	恩施晨光生态农业发展股份有限公司；浙江淘宝网络有限公司	无	被告败诉	被告赔偿原告经济损失4300元（含合理费用）5万元	本案案件受理费4300元，由原告负担1612.5元，被告负担2687.5元
30	（2016）浙0110民初12610号	杭州市西湖区龙井茶产业协会诉杭州余杭区良渚有琴小店侵害商标权纠纷案	杭州市西湖区龙井茶产业协会	杭州余杭区良渚有琴小店	无	被告败诉	赔偿原告经济损失（含合理费用）1万元	本案案件受理费2300元，由原告负担1035元，被告负担1265元
31	（2017）沪73民终193号	上海市嘉定区真新街道鹿鸣茶叶商行与杭州市西湖区龙井茶产业协会侵害商标权纠纷上诉案	杭州市西湖区龙井茶产业协会	上海市嘉定区真新街道鹿鸣茶叶商行	无	维持原判	赔偿西湖龙井协会包括合理费用在内的经济损失1.5万元	二审案件受理费人民币175元，由上诉人上海市嘉定区真新街道鹿鸣茶叶商行负担
32	（2017）沪73民终188号	上海市嘉定区真新街道潼好茶叶商行与杭州市西湖区龙井茶产业协会侵害商标权纠纷上诉案	杭州市西湖区龙井茶产业协会	上海市嘉定区真新街道潼好茶叶商行	无	维持原判	赔偿西湖龙井协会包括合理费用在内的经济损失1.5万元	二审案件受理费人民币175元，由上诉人上海市嘉定区真新街道潼好茶叶商行负担
33	（2017）沪73民终191号	上海市嘉定区真新街道溯源茶叶商行与杭州市西湖区龙井茶产业协会侵害商标权纠纷上诉案	杭州市西湖区龙井茶产业协会	上海市嘉定区真新街道溯源茶叶商行	无	维持原判	赔偿西湖龙井协会包括合理费用在内的经济损失1.5万元	二审案件受理费人民币175元，由上诉人上海市嘉定区真新街道溯源茶叶商行负担
34	（2017）沪73民终189号	上海市嘉定区真新街道玉尚茶叶商行与杭州市西湖区龙井茶产业协会侵害商标权纠纷上诉案	杭州市西湖区龙井茶产业协会	上海市嘉定区真新街道玉尚茶叶商行	无	维持原判	赔偿西湖龙井协会包括合理费用在内的经济损失1.5万元	二审案件受理费人民币175元，由上诉人上海市嘉定区真新街道玉尚茶叶商行负担

续表

序号	案号	案件名称	原告	被告	第三人	审判结果	赔偿金额	法律费用
35	(2017)沪73民终192号	上海市嘉定区真新街道云升茶叶商行与杭州市西湖区龙井茶产业协会侵害商标权纠纷上诉案	杭州市西湖区龙井茶产业协会	上海市嘉定区真新街道云升茶叶商行	无	维持原判	赔偿西湖龙井协会包括合理费用在内的经济损失1.5万元	二审案件受理费人民币175元,由上诉人上海市嘉定区真新街道云升茶叶商行负担
36	(2017)沪73民终190号	上海市嘉定区真新街道众来品茶叶商行与杭州市西湖区龙井茶产业协会侵害商标权纠纷上诉案	杭州市西湖区龙井茶产业协会	上海市嘉定区真新街道众来品茶叶商行	无	维持原判	赔偿西湖龙井协会包括合理费用在内的经济损失1.5万元	二审案件受理费人民币175元,由上诉人上海市嘉定区真新街道众来品茶叶商行负担
37	(2017)沪73民终187号	上海市嘉定区真新街道其上茶叶商行与杭州市西湖区龙井茶产业协会侵害商标权纠纷上诉案	杭州市西湖区龙井茶产业协会	上海市嘉定区真新街道其上茶叶商行	无	维持原判	赔偿西湖龙井协会包括合理费用在内的经济损失1.5万元	二审案件受理费人民币175元,由上诉人上海市嘉定区真新街道其上茶叶商行负担
38	(2017)浙0603民初4279号	杭州市西湖区龙井茶产业协会诉孙灿娟侵害商标权纠纷案	杭州市西湖区龙井茶产业协会	孙灿娟	无	被告败诉	赔偿原告经济损失及为制止侵权行为产生的合理开支共计2万元	案件受理费2300元,由原告负担1840元,被告负担460元
39	(2017)浙0110民初1504号	杭州市西湖区龙井茶产业协会诉杭州余杭区良渚周林位副食品店侵害商标权纠纷案	杭州市西湖区龙井茶产业协会	杭州余杭区良渚周林位副食品店	无	被告败诉	赔偿原告经济损失(含合理费用)1万元	案件受理费2300元,由原告产业协会负担1035元,被告负担1265元
40	(2016)辽08民初98号	杭州市西湖区龙井茶产业协会诉营口经济技术开发区御致茗方茶店等侵害商标权纠纷案	杭州市西湖区龙井茶产业协会	营口经济技术开发区御致茗方茶店;营口经济技术开发区三丰市场有限公司	无	被告败诉	赔偿原告经济损失及制止侵权行为支付的合理开支共计0.5万元	案件受理费1080元,由原告负担500元,由被告负担580元
41	(2017)浙0603民初976号	杭州市西湖区龙井茶产业协会诉吴德璋侵害商标权纠纷案	杭州市西湖区龙井茶产业协会	吴德璋	无	被告败诉	赔偿原告经济损失及合理开支共计2万元	案件受理费2300元,由原告负担1840元,被告吴德璋负担460元

续表

序号	案号	案件名称	原告	被告	第三人	审判结果	赔偿金额	法律费用
42	（2016）粤73民终739号	广州市衡闺商贸有限公司诉杭州市西湖区龙井茶产业协会等侵害商标权纠纷案	杭州市西湖区龙井茶产业协会	广州市衡闺商贸有限公司;刘卫东;徐栋	无	维持原判	广州市衡闺商贸有限公司、徐栋共同赔偿杭州市西湖区龙井茶产业协会经济损失及支付的合理开支共2.5万元	二审案件受理费425元，由上诉人广州市衡闺商贸有限公司负担
43	（2017）浙0603民初3982号	杭州市西湖区龙井茶产业协会诉绍兴市柯桥区柯桥绿龙天天品茶叶店侵害商标权纠纷案	杭州市西湖区龙井茶产业协会	绍兴市柯桥区柯桥绿龙天天品茶叶店	无	被告败诉	赔偿原告经济损失及为制止侵权行为产生的合理开支共计2万元	案件受理费2300元，减半收取1150元，由原告负担920元，被告负担230元
44	（2017）浙0603民初3979号	杭州市西湖区龙井茶产业协会诉绍兴市柯桥区柯桥紫光阁茶叶商行等侵害商标权纠纷案	杭州市西湖区龙井茶产业协会	绍兴市柯桥区柯桥紫光阁茶叶商行;李培豹	无	被告败诉	赔偿原告经济损失及为制止侵权行为产生的合理开支共2.4万元	案件受理费4300元，减半收取2150元，由原负担1892元，被告负担258元
45	（2017）浙8601民初55号	杭州市西湖区龙井茶产业协会诉龙卓军侵害商标权纠纷案	杭州市西湖区龙井茶产业协会	龙卓军	无	被告败诉	赔偿原告经济损失（含制止侵权支出的合理费用）2.4万元	案件受理费人民币2300元，由原告杭州市西湖区龙井茶产业协会负担874元，被告龙卓军负担1426元
46	（2016）沪0107民初22634号	杭州市西湖区龙井茶产业协会诉上海市闸北区隆昌茶叶经营部侵害商标权纠纷案	杭州市西湖区龙井茶产业协会	上海市闸北区隆昌茶叶经营部	无	被告败诉	赔偿原告包括合理费用在内的经济损失1.5万元	受理费1050元，由原告负担367.5元，由被告负担682.5元
47	（2017）京0106民初8273号	杭州市西湖区龙井茶产业协会诉北京琳林长明商贸有限公司侵害商标权纠纷案	杭州市西湖区龙井茶产业协会	北京琳林长明商贸有限公司	无	被告败诉	赔偿原告经济损失2.5万元	案件受理费525元，由原告负担125元(已交纳)，被告负担400元
48	（2017）京0106民初8270号	杭州市西湖区龙井茶产业协会诉北京万众香茶叶销售中心侵害商标权纠纷案	杭州市西湖区龙井茶产业协会	北京万众香茶叶销售中心	无	被告败诉	赔偿原告经济损失2.5万元	案件受理费525元，由原告负担125元(已交纳)，被告北京万众香茶叶销售中心负担400元

续表

序号	案号	案件名称	原告	被告	第三人	审判结果	赔偿金额	法律费用
49	（2016）浙0110民初13864号	杭州市西湖区龙井茶产业协会诉王从学侵害商标权纠纷案	杭州市西湖区龙井茶产业协会	王从学	无	被告败诉	赔偿原告经济损失（含合理费用）1万元	本案案件受理费2300元，由原告杭州市西湖区龙井茶产业协会负担1035元，被告王从学负担1265元；公告费560元，由被告王从学负担
50	（2016）沪0107民初22635号	杭州市西湖区龙井茶产业协会诉上海市嘉定区真新街道博雅茶叶行侵害商标权纠纷案	杭州市西湖区龙井茶产业协会	上海市嘉定区真新街道博雅茶叶行	无	被告败诉	赔偿原告包括合理费用在内的经济损失1.5万元	本案受理费1050元，由原告负担367.5元，由被告负担682.5元

案例统计表格二

（地理标志类，28个）

序号	案号	管辖法院	地理标志	裁判结果（金额:元）	实际的合理支出金额（元）	赔偿金额（万元）	判赔额是否与原告请求相符
01	（2021）湘06知民初159号	岳阳市中级人民法院	景德镇	绿色家园商行赔偿原告0.4万	公证费500，取证费24。	0.4	低于请求
02	（2021）桂02民初117号	柳州市中级人民法院	景德镇	柳州某司赔偿原告0.3万	公证费400，取证费46.7。	0.3	低于请求
03	（2021）湘02知民初156号	株洲市中级人民法院	樟树港辣椒	赔偿原告1万	公证费800，取证费35.8及其他。	1	低于请求
04	（2021）湘06知民初79号	岳阳市中级人民法院	樟树港辣椒	驳回诉讼请求	0	0	低于请求
05	（2021）辽07民初32号	锦州市中级人民法院	信阳毛尖	赔偿原告1万	公证费700，取证费230。	1	低于请求
06	（2021）湘04民初336号	衡阳市中级人民法院	信阳毛尖	赔偿原告0.45万	无具体的	0.45	低于请求
07	（2021）湘05知民初286号	邵阳市中级人民法院	信阳毛尖	赔偿原告0.5万	无具体的	0.5	低于请求
08	（2021）沪0104民初11540号	上海市徐汇区人民法院	信阳毛尖	赔偿原告5万	取证费59及其他。	5	符合

续表

序号	案号	管辖法院	地理标志	裁判结果（金额:元）	实际的合理支出金额（元）	赔偿金额（万元）	判赔额是否与原告请求相符
09	（2021）黑02民初66号	齐齐哈尔市中级人民法院	库尔勒香梨	赔偿原告0.8万	公证费700，取证费143，及其他。	0.8	低于请求
10	（2021）豫15民初151号	信阳市中级人民法院	库尔勒香梨	赔偿原告1万	公证费30及其他	1	低于请求
11	（2021）黑02民初39号	齐齐哈尔市中级人民法院	阿克苏苹果	赔偿原告0.5万	取证费100及其他	0.5	低于请求
12	（2020）苏0312民初5581号	徐州市铜山区人民法院	阿克苏苹果	赔偿原告1.3万	无具体金额	1.3	低于请求
13	（2020）湘0121民初11965号	长沙县人民法院	阿克苏苹果	赔偿原告0.6万	取证费50及其他	0.6	低于请求
14	（2021）冀05民初79号	邢台市中级人民法院	郫县豆瓣	一被告赔偿原告0.45万，另一被告赔偿4.5万	取证费76及其他。	4.95	低于请求
15	（2021）鲁0602民初3169号	烟台市芝罘区人民法院	郫县豆瓣	赔偿原告0.3万	无具体金额	0.3	低于请求
16	（2021）川0107民初10660号	成都市武侯区人民法院	柳州螺蛳粉	赔偿原告2万	公证费0.1万，差旅费0.15万，律师费0.75万。	2	低于请求
17	（2021）沪0104民初9873号	上海市徐汇区人民法院	阳山水蜜桃	赔偿原告3万	公证费0.1万，律师费0.5万。	3	符合
18	（2021）沪0104民初11195号	上海市徐汇区人民法院	阳山水蜜桃	赔偿原告8万	公证费0.1万，律师费0.5万。	8	符合
19	（2021）沪0104民初9877号	上海市徐汇区人民法院	阳山水蜜桃	赔偿原告1万	公证费0.1万，律师费0.5万。	1	低于请求
20	（2021）沪0104民初10010号	上海市徐汇区人民法院	西湖龙井	赔偿原告1.6万	律师费2万，差旅费0.2万，取证费0.2万。	1.6	低于请求
21	（2021）沪0104民初1016号	上海市徐汇区人民法院	西湖龙井	杭州某部赔偿原告2万，上海某司赔偿原告0.6万	共0.6万	2	低于请求
22	（2020）沪0104民初14048号	上海市徐汇区人民法院	贵州茅台酒	两被告共同赔偿原告100万	取证费49.9，公证费0.1万，律师费1万，差旅费0.2万。	100	符合

续表

序号	案号	管辖法院	地理标志	裁判结果（金额:元）	实际的合理支出金额（元）	赔偿金额（万元）	判赔额是否与原告请求相符
23	（2021）辽0192民初331号	沈阳高新技术产业开发区人民法院	贵州茅台酒	赔偿原告20万	取证费0.84万，公证费0.3万。	20	低于请求
24	（2020）辽07民初162号	锦州市中级人民法院	金九五仁月饼	赔偿原告3万	无具体金额	3	符合
25	（2020）粤0104民初19491号	广州市越秀区人民法院	金九五仁月饼	赔偿原告2.5万	1万	2.5	低于请求
26	（2019）鄂01民初8540号	武汉市中级人民法院	五常大米	赔偿原告2万	公证费0.1万，取证费49.9。	2	低于请求
27	（2020）粤0106民初1955号	广州市天河区人民法院	仙桃香米	监利县某公司赔偿原告10万，广州某经营部对其中1万承担连带责任	公证费1750，律师费1万，调查费1000，取证费72。	10	低于请求
28	（2020）苏12民初17号	泰州市中级人民法院	射阳大米	经营部赔偿原告1万，精制米厂赔偿原告9万	公证费2000。	10	低于请求